Lost in Things – Fragen an die Welt des Materiellen

Waxmann Verlag GmbH
Steinfurter Straße 555, 48159 Münster
info@waxmann.com

Tübinger Archäologische Taschenbücher

herausgegeben von
Manfred K. H. Eggert (Tübingen)
und Ulrich Veit (Leipzig)

Band 12

Waxmann 2015
Münster • New York

Philipp W. Stockhammer,
Hans Peter Hahn (Hrsg.)

Lost in Things – Fragen an die Welt des Materiellen

Waxmann 2015
Münster • New York

Bibliografische Informationen der Deutschen Nationalbibliothek
Die Deutsche Nationalbibliothek verzeichnet diese Publikation in
der Deutschen Nationalbibliografie; detaillierte bibliografische
Daten sind im Internet über http://dnb.d-nb.de abrufbar.

Tübinger Archäologische Taschenbücher, Band 12

ISSN 1436-5219
Print ISBN   978-3-8309-3175-1
E-Book ISBN   978-3-8309-8175-6

© Waxmann Verlag GmbH, 2015
www.waxmann.com
info@waxmann.com

Umschlaggestaltung: Pleßmann Design, Ascheberg
Satz: Stoddart Satz- und Layoutservice, Münster

Gedruckt auf alterungsbeständigem Papier,
säurefrei gemäß ISO 9706

»Lost in Things«. Sind wir verloren in den Dingen? Oder gehen wir verloren in all den Dingen, die uns umgeben? Oder sind es letztlich die Dinge, die uns verloren gehen – in ihrem Übermaß, in ihrer Vielfalt, in ihrer alltäglichen Gegenwart, in ihrem unterschwelligen Uns-entgegen-Stehen, in ihrem Aus-unserem-Blick-Gleiten? Der Untertitel des Buches verspricht keine klaren Antworten in diesem Band, aber doch die Möglichkeit, sich mit neuen »Fragen an die Welt des Materiellen« den Dingen auf eine neuartige Weise anzunähern. Die Erklärung, welches komplexe Mensch-Ding-Verhältnis wir unter »Lost in Things« begreifen, kann allein die Lektüre dieses Bandes bieten. Seine Beiträge sind aus der internationalen Konferenz »Lost in Things – Questioning Functions and Meanings of the Material World« hervorgegangen, die vom 28. bis 29. November 2013 an der Goethe-Universität in Frankfurt am Main stattgefunden hat und die von den Herausgebern dieses Bandes zusammen mit Martin Fotta organisiert wurde. Wir möchten uns rückblickend nochmals herzlich bei allen Beitragenden zur damaligen Tagung bedanken, von denen die meisten auch einen Beitrag zu diesem Buch verfasst haben. Anliegen unserer Tagung war die Integration aktueller und innovativer Ansätze aus der Archäologie und der Ethnologie/Anthropologie zur Analyse materieller Kultur und des Mensch-Ding-Verhältnisses. Entsprechend stammen die einzelnen Beiträge aus der Feder von Archäolog(inn)en und Ethnolog(inn)en ganz unterschiedlicher theoretisch-methodischer und inhaltlicher Verortung. Die beiden Herausgeber reflektieren in ihren beiden einführenden Beiträgen die während der Tagung immer wieder diskutierten Gedanken vor dem Hintergrund des Anliegens, neue Herangehensweisen an das Mensch-Ding-Verhältnis zu entwickeln. Hierauf folgt ein breites Spektrum von Beiträgen sehr unterschiedlicher Schwerpunktsetzung, die auf ihre jeweils ganz eigene Weise eine neue, andere Denkweise der Dinge fordern. Sie bauen auf den Vorträgen während der Tagung auf.

Die Konferenz war eine gemeinsame Veranstaltung des Frankfurter Graduiertenkollegs »Wert und Äquivalent« und des Heidelberger Exzellenzclusters »Asia and Europe in a Global Context«, die beide zur Finanzierung der Veranstaltung beigetragen haben. Hierfür sei ihnen ganz herzlich gedankt! Unser Dank gilt weiterhin unseren Mitarbeiter(inne)n, denen wir etwa das Design des Posters und des Booklets (Jelena Radosavljevic) und die reibungslose Organisation während der Tagung zu verdanken haben (Anna-Maria Fuchs und Linda Thielmann).

Die angeregten und anregenden Diskussionen der Tagung haben uns dann dazu veranlasst, sie in ein breiteres Publikum zu tragen. Auf Wunsch der Mehrheit der Beitragenden zur Tagung – insbesondere aller internationalen Gäste – haben wir uns entschieden, trotz der englischsprachigen Tagung die Beiträge auf Deutsch bzw. in deutscher Übersetzung zu publizieren. Die Übersetzung der englischsprachigen Beiträge wurde von Vanessa Schmidt (Beiträge Olsen, Pétursdóttir) und von Hans P. Hahn (Beiträge Holbraad, Krit, Broz) übernommen. Das Layout der Beiträge und die Überarbeitung nach den Richtlinien des Verlages hat Laura Vuckovic übernommen, der wir für ihre sorgfältige Arbeit sehr dankbar sind. Die Finanzierung des Bandes verdanken wir wiederum dem Frankfurter Graduiertenkolleg »Wert und Äquivalent« und dem Heidelberger Exzellenzclusters »Asia and Europe in a Global Context«. Den Herausgebern der Tübinger Archäologischen Taschenbücher, Manfred K. H. Eggert und Ulrich Veit sei für ihr Interesse gedankt, den Band in ihre Reihe aufzunehmen und nicht zuletzt auch dem Waxmann-Verlag für die reibungslose und erfolgreiche Zusammenarbeit.

Inhalt

HANS PETER HAHN

Lost in Things.
Eine kritische Perspektive auf
Konzepte materieller Kultur

ZUSAMMENFASSUNG: Materielle Kultur wird häufig überschätzt. In vielen Theorien über Bedeutungen und Funktionen wird übersehen, dass allein schon die große Anzahl der Dinge im Sachbesitz es eher unglaubhaft macht, in all diesen Objekten auch tatsächlich nützliche oder bedeutungsvolle Gegenstände zu erkennen. Vor dem Hintergrund dieser Kritik plädiert diese Einleitung für eine Erweiterung bestehender Konzepte, die auch die weniger wichtigen oder weniger wertgeschätzten Dinge mit berücksichtigt. Mit dieser Erweiterung gelingt es zudem, einige besondere Einbettungen besser zu erklären. Thematisiert wird dies anhand von Auf- und Abwertungen, von Dingen in der Ferne und von Fragmenten oder Ruinen. Der Wandel um Dinge und ihre spezifische Temporalität werden dafür als zentrale Konzepte herangezogen.

ABSTRACT: In many concepts, Material Culture is overestimated. Most theories about meanings and functions of things neglect the fact that the exceedingly high number of items in everyone's personal property makes it highly implausible to consider all these things as useful or meaningful. In the light of this criticism, this introduction pleas for an extension of existing concepts, thereby including those things which are less important and less appreciated. By suggesting this extension, it becomes possible to explain some particular forms of embedding. This is exemplified with situations of increasing or decreasing valuation, with things at distance and fragments or relics. Changing roles of things and their particular temporality are used in these examples as key concepts.

SCHLÜSSELBEGRIFFE/KEYWORDS: Materielle Kultur, Phänomenologie, Fragmentierung, Bedeutungen, Temporalität/Material culture, phenomenology, fragmentation, meaning, temporality

Die Unberechenbarkeit der Dinge

Menschen sind von zahllosen Dingen umgeben. Die Lebenswelt jedes Einzelnen ist dominiert von mehr oder weniger häufig gebrauchten Objekten, mit denen zudem zahlreiche Bedeutungen verbunden sind. Gleichwohl es erhebliche Unterschiede gibt – je nachdem, wie viele Dinge ein Einzelner besitzt und abhängig davon, in welcher Gesellschaft man lebt – gehört es zu den Konstanten des Sachbesitzes, sehr oft nicht zu wissen, wie viele Dinge man eigentlich hat. Das gilt unabhängig davon, ob diese Zahl nun ca. einhundert Dinge beträgt, wie zum Beispiel in Feldbaugesellschaften in Westafrika, oder 3.000–5.000 in den

sogenannten Konsumgesellschaften (Hahn 2014, 82). Immer gibt es eine Reihe
von Objekten, deren Gegenwart zwar selbstverständlich erscheint, die aber keine
große Aufmerksamkeit erfahren. Letztlich führen Beobachtungen aus ganz unterschiedlichen Quellen zu folgendem Befund: Überall auf der Welt leben Menschen mit den Dingen in ihrer unmittelbaren Umgebung, wie auch im weiteren
Umfeld der Wohnung und der öffentlichen Räume, ohne diese Dinge wirklich
bewusst aufzunehmen. Vielen Dingen wird kaum Aufmerksamkeit geschenkt
– während andere, meist nur einige wenige, im Mittelpunkt vieler Hoffnungen
und Sorgen stehen. Wissenschaftlich-analytische Zugänge zur materiellen Kultur
haben bislang fast immer die nur geschätzten, wertvollen und bedeutungsvollen
Dinge in den Mittelpunkt ihrer Betrachtungen gestellt.[1] Es ist eines der Anliegen der Beiträge in diesem Buch und der Konferenz mit dem gleichen Titel, aus
dem sie hervorgegangen sind, Konzepte zu präsentieren, auch diesen sehr unterschiedlichen Aufmerksamkeitsniveaus Rechnung zu tragen, und damit auch die
weniger beachteten Objekte als Teil der materiellen Kultur zu verstehen.

Unterschiedliche Aufmerksamkeitsniveaus gegenüber Dingen betreffen nicht
nur das Spektrum zwischen Wertschätzung und Vernachlässigung. Dazu gehört
auch die Vorstellung vom tückischen Objekt. Die Tücke des Materiellen ist ein
altes Thema im Nachdenken über die verschiedenen Rollen der Dinge in der Gesellschaft. Niemand hat das deutlicher beschrieben als Adolf Muschg, der sich
noch etwas genauer mit der ›Tücke des verbesserten Objektes‹ befasst hat (Muschg 1981). Dahinter steht die Vorstellung, dass Raffinesse und Komplexität der
materiellen Dinge im Grunde die Aufnahmefähigkeit des Menschen überschreiten. Schon Georg Simmel sprach vom immer größeren Voranschreiten der Dinge,
mit dem die Verfeinerung des menschlichen Verstandes, seine Erziehung und seine Einsichtsfähigkeit nicht mithalten könnten (Simmel 1989 [1907], 620). Einer
solchen Fortschrittskritik wird sich dieser Band aber nicht anschließen. Es geht
hier nicht um die technischen Weiterentwicklungen, auch wenn von neuesten
technischen Geräten, neuen Materialien in der Bekleidung wie auch einigen anderen Innovationen bei Alltagsobjekten zweifellos einige besondere Herausforde-
rungen für die Gestaltung der Lebenswelt ausgehen.

Unberechenbarkeit bezieht sich hier auf das Nebeneinander von Aufmerksamkeit – bis hin zum emotionalen Zugang zu Dingen – und Vergessen, das bis
hin zur Vernachlässigung reicht. Dinge, so scheint es, ertragen ganz gut solche
unterschiedlichen Aufmerksamkeitsniveaus und sicher auch den dynamischen
Wandel von der einen Form der Mensch-Ding-Beziehung (= Aufmerksamkeit)
hin zur anderen (= Vernachlässigung) und umgekehrt. Sehr viele Dinge sind
Selbstverständlichkeiten; ihr mitunter rascher Wandel, z. B. das plötzliche Bemerken, würde in alltäglichen Betrachtungen vielleicht überhaupt nicht auffallen.
Aber es gibt Indizien, die zum Nachdenken über diese besondere Eigenschaft

---

1   Die Nachlässigkeit im Umgang mit Dingen wurde bislang nur in der Debatte um
    die Bewertung von Konsumgesellschaften als ›Wohlstandsgesellschaften‹ gestreift.
    Bis auf wenige Ausnahmen (Sahlins [1972] 1978; Kaplan 2000) wurde dieses Thema
    kaum je behandelt.

einladen. Dazu gehört zum Beispiel José Saramagos fiktionale Geschichte über die Vorstellung, Dinge könnten gegen ihre Misshandlung revoltieren. In seiner Erzählung »Der Stuhl« verschwinden die Dinge unter bestimmten Umständen, sie entziehen sich der Gegenwart der Menschen (Saramago [1978] 1995).[2] Der in dieser Geschichte erzählte Versuch einer ›Dingpolitik‹ – ein im Übrigen von Bruno Latour etwa zu gleichen Zeit thematisiertes Konzept – endet in dem lächerlichen Versuch, den Dingen den Krieg zu erklären, um sie zur Fortsetzung ihres stummen Dienstes zu zwingen. Dingpolitik ist eben nicht möglich, weil die Dinge keine stabile Relevanzebene haben: Ihre Bedeutung ändert sich laufend.[3]

Man könnte die jüngere Geschichte der Entwicklung von Theorien in der materiellen Kultur als eine Geschichte von Versuchen der Stabilisierung von Dingen als Teil der Kultur lesen. Ausgehend von Theorien, die eine Distanzierung von der Materialität mit dem Anliegen eines ideellen Zugangs begründen, wie es zum Beispiel Anfang des 20. Jahrhunderts Alexius Meinong ([1904] 1988) vorgeschlagen hatte, findet sich in den späteren Theorien eine immer deutlichere Anerkennung der Dinge in ihrer materiellen Dimension. Die Zuschreibung einer Biografie zu Objekten wird als leistungsfähiges Konzept herausgestellt, auch wenn schon sehr viel früher, nämlich in der Literatur des 18. und 19. Jahrhundert zahllose Beispiele für Beschreibung von Objekt-Lebensgeschichten vorliegen (Tretjakov [1929] 1972). Die Dinge partizipieren in der Artikulation von sozialer Differenzierung (Bourdieu [1979] 1982) und sie werden nicht zuletzt zu Akteuren (Latour 1990; 1993). Es ist eine nicht zu übersehende Karriere, die den Objekten hier widerfährt, die letztlich eine überraschende Parallele zum steigenden Sachbesitz als solchem aufweist. Die sich intensivierende Auseinandersetzung mit materieller Kultur könnte, so wie sie hier grob vereinfachend dargestellt wurde, mithin als eine Bestätigung der größer werdenden Rolle der Welt der Dinge gelesen werden. So wie die Dinge immer intensiver und näher an den Menschen heranrücken, so werten die gängigen Objekttheorien die Dinge auf und verleihen ihnen Funktion und Bedeutung.

Gegen diese Entwicklung wäre ein Aufruf von Bjørnar Olsen (2007) zu setzen, der dazu auffordert, die Dinge auf Distanz, zumindest auf dem Abstand einer Armeslänge zu halten. In diesem Sinne argumentieren auch die Beiträge dieses Buches: In einer kritischen Positionierung gegenüber vielen Materialitätstheorien bestehen sie darauf, dass materielle Objekte nicht immer stabil und

---

2   Die Rechte der Dinge wurden unter anderem auch von Shaviro (2010) thematisiert. Shaviro problematisiert in seinem eher theoretisch orientierten Beitrag die Tendenzen des Latourschen Zugriffs. Wie er betont, würden die Dinge dadurch vitalisiert und anthropomorphisiert.

3   Als eine relativ bedeutsame Dingpolitik unserer Zeit könnte man durchaus die weltweite Karriere der Museen betrachten. Akzeptiert man für den Zweck des Arguments, dass Museen Orte der Verwahrung, der Bearbeitung und des Zeigens von Objekten sind, so haben sie eine ganz klare ›Dingpolitik‹: Sie sorgen dafür, dass die gezeigten Gegenstände aufgewertet oder wenigstens im Wert stabilisiert werden (Raffler 2001).

funktional sind. Weder in ihren Funktionen noch in ihren Bedeutungen erfüllen sie stets die in sie gesetzten Erwartungen. Die Beziehungen, die Menschen zu Dingen haben, sind vielmehr brüchig und unsicher. Dies gilt nicht etwa, weil die Dinge ›enttäuschen‹, sondern vielmehr, weil die Vorstellung einer solchen Stabilität eine Zumutung ist, die Menschen in einer Attitüde der Vermenschlichung in Dinge hineinlegen. Die Unberechenbarkeit der Dinge ist eine Eigenschaft, die eine unüberbrückbare Differenz zwischen ›Dingsein‹ und menschlicher, intentioneller Aneignung seiner Umwelt beschreibt.

Dinge begreifen

Positiv gewendet stehen die Texte in diesem Band für das Anliegen, einen Beitrag zu einer Theorie der Dinge zu leisten, die ohne eine Aufwertung auskommt und zugleich die eingangs beschriebenen unterschiedlichen Relevanzniveaus ernst nimmt. Die Herausforderung lautet also: Wie kann man über Dinge denken (Henare u. a. 2006)? Welchen Zugriff können wir entwickeln, ohne implizit von falschen Eigenschaften wie Stabilität, Funktionalität und Bedeutung auszugehen?

Eine solche erweiterte Theorie müsste die Wandelbarkeit der Dinge (siehe Beitrag Stockhammer in diesem Band), ebenso wie ihre Mobilität, aber auch ihr ›In-sich-Ruhen‹, also ihre Inertie, ernst nehmen. Einen Zugang zu den Dingen zu finden, ihre Gegenwart zu begreifen, sollte mithin weder zu einer theoretischen Überdeterminierung führen, noch von der unplausiblen Vermutung ausgehen, dass im Alltag Dinge im Sinne eines restlosen Zugriffs vollständig angeeignet werden könnten. Es bleibt ein ›unverfügbarer Rest‹, der aber keinesfalls im Sinne einer Mystifizierung verstanden werden darf. Der ›unverfügbare Rest‹ ist vielmehr genau in der Weise im Alltag integriert, wie auch der Umgang mit zahlreichen Dingen, die entweder der bewussten Wahrnehmung entgehen oder deren Eigenschaften nur bruchstückhaft bekannt sind.

Wäre es so, dass den Objekten ein fester Platz im Kontext der diskursiven Erschließung der Welt zugewiesen werden könnte, so bestünde keine Notwendigkeit, über materielle Kultur als eine neue spezifische Domäne der Kulturwissenschaften nachzudenken. Susanne Küchler hat eine solche Vision einer geordneten Aufschlüsselung der Dingwelt einmal als eine Erweiterung des Durkheim'schen Universums bezeichnet (Küchler 2003): In einer sozialen Sphäre, in der jedes Phänomen als Institution oder Repräsentation gedeutet werden kann, wären die Dinge eben auch nichts anderes als Repräsentationen. In einer kritischen Distanzierung von einem solchen Modell fordert Küchler, die Dinge nicht mehr auf ihre mögliche Einbettung in funktionale Zusammenhänge zu reduzieren. Sie kann dafür Beispiele anführen, die durchweg damit zu tun haben, dass Dinge überraschende Eigenschaften haben, die im alltäglichen Umgang übersehen werden oder irrelevant erscheinen. Wenn diese Eigenschaften dann aber doch relevant werden, zwingen sie zu einer Neuinterpretation ihrer Rollen.

In der theoretischen Behandlung materieller Kultur bleiben Zugänge zu Materialität bislang unbefriedigend, weil sie in einer bestimmten Hinsicht zu kurz greifen. Es gelingt ihnen nicht, die Dinge in der Schwebe zu halten und das Hervortreten von neuen Eigenschaften und Rollen – wie auch deren Verschwinden – theoretisch hinreichend zu berücksichtigen. Die Auseinandersetzung mit Dingen ist nicht einfach ein ›Gebrauch‹ oder eine ›Deutung‹ der Eigenschaften, die als allgemein anerkannt gelten. Jede Auseinandersetzung mit materiellen Objekten impliziert vielmehr die Möglichkeit, Neues zu entdecken. Dies können neue Eigenschaften von Dingen sein, aber auch neue Formen der Einbettung und nicht zuletzt neue Formen der Temporalität. Dinge haben eigene Existenzweisen, die sich auch darin ausdrücken, ob und wie sie sich im Laufe der Zeit verändern. Sowohl die Kurzlebigkeit als auch die mitunter überraschend lange Zeitspanne unveränderter Existenz sind Ausdruck dieses Zusammenhangs.[4]

Die gegenwärtige Aufmerksamkeit für sogenannte Secondhand-Nutzungen und für Recycling[5] ist ein Indikator für eine zunehmende Sensibilität gegenüber diesen neuen, bislang wenig beachteten Eigenschaften: Dinge verhalten sich im Laufe der Zeit in unvorhergesehener Weise. Ihre Veränderung ist anders, als es möglicherweise zu Beginn ihrer Existenz erwartet wurde, und anders, als man sich im alltäglichen Umgang vorstellt. Der vorliegende Band enthält mehrere Beispiele über das ›zweite Leben‹ von Dingen (siehe z. B. die Beiträge von Stockhammer, Brož und Bagley). Es geht dabei um Muster wie die ›Wieder-in-Gebrauchnahme‹, die zum Teil zwischen erster und zweiter Nutzung einen zeitlichen Abstand von Jahrzehnten oder gar Jahrhunderten beschreiben.

Nähe und Ferne

Jenny Erpenbeck (2009) hat in einem kurzen Essay einmal das Verschwinden der Dinge thematisiert. Vor dem Hintergrund der hier bereits ausgeführten Überlegungen kann ihr zentrales Argument nicht verwundern: Wie sie betont, ist nicht das Verschwinden als solches bemerkenswert. Bedeutungsvoll ist vielmehr der Moment, in dem dieses Verschwinden als ein Problem aufgefasst wird. Erst dann, wenn die Dinge fehlen, wenn eine empathische Beziehung zur Wahrnehmung einer Leerstelle führt, erst dann beginnen Menschen, das Fehlen zu thematisieren – und sich manchmal für den Erhalt bestimmter Objekte einzusetzen. Im Moment des Verschwindens treten viele Objekteigenschaften zutage, die im alltäglichen

4   Dinge haben ihre eigenen Gesetze des Verfalls (Buchli/Lucas 2001). Sie können ihr Alter durch Spuren anzeigen. Aber es gibt auch bestimmte Fälle, bei denen praktisch keine Temporalität zu bemerken ist (z. B. Artefakte aus hartem Gestein). Eine Frage der Ethik der Dinge ist es, wie Pétursdóttir in ihrem Beitrag in diesem Band erwähnt, ob man solche Verfallsprozesse aufhalten sollte.
5   Die zahlreichen Berichte über Second-Handedness umfassen die Spanne von wiedergenutzter Kleidung bis hin zu Glasrecycling und Mobiltelefonen (Goodman 2005; Baumann 2010; Clarke 2011; Oldenziel/Weber 2013).

Gebrauch praktisch unbemerkt geblieben sind. Diese Beobachtung führt zu einer zunächst paradox erscheinenden Schlussfolgerung: Es ist durchaus nicht so, dass die meisten Eigenschaften einer Sache dann zu erkennen sind, wenn sich diese Dinge in intensivem und alltäglichen Gebrauch befinden. Möglicherweise ist auch das Gegenteil wahr: Erst wenn die Dinge dabei sind, aus dem Horizont zu verschwinden, treten all die Aspekte deutlich hervor, die einen bestimmten Gegenstand schätzenswert oder auch zu einem gehassten Objekt gemacht haben.

Nähe, so könnte man dieses Argument weiter ausführen, ist nur einer unter verschiedenen möglichen Wegen, um zu einer Erkenntnis von Dingen zu gelangen. Nicht weniger wichtig ist die Veränderung als solche: Indem Dinge immer häufiger werden, wenn zum Beispiel Innovationen sich durchsetzen, wird intensiv über die Eigenschaft eines solchen ›näher kommenden‹ Dings nachgedacht.[6] Ähnliches gilt auch, wenn die Dinge in größere Distanz rücken. Die Veränderung der relativen Position setzt die Energie frei, die nach einem genaueren Verstehen verlangt.

Dass Dinge in Abhängigkeit von ihrer Relation zum Menschen unterschiedlichen Formen der Wahrnehmung und damit auch verschiedenen Ebenen der Reflexion unterliegen, kann man wenigstens implizit auch der Heidegger'schen Unterscheidung von Zeug, Ding und Werk entnehmen (Heidegger 1950, 18; Hahn 2014, 20). Nur das dienliche Zeug ist nach Heidegger ganz aus seiner Einbettung heraus zu verstehen. Um das zu unterstreichen, verwendet er sogar den Umkehrschluss: Wie er betont, ist ein solches als ›Zeug‹ definiertes Ding ohne seinen Kontext wert- und bedeutungslos. In der hier vorgeschlagenen Terminologie könnte man über das Zeug sagen: Nähe ist alles!

Im deutlichen Kontrast dazu steht das ›Werk‹ im Sinne Heideggers. Es steht für sich allein. Einmal geschaffen, vertritt es seine Besonderheit, ohne dass es des Wissens oder bestimmter Umgangsweisen des Menschen bedarf. In seiner Konzeption des ›Werkes‹ sieht Heidegger gewissermaßen eine maximale Distanz zwischen Mensch und Ding vor: Natürlich haben Menschen diese ›Werke‹ geschaffen, Menschen können auch damit alltäglichen Umgang haben, sie sogar zerstören, was allgemein als eine Schandtat angesehen würde. Aber die Idealfigur des Werks bleibt die andächtige Betrachtung im Museum, was im Grunde ein eher distanzierter Zugriff ist.[7]

Die Unterscheidungen Heideggers sind nützlich, wenn es darum geht, Nähe und Ferne zu Dingen zu verstehen. Ihm wäre aber doch vorzuwerfen, dass er den

---

6   Verbunden mit dem Warnhinweis »Things in the back mirror appear closer than they are« behandelte der Soziologe Don Slater in der letzten Zeit mehrfach die Ambivalenz von Konsum und Konsumgütern. Ein Blick aus der Ferne, so seine These, kann informativer sein als die mikroskopische Untersuchung des Konsumalltags (Slater/ Miller 2007; Slater 2014).

7   Die besondere Wechselbeziehung zwischen dem Museum und seinen Objekten hat Steven Conn (2010) hervorgehoben. Museen erheben Dinge zu Werken. Durch ihre Nutzung im Museum werden sie Zeugen und einmalige Werke vergangener oder ferner Kulturen.

Unterschied zwischen ›Zeug‹ und ›Werk‹ zu Unrecht als kategoriale Differenz beschrieben hat. Jedes Zeug kann zu einem Werk werden, und manches Werk kann als alltägliches Zeug in Gebrauch genommen werden, auch wenn das als eine ›Entweihung‹ gesehen würde.

Solche Übergänge, die Heidegger zumindest nicht erwähnt hat, sind das eigentliche Thema dieses Buches.[8] Es handelt sich dabei um einen überraschenden Aspekt von Wandelbarkeit, der auf der Ebene eines Konzepts materieller Kultur danach verlangt, der Veränderung von Dingen und der Dynamik unterschiedlicher, oft gleichzeitiger Wahrnehmungen einen größeren Raum zu geben. Alltägliche, vernachlässigte Dinge können zu Kristallisationspunkten von Reflexionen werden. Umgekehrt sind auch Prozesse zu beobachten, in denen außerordentliche und bedeutungsvolle Dinge, Innovationen, Pretiosen oder Kunstwerke, zu alltäglichen Gegenständen mutieren.

Dieser Wandel geht nicht nur mit der Zu- oder Abnahme von Kontexten und Bedeutungen einher. Er hat auch mit dem Vergessen oder mit dem Sich-Erinnern zu tun. Er kann, wie es die bei politischen Umwälzungen mitunter spontan vollzogenen Niederlegungen von Denkmalen zeigen, auch eine intentionale, politisch hoch aufgeladene Veränderung sein. Es gibt keine Möglichkeit, solche Veränderungen zu prognostizieren. Aber aus kulturwissenschaftlicher Sicht sind solche Momente besonders ergiebig für ein erweitertes Verständnis von materieller Kultur. Zusammenfassend ist zu betonen, dass der Status einer Sache als solcher weniger bedeutsam ist. Viel relevanter sind Statusveränderungen, in welche Richtung auch immer sie sich vollziehen. Dinge sind in der Schwebe zu halten, ihre dynamische Veränderung oder auch radikale Neubewertung muss in einem theoretischen Konzept mit bedacht werden. Nur in der Betrachtung solcher Veränderungen ist materielle Kultur wirklich eine Herausforderung für die Kulturwissenschaften insgesamt.

Dinge als Fragmente

Zu den problematischen Verkürzungen, die es zu überwinden gilt, gehört auch die Vorstellung von der materiellen Einheit eines Objekts. Schon in den vorangegangenen Abschnitten dieser Einleitung wurde darauf hingewiesen, dass die in den Kulturwissenschaften so lange hervorgehobene Verbindung von Bedeutungen und Gebrauchsweisen mit materiellen Objekten eine Vereinfachung ist, die durch jede genauere Beobachtung widerlegt wird. Manchmal ist es tatsächlich so, dass Dinge bedeutungsvoll sind oder ihnen wichtige Gebrauchsweisen

---

8   Diese Kritik wird zudem gestützt von Heideggers Gleichsetzung der Bauernschuhe mit einem Bild von van Gogh. Für seine Zwecke schienen ihm Bild und Objekt identisch zu sein. Wie weit er damit fehlging, wird schon durch die kunstgeschichtliche Erkenntnis angezeigt, dass van Gogh beim Malen dieses Bildes nämlich überhaupt nicht die Schuhe einer Bäuerin zum Vorbild hatte, sondern die Schuhe eines Mannes (Asendorf 2009; Porath 2002).

zugeordnet werden. Nicht weniger häufig fehlt diese Einbettung aber: Dinge
›ruhen‹ einfach (= Inertie), sie sind unbeachtet oder geraten in Vergessenheit.
Der vorliegende Band thematisiert insbesondere die Übergänge: Dinge, die aus
dem Blickfeld geraten oder denen neue Aufmerksamkeit geschenkt wird. Dinge,
die ihre Bedeutung komplett wandeln oder bei denen zwei sehr unterschiedliche
Kontexte zu beobachten sind, stehen in den einzelnen Beiträgen als Fallbeispiele
für solche Veränderungen (siehe etwa die Beiträge von Soentgen, Brož und Bagley in diesem Band). Man kann die Dissoziation und neuerliche Assoziation von
Kontexten auch als eine Art der Fragmentierung und der Wiederherstellung eines
Fragments bezeichnen.

Der Historiker Alain Schnapp hat sich noch intensiver mit den besonderen
Bedeutungen von Fragmenten befasst. Fragmente, so wie er sie versteht, sind
Überreste, bruchstückhafte Zeugen einer Welt, von der im Moment der Betrachtung nicht mehr viel bekannt ist (Schnapp 1997; 2014). Fragmente in Schnapps
Sinne sind also eine Entsprechung der hier bereits thematisierten Dinge, die ihren Kontext verlieren. Die überraschend eindringliche Aussagekraft von materiellen Fragmenten, zum Beispiel von Ruinen, besteht in ihrem offensichtlichen
und unabweisbaren Verweischarakter auf eine Einbettung, die nicht mehr gegeben ist (siehe Beiträge von Krit und Pétursdóttir in diesem Band). Demnach ist
ein Fragment zunächst einmal ein unvollständiges Objekt, das auf sein Potenzial, mit Kontexten versehen zu werden, verweist. Die bedeutungsvolle Aufladung
scheint nahezuliegen, auch wenn die Inhalte einer solchen Bedeutung nicht näher
bestimmt werden können.[9]

Fragmente sind Zeugen einer zeitlichen Permanenz des Materiellen, die zugleich eine Permanenz der Bedeutung im Ungewissen lässt. Es ist genau diese
Unsicherheit, die Fragmente zu besonders wichtigen Beispielen für das Anliegen
dieses Sammelbandes werden lässt. Michael Neumann (2013) erklärt die Bedeutung des Fragments in diesem Sinne ganz passend als die Materialisierung einer
„Sehnsucht nach dem Ganzen". Die Geschichte des Fragments kennt seine außerordentliche Aufwertung in der Form von Ruinen während der Epoche der Romantik (Ostermann 1991; Tronzo 2009). Die Ruine wurde damals als ein Lehr-
beispiel angesehen und sollte dem Betrachter die prinzipielle Unabschließbarkeit
der Dinge zeigen. Für Ruinen gilt das sicher mehr als für andere Dinge. Aber
letztlich verweist jedes Objekt auf ein ›mehr‹ an Eigenschaften, als zu irgendei-
nem bestimmten Moment zu erkennen ist.

Der Verdacht einer Signifikanz und die Offenheit bezüglich der inhaltlichen
Bestimmung führen dazu, dass solche fragmentarischen Objekte neue Bedeutungen förmlich anziehen. Wie Schnapp anschaulich beschreibt, legitimieren viele

---

9   Jean Baudrillard (1978) hat in der Figur des ›Bedeutungsvollen‹, dem eine nähere
    Bestimmung der Bedeutung fehlt, eine machtvolle Konfiguration moderner Zeichen-
    systeme ausgemacht. Der ›leere Signifikant‹, wie er es nennt, ist eine Grundfigur
    moderner Gesellschaft. Jeder weiß, dass eine bestimmte Sache oder Institution wich-
    tig ist, aber vielen würde es schwerfallen, zu erklären, warum etwas als wichtig an-
    gesehen wird.

Gesellschaften ihre gegenwärtige Position durch den Anspruch einer Kontinuität zwischen bestimmten (oftmals weithin sichtbaren) Ruinen und ihrer eigenen Ordnung. Um diese Kontinuität augenfällig zu machen, wurden Kirchen auf den Ruinen anderer älterer Kirchen oder Tempel errichtet, und historische oder archäologische Objekte wurden zu Relikten einer gloriosen Vergangenheit verklärt. Das gilt auch, wenn eine solche Verbindung eher eine Form der Aneignung darstellt und mit historischen Belegen wenig zu tun hat.

Kann es überhaupt eine Gesellschaft geben, die ohne die Determinierung von Bedeutungen vermittels der Objekte der Vergangenheit auskommt? Der Kunsthistoriker Schnapp gibt eine verneinende Antwort auf diese Frage. Er schätzt das durch Fragmentierung – also den Zustand, eine Ruine zu werden – freigesetzte Potenzial der Imagination so hoch ein, dass es ihm als eine Grundlage der Legitimierung von Gesellschaften insgesamt gilt. Sicherlich lässt sich das insbesondere auf archäologische Objekte anwenden, die ganz grundsätzlich als ›Fragmente‹ zu betrachten sind. Stephen Shennan (1989) sieht in der fragmentierten Natur der von Archäologen gefundenen Dinge gerade die Attraktivität für das Individuum in modernen Gesellschaften. Der bruchstückhafte Charakter dieser Dinge lässt den Freiraum für Identifizierungen, die gegenüber zeitlich und kulturell näheren Dingen nicht möglich wären.

Für die Suche nach einem erweiterten Zugang zu materieller Kultur ergibt sich aus diesen Überlegungen eine wichtige Erkenntnis. Es reicht nicht, den aktuellen Umgang mit Dingen in Betracht zu ziehen, sondern es ist auch wichtig, die mit Dingen verbundenen Geschichten zu berücksichtigen. Dadurch ergibt sich freilich nicht automatisch eine besonders große Bedeutung sämtlicher alter Objekte oder aller Fragmente oder Ruinen. Jedoch ist das Potenzial offensichtlich: Aus jeder vernachlässigten Ruine kann ein hochbedeutsames Teil der materiellen Kultur und der Identität einer Gesellschaft werden. Auch in diesem Fall ist es entscheidend, den potenziellen Statuswechsel zu erkennen und ihn als eine Möglichkeit im Konzept materieller Kultur zu berücksichtigen. Von den unzähligen Dingen, die jeden einzelnen umgeben, sind es stets nur einige wenige, die eine besondere Aufmerksamkeit erfahren und damit auch ›bedeutungsvoll‹ sind. Welche es sind, ist nicht im Voraus und nicht in allgemeiner Form zu bestimmen. Die besondere Entfaltung von Bedeutungen im Kontext der Wahrnehmung als Fragment verweist jedoch darauf, dass es durchaus nicht in jedem Fall eine besondere Nähe oder ein intensiver Umgang sein muss, der zu einem hervorgehobenen Status führt.

Den Dingen ausgeliefert sein

Menschen und Dinge gehen seltsame Wechselbeziehungen ein. In zahllosen Situationen sind Menschen auf das vollständige Funktionieren angewiesen und müssen darauf vertrauen, dass die Dinge genau so funktionieren wie erwartet und vorhergesehen. Das gilt zunächst im technischen Bereich. Wie Ian Hodder in seinem aktuellen Buch mit dem Titel »Entangled« eindrucksvoll schildert, ist der Start jedes einzelnen Flugzeugs abhängig vom perfekten Ineinandergreifen zahlloser technischer Subsysteme (Hodder 2012).

Am Beispiel des zivilisationskritischen Befundes von Simmel wurde hier bereits hervorgehoben, wie weit die Anforderungen an das technische Knowhow das Wissen jedes Einzelnen in der modernen Gesellschaft übersteigen. Wir wissen nicht, wie die verschiedenen Teile des Flugzeugs funktionieren, die meisten Menschen wissen nicht einmal, wie die Übertragung von Sprach- und Datensignalen bei Mobiletelefonen funktioniert. Dennoch verlassen sich Menschen durchweg auf das Funktionieren der Flugzeuge genauso wie auf das alltägliche Funktionieren der mobilen Telekommunikation.

Das gilt aber nicht nur für den Bereich der Technik: Menschen verlassen sich zum Beispiel nicht weniger darauf, dass bestimmte Kleidung der sozialen Umwelt eindeutig die Zugehörigkeit zu einer sozialen Gruppe signalisiert. Bestimmte politische oder religiöse Symbole sind zugleich materielle Objekte und wichtige Markierungen sozialer Identität, sie schützen den Besitzer nicht weniger zuverlässig als die Flugzeugtechnik die Passagiere. Gerade wenn politische oder religiöse Positionen gewaltsam verteidigt werden, sind das Tragen und Zeigen solcher Symbole von außerordentlicher Bedeutung. Murray Edelman vertritt die These, dass Politik überhaupt nur die Aushandlung über Symbole und materielle Bedeutungsträger sei (Edelman [1964] 1976; Ellrich 1998).

Ian Hodder greift mit dem erwähnten Buch mit dem Begriff der »Verstrickungen« ein zwanzig Jahre älteres Konzept von Nicholas Thomas (1991) auf.[10] Beide Autoren wollen zeigen, wie sehr Menschen auf Dinge angewiesen sind, um zu überleben oder aber auch, um sich sozial zu positionieren. Wie die oben angeführten, aus dem Buch von Hodder stammenden Beispiele deutlich machen, geht es dabei zunächst um eine direkte Interaktion: Wer im Flugzeug sitzt, muss sich auf die Technik des Transportmittels verlassen. Diese Sichtweise ist zunächst das Ergebnis einer genauen Beobachtung des Alltags. Eine vorurteilsfreie Betrachtung alltäglichen Handelns muss den Dingen eine größere Beteiligung zuweisen, und es wäre schon eine Weiterentwicklung der Kulturwissenschaften insgesamt, wenn nur das Konzept der Verstrickungen von Mensch und Ding konsequent angewendet würde.

Man könnte das gewissermaßen als den Anteil der ethnografischen Methode an der Beschreibung alltäglicher Lebenswelten bezeichnen. Die Mikroperspektive und der genaue Blick auf kurzfristige Interaktionen sind Kernbestandteile von Ethnografie, und genau diese Vorgehensweise führt zu den Verstrickungen im Sinne von Hodder. Aber Ethnografie ist komplexer. Seit Clifford Geertz ist die Rede von der ›dichten Beschreibung‹, die insbesondere auf die Vorzeitigkeit des Wissens des Ethnografierenden abhebt (Geertz [1973] 1983). Wie Geertz betont,

---

10   Letztlich steht Hodders Metapher der Verstrickungen in einer gedanklichen Linie
     mit Bruno Latours Akteur-Netzwerk-Theorie (ANT), in der die aktive Beteiligung
     der Dinge beim Zustandekommen von gesellschaftlichen Strukturen hervorgehoben
     wird.

ist es oftmals unmöglich, im Augenblick der Interaktion zu entscheiden, ob eine bestimmte Handlung, die Gegenwart eines bestimmten Objektes, bedeutungsvoll ist oder nicht. Erst das kulturelle gegebene Vorwissen, das der Ethnologe erworben haben muss, ermöglicht eine Entscheidung darüber, ob z. B. das Augenzwinkern etwas bedeutet oder sich nur zufällig ergeben hat.

Es ist wichtig, diese Erweiterung auch auf das Konzept der Verstrickung anzuwenden. Welche Technik ist wirklich wichtig? Welche Symbole sichern das Überleben im religiösen Konflikt und auf welche Weise leisten sie dies? Antworten auf solche Fragen sind weitgehend kulturabhängig, sie entziehen sich der einfachen Beobachtung und können auch nicht durch eine deskriptive Beschreibung gefunden werden. Geertz hat die Notwendigkeit einer vorgängigen kulturellen Kompetenz in der Ethnografie verankert. Auf materielle Kultur bezogen wäre zu ergänzen: Auch die Rolle der Dinge kann nur als eine differenzierte und über den einzelnen Moment hinausgehende Betrachtung richtig verstanden werden.[11] Die genaue Beobachtung ist ohne Frage weiterhin eine wichtige Basis, nicht weniger wichtig sind aber die Geschichten der Dinge, ihr Herkommen, ihre Bewertung und die Veränderungen, denen viele Dinge unterworfen sind.[12] So wie Geertz die ›Interpretation‹ als den Schlüssel zur Auswahl der wirklich wichtigen Faktoren für eine kulturell relevante Handlungsweise herausgestellt hat, so gibt es auch ein Vorwissen über Dinge und eine Interpretation der materiellen Welt, die entscheidend für eine Beurteilung der Relevanz oder der Ignoranz gegenüber bestimmten Verstrickungen ist.

Hodder verwendet in seinem Buch das Beispiel einer feucht werdenden Lehmmauer, die unter Umständen einstürzt und die Menschen unter sich begräbt. Zweifellos ist das eine fatale Verstrickung. Die Ethnologie kennt aber auch die Geschichte des aus Holzstämmen errichteten Schattendachs bei den Zande im südlichen Sudan, das wegen des fortgeschrittenen Termitenfraßes zur Mittagszeit einstürzt und die darunter sitzenden Menschen erschlägt. Wie die genaue ethnografische Analyse von Edward Evans-Pritchard ([1937] 1978) ergibt, bezieht sich die Verstrickung aber entgegen der Erwartung des Außenstehenden nicht auf die direkte Interaktion zwischen dem Bauwerk und den Menschen, sondern auf die Interaktion zwischen einem Hexer und seinen Opfern. Materielle Kultur ist dabei – zeitlich versetzt – beteiligt, und zwar durch die Objekte des Orakelmeisters, dessen Aufgabe es ist, die Ursache des tragischen Unfalls zu eruieren. Sein

---

11 Das Herausgreifen eines einzelnen spezifischen Kontexts (bei gleichzeitiger Zurückweisung der anderen Kontexte) ist deshalb stets eine unzulässige Vereinfachung. Karl-Heinz Kohl hat das auf die polemische Formel gebracht »Kontext ist Lüge« (Kohl 2008).

12 Das Konzept der ›Verstrickung von Mensch und Ding‹ hat schon vor über 50 Jahren der Phänomenologe Wilhelm Schapp ([1953] 1985) verwendet. Im Kontrast zu den jüngeren Verwendungen (Thomas und Hodder), die natürlich nichts von der früheren Verwendung dieses Konzepts wissen, betont Schapp die Ungleichzeitigkeit: Verstrickungen ergeben sich nicht einfach aus der Gegenwart, sondern beruhen auf den Geschichten, die untrennbar zu Menschen und Dingen gehören.

Orakelpulver spielt dabei eine ebenso große Rolle wie das Messer des Experten, mit dem er Hühner opfert, um das Orakel zum Sprechen zu bringen (siehe dazu den Beitrag Holbraad).

Das Konzept der Verstrickung ist ein nützlicher Zugang, um die Interaktion von Mensch und Ding besser zu verstehen; aber es wäre eine falsche Engführung, wenn man es auf die unmittelbare Interaktion beschränken würde. Die Rolle der an einem Ereignis beteiligten Dinge ergibt sich vielfach erst durch den zeitlichen Rück- und Vorgriff, mithin durch die Geschichten, mit denen die Dinge verbunden sind.

Menschen sind den Dingen ausgeliefert. Das gilt nicht nur, weil sie auf das ›Funktionieren‹ der Dinge angewiesen sind, sondern auch deshalb, weil die Dinge für Geschichten stehen, die zu kontrollieren die Handlungsmöglichkeiten des Einzelnen überschreiten. In überraschender Weise kann sich die momentane Interaktion als bedeutungslos, dagegen eine andere, zunächst überhaupt nicht gegenwärtige Verstrickung sich als entscheidend erweisen. Dieser Komplexität in verschiedenen Zeit- und Bedeutungshorizonten nachzugehen, ist ein weiteres wichtiges Anliegen der Beiträge dieses Bandes.

Schluss

Diese Einleitung hat in verschiedenen Zugriffen deutlich zu machen versucht, was auf inhaltlicher Ebene mit dem Titel »Lost in Things« gemeint ist. Zusammenfassend lässt sich die hier vorgeschlagene Position in folgenden Punkten formulieren.

1. Ausgangspunkt ist eine Kritik an dem in vielen Theorien materieller Kultur angenommenen unrealistisch hohen Aufmerksamkeitsniveau. Implizit unterstellen solche Theorien, Menschen würden sich beständig um die Dinge kümmern, die sie besitzen oder mit denen sie umgehen. Das Gegenteil ist der Fall. Dinge sind gegenwärtig, ohne bewusst wahrgenommen zu werden.
2. Materielle Kultur wird allzu häufig einem ordnenden Prinzip, sei dies nun Netzwerk, Funktion oder Bedeutung, unterworfen. Dinge sind aber sehr viel instabiler, als solche funktionalisierenden Zugänge glauben machen wollen. Die Gegenwart der Dinge kann auch einfach Vergessen und Stillstand (= Inertie) sein.
3. Dinge unterliegen signifikanten Veränderungen der ihnen entgegengebrachten Aufmerksamkeit. Mal sind sie vergessene Dinge, ein anderes Mal solche, denen Sorgen, Hoffnungen und Sinnerwartungen entgegengebracht werden. Es ist eine Aufgabe der Studien zur materiellen Kultur, die Dinge in der Schwebe zu halten und das Potenzial der raschen Veränderung mit zu bedenken. Das ist die eigentliche Herausforderung für die Untersuchung der Dingwelt.
4. Jedes Objekt kann zugleich als ein Fragment betrachtet werden. Fragmentierung von Bedeutung ist eine Option, materielle Fragmentierung eine andere. Dinge als Fragmente zu betrachten, eröffnet neue Räume der Imagination.

Die imaginierte Vervollständigung eines Bruchstücks konstituiert eine machtvolle Verbindung zwischen Mensch, Ding und Lebenswelt.
5. Verstrickungen zwischen Mensch und Dingen sind eine anschauliche Metapher zur Erklärung dieser Beziehung. Sie dürfen jedoch nicht reduziert werden auf Situationen der Interaktion, sondern sollten auch der Geschichtlichkeit von Bedeutungen Rechnung tragen. Mensch und Ding sind nicht so sehr miteinander, sondern beide eher in ein drittes, nämlich in Geschichten verstrickt.

Die hier präsentierten Thesen stützen sich auf Beobachtungen und zum Teil auf in der Literatur bereits artikulierte Argumente. Sie beruhen zudem auf den theoretischen Standpunkten, so wie sie in den hier zusammengestellten Beiträgen vertreten werden. Die Thesen sind einerseits kritisch gegenüber bisherigen Zugängen positioniert, andererseits begründen sie einen Versuch, ein vorsichtig abwägendes neues Modell zu materieller Kultur zu präsentieren. Die Einleitung wie auch die Beiträge verbindet das Interesse, die gegenwärtige Aufmerksamkeit für materielle Kultur in eine nachhaltige Beschäftigung mit Materialität zu überführen und damit einen Beitrag zur weiteren Entwicklung zu leisten.

Dieses Anliegen umfasst auch den Wunsch, den Moment der euphorischen Überbewertung materieller Kultur zu überwinden. Es gilt im Zugriff auf Dinge auch zu verstehen, warum der Mensch der materiellen Seite der Lebenswelt ausgeliefert ist, ohne ihr je gänzlich entrinnen zu können, aber in sehr vielen Fällen auch, ohne deshalb die Gegenwart der Dinge in Frage zu stellen. In diesem Sinne ist der Mensch ›in Dingen verloren‹, ihnen aber deshalb keinesfalls hoffnungslos unterworfen.

Literatur

Asendorf 2009: Ch. Asendorf, Verlust der Dinge? Stationen einer endlosen Diskussion. In: K. Ferus/D. Rübel (Hrsg.), Die Tücke des Objekts – Vom Umgang mit Dingen. Berlin: Reimer 2009, 11–23.

Baudrillard 1978: J. Baudrillard, Die Präzession der Simulakra. In: J. Baudrillard (Hrsg.), Agonie des Realen. Berlin: Merve 1978, 7–69.

Baumann 2010: W. Baumann, Die Innovation des Recyclings. In: U. Bertram (Hrsg.), Innovation – wie geht das? Eine Veranstaltung der [ID]factory, Zentrum für Kunsttransfer, TU Dortmund, Institut für Kunst und Materielle Kultur. Norderstedt: Books on Demand 2010, 21–35.

Bourdieu [1979] 1982: P. Bourdieu, Die feinen Unterschiede. Kritik der gesellschaftlichen Urteilskraft. Frankfurt a. M.: Suhrkamp 1982. (Original: La distinction. Critique sociale du jugement. Paris: Édition de Minuit 1979).

Buchli/Lucas 2001: V. Buchli/G. Lucas (Hrsg.), Archaeologies of the Contemporary Past. London: Routledge 2001.

Clarke 2011: A. Clarke, The Second Hand Brand. ›Borrowed Goods and Liquid Assets‹. In: A. Bevan/D. Wengrow (Hrsg.), Cultures of Commodity Branding.

Archaeological and Anthropological Perspectives. Walnut Creek: Left Coast 2011, 235–53.

Conn 2010: S. Conn, Do Museums Still Need Objects? Philadelphia: University of Pennsylvania 2010.

Edelman 1976: M. Edelman, Politik als Ritual. Die symbolische Funktion staatlicher Institutionen und politischen Handelns. Frankfurt a. M.: Campus 1976. (Original: The Symbolic Uses of Politics, Univ. of Illinois, Urbana, 1964).

Ellrich 1998: L. Ellrich, Pomp und Charisma: Zur Poetik der Macht. In: G. Fröhlich (Hrsg.), Symbolische Anthropologie der Moderne. Kulturanalysen nach Clifford Geertz. Frankfurt a. M.: Campus 1998, 103–22.

Erpenbeck 2009: J. Erpenbeck, Dinge, die verschwinden. Berlin: Kiepenheuer & Witsch 2009.

Evans-Pritchard [1937] 1978: E. E. Evans-Pritchard, Hexerei, Orakel und Magie bei den Zande. Frankfurt a. M.: Suhrkamp [1937] 1978.

Geertz [1973] 1983: C. Geertz, Dichte Beschreibung. Bemerkungen zu einer deutenden Theorie von Kultur. In: C. Geertz (Hrsg.), Dichte Beschreibung. Beiträge zum Verstehen kultureller Symbolik. Frankfurt a. M.: Suhrkamp [1973] 1983, 7–43.

Goodman 2005: J. Goodman, Return to Vendor. How Second-Hand Mobile Phones Improve Access to Telephone Services. London: forumforthefuture.co.uk. 2005.

Hahn 2014: H. P. Hahn, Materielle Kultur. Eine Einführung. Zweite, durchgesehene und um ein Vorwort ergänzte Auflage. Berlin: Reimer 2014.

Heidegger 1950: M. Heidegger, Holzwege. Frankfurt a. M.: Klostermann 1950.

Henare u. a. 2006: A. Henare/M. Holbraad/S. Wastell (Hrsg.), Thinking through Things. Theorising Artefacts in Ethnographic Perspective. London: Routledge 2006.

Hodder 2012: I. Hodder, Entangled. An Archaeology of the Relationships between Humans and Things. Chichester: Blackwell 2012.

Kohl 2008: K.-H. Kohl, Kontext ist Lüge. Paideuma 54, 2008, 217–21.

Küchler 2003: S. Küchler, Rethinking Textile: The Advent of the ›Smart‹ Fiber Surface. Textile: Journal of Cloth and Culture 1, 3, 2003, 262–72.

Latour 1990: B. Latour, Visualisation and Cognition. Drawing Things Together. In: M. Lynch/S. Woolgar (Hrsg.), Representation in Scientific Practice. Cambridge, Mass.: MIT 1990, 19–68.

Latour 1993: Ders., Ethnography of a ›high-tech‹ Case: About Aramis'. In: P. Lemonnier (Hrsg.), Technological Choices. Transformation in Material Cultures since the Neolithic. London: Routledge 1993, 372–98.

Latour 2005: Ders., From Realpolitik to Dingpolitik or How to Make Things Public. In: B. Latour/P. Weibel (Hrsg.), Making Things Public. Atmospheres of Democracy. Cambridge, Mass.: MIT Press [Ausstellung im ZKM/Center for Art and Media in Karlsruhe] 2005, 14–45.

Meinong [1904] 1988: A. Meinong, Untersuchungen zur Gegenstandstheorie und Psychologie. Hamburg: Meiner [1904] 1988.

Muschg 1981: A. Muschg, Die Tücke des verbesserten Objekts. Wald: Verlag Im Waldgut 1981.

Neumann 2013: M. Neuman, »Schauplatz von Trümmern«. Zur Rhetorik des Fragments. In: K. Malcher (Hrsg.), Fragmentarität als Problem der Kultur- und Textwissenschaften. München: Fink 2013, 157–68.

Oldenziel/Weber 2013: R. Oldenziel/H. Weber, Introduction: Reconsidering Recycling. Contemporary European History 22, 3, 2013, 347–70.

Olsen 2007: B. Olsen, Keeping Things at Arm's Length. A Genealogy of Asymmetry. World Archaeology 39, 4, 2007, 579–88.

Ostermann 1991: E. Ostermann, Das Fragment. Geschichte einer ästhetischen Idee. München: Fink 1991.

Porath 2002: E. Porath, Die Frage nach der Dinglichkeit – Heidegger und das Geschlecht der Dinge zwischen Entzug und Ereignis. In: G. Ecker/C. Breger/ S. Scholz (Hrsg.), Dinge – Medien der Aneignung, Grenzen der Verfügung. Königstein i. Ts.: Helmer 2002, 256–72.

Raffler 2001: M. Raffler, Sammeln, die ordnende Weltsicht. Aspekte zur historischen Museologie. Curiositas: Zeitschrift für Museologie und museale Quellenkunde 1, 2001, 67–80.

Sahlins [1972] 1978: M. D. Sahlins, Ökonomie der Fülle – Die Subsistenzwirtschaft der Jäger und Sammler. In: F. Duve (Hrsg.), Technologie und Politik 12 – Die Zukunft der Ökonomie. Reinbek bei Hamburg: Rowohlt [1972] 1978, 154–204.

Saramago [1978] 1995: J. Saramago, Der Stuhl und andere Dinge. Reinbek bei Hamburg: Rowohlt [1978] 1995.

Schapp [1953] 1985: W. Schapp, In Geschichten verstrickt. Zum Sein von Mensch und Ding. Frankfurt a. M.: Klostermann [1953] 1985.

Schnapp 1997: A. Schnapp, The Discovery of the Past. New York: Abrams 1997.

Schnapp 2014: Ders., Was ist eine Ruine? Entwurf einer vergleichenden Perspektive. Göttingen: Wallstein Verlag 2014.

Shaviro 2010: S. Shaviro, The Universe of Things. (= Object Oriented Ontology Symposium). Atlanta: Georgia Tech 2010.

Shennan 1989: S. J. Shennan, Introduction: Archaeological Approaches to Cultural Identity. In: S. J. Shennan (Hrsg.), Archaeological Approaches to Cultural Identity. One World Archaeology 10. London: Routledge 1989, 1–32.

Simmel 1989: G. Simmel, Philosophie des Geldes. Nachdruck der 2., ergänzten Auflage. Frankfurt a. M.: Suhrkamp [1907] 1989.

Slater 2014: D. Slater, Ambiguous Goods and Nebulous Things. Journal Consumer Behaviour 13, 2, 2014, 99–107.

Slater/Miller 2007: D. Slater/D. Miller, Moments and Movements in the Study of Consumer Culture. A Discussion between Daniel Miller and Don Slater. Journal of Consumer Culture 7, 2007, 5–23.

Thomas 1991: N. Thomas, Entangled Objects. Exchange, Material Culture and Colonialism in the Pacific. Cambridge, Mass.: Harvard University 1991.

Tretjakov [1929] 1972: S. Tretjakov, Die Biographie des Dings. In: S. Tretjakov, (Hrsg.), Die Arbeit des Schriftstellers. Reinbek bei Hamburg: Rowohlt [1929] 1972, 81–85.

Tronzo 2009: W. Tronzo (Hrsg.), The Fragment. An Incomplete History. Los Angeles: Getty Research Institute 2009.

PHILIPP W. STOCKHAMMER

Archäologie und Materialität*

ZUSAMMENFASSUNG: Lange Zeit wurden von Archäolog(inn)en die Dinge als stabil und statisch gedacht. Obwohl man ihre aktive Rolle in Mensch-Ding-Netzwerken zunehmend akzeptierte, wurde ihr entsprechendes Potenzial zumeist im Rahmen der Konzepte von ›Handlungsmacht‹ (*Agency*) und ›Materialität‹ diskutiert. Ich möchte die aktive Rolle der Objekte neu konzeptualisieren, indem ich einerseits den kolonialen Charakter archäologischen Denkens beleuchte und andererseits das Konzept der ›Handlungsmacht‹ durch das Konzept der ›Wirkungsmacht‹ ersetze. Die Wirkungsmacht der Dinge beruht auf ihrer dreifachen Wandelbarkeit, diese wiederum auf der Wahrnehmung des Objekts, dem Lauf der Zeit und den Praktiken mit dem Objekt.

ABSTRACT: For a long time, things have been conceptualized as being stable and static. Although their active role in human-thing-networks has been increasingly acknowledged, their potential has mostly been discussed in the framework of the notions of ›agency‹ and ›materiality‹. I would like to go beyond this current debate by conceptualizing the active role of objects – on the one hand by reflecting on the colonial character of archaeological thought and on the other, by replacing the *Handlungsmacht* (agency) of the object with the idea of *Wirkungsmacht* (effectancy). This *Wirkungsmacht* is based on a three-fold changeability of the objects which is due to the perception of the object, the course of time and the practices with the object.

SCHLÜSSELBEGRIFFE/KEYWORDS: Materialität, Substanz, Wandelbarkeit, Handlungsmacht, Wirkungsmacht/Materiality, Substance, Changeability, Agency, Efficability

1. Einführung

Ungeachtet zahlreicher, alltäglicher Erfahrungen nehmen nicht nur die meisten Archäolog(inn)en die Dinge vor allem als stabil und statisch wahr. Wir sehen sie als Gegenpol zur dynamischen Existenz der Lebewesen und der damit verbun-

---

*   Der Beitrag beruht auf meinen Forschungen im Rahmen des von der Deutschen Forschungsgemeinschaft an der Universität Heidelberg finanzierten Exzellenzclusters »Asia and Europe in a Global Context: The Dynamics of Transculturality«, dem ich für die Finanzierung meiner Arbeiten danke. Eine erste Version meiner Überlegungen habe ich unter dem Titel »How Things Unsettle Us« auf der Frankfurter Konferenz »Lost in Things« im November 2013 präsentiert. Ich habe seitdem die Gedanken weiterentwickelt und der vorliegende Text beruht wesentlich auf meiner gleichnamigen Antrittsvorlesung an der Philosophisch-Historischen Fakultät der Universität Basel im Oktober 2014. Ich danke Hans P. Hahn, Nils Müller-Scheeßel, Kerstin P. Hofmann, Bogdan Athanassov und Christina Sanchez-Stockhammer für anregende Diskussionen.

denen Wandlungsprozesse. Auch wenn in Folge von Netzwerkanalysen die aktive Rolle der Dinge zunehmend in der Forschung anerkannt wird, diskutiert man das damit verbundene Potenzial doch wesentlich unter den Begriffen der ›Handlungsmacht‹ (*Agency*) und ›Materialität‹.[1] Mein Mitherausgeber Hans Peter Hahn und ich vertreten mit diesem Band das Anliegen, einen Beitrag zur kritischen Reflexion über die bestehenden Konzepte zu leisten. Wir halten es für dringend notwendig diese Konzepte weiterzuentwickeln und zu ergänzen.

Dabei möchte ich zuerst die zentralen Begriffe genauer beleuchten und ein erweitertes Verständnis dieser Begriffe darlegen. Dabei geht es zunächst um den Begriff des ›Ding‹. Darunter verstehe ich in Anlehnung an die Phänomenologie das ›In-der-Welt-Sein‹ einer Entität in ihrer physischen Präsenz (Pearce 1993, 4 f.; 15–35; Hofmann im Druck). Die Dinge umgeben uns und treten von Zeit zu Zeit in unterschiedlicher Form und Intensität in unser Bewusstsein (Hofmann im Druck; siehe Beitrag Hahn in diesem Band). Wenn das Ding in meine Wahrnehmung tritt und von mir klassifiziert wird, wird es zum ›Objekt‹. Mit dem Begriff der Materialität bezeichne ich eben jene physische Präsenz des Objekts in der materiellen Welt, wie sie in einem bestimmten Moment von einem Menschen wahrgenommen wird (siehe Boivin 2008, 26). Während die Material Culture Studies an dieser Stelle zumeist nicht weiter differenzieren und auf Basis des Begriffs der Materialität das Potenzial und die Eigenschaften der Dinge diskutieren, halte ich es für zwingend notwendig, bei der Betrachtung der Dinge zwischen der Materialität des Objekts und seiner Substanz zu trennen (so auch Hahn/Soentgen 2011). ›Substanz‹ ist – wie zum Teil auch ›Materialität‹ – ein sehr weiter und vielfach unterschiedlich definierter Begriff, der in den Materiellen Kulturwissenschaften aber bislang kaum Beachtung gefunden hat (Hahn/Weiss 2013, 12 Anm. 2). Hans Peter Hahn und Jens Soentgen folgend verstehe ich unter ›Substanz‹ jenes Materielle, aus dem die Dinge geschaffen sind.[2] Substanz erscheint auf den ersten Blick formlos, aber hat doch eine Mikrostruktur, die für die Möglichkeiten der Formgebung von großer Bedeutung ist. Bereits die Substanz kann menschliche Ideen widerspiegeln; dies trifft vor allem auf die vom Menschen produzierten Substanzen zu (z. B. Bronze, Gummi; siehe Beitrag Soentgen in diesem Band). Aus der ›Substanz‹ wird durch kulturelle Praktiken ›Materialität‹ geformt (Thomas 2007, 15). Auch wenn bereits die Substanz durch menschliche Vorstellungen geformt ist, scheinen dem Betrachter die Ideen des Menschen dann in besonderer Weise zum Ausdruck zu kommen, wenn aus der Substanz Materialität wird. Die Materialität korreliert also mit der von uns wahrgenommenen, physischen Präsenz des Objekts, die Substanz mit der physikalischen Beschaffenheit der Bestandteile des Objekts. Während die Trennung zwischen Materialität und Substanz bei den meisten archäologischen Funden unproblematisch erscheint – denkt man etwa an ein Bronzebeil oder einen Goldring – gibt es doch auch

---

1   Siehe hierzu das Bestreben des Posthumanismus, ein symmetrisches Mensch-Ding-Verhältnis zu etablieren (Latour 2012; Latour 2014).
2   Hahn/Soentgen 2011. Weismantel/Meskell 2014 verwenden hierfür den Begriff ›material substance‹.

immer wieder den Fall, dass Objekt und Substanz nur aus heuristischer Perspektive und damit letztlich allein fragestellungsorientiert zu trennen sind (Strawson 1972). Ein einfaches Beispiel ist hierfür eine Perlenkette: Man kann sie durchaus als ein Objekt ansehen, das aus verschiedenen Substanzen – etwa Glas, Gold, Perlmutt, Metall – besteht. Man könnte die Kette aber auch als Summe vieler kleinerer Objekte, nämlich der Perlen auffassen, die dann wiederum eine sehr spezifische Substanz besitzen. Wie jede Klassifikation bleibt auch die Ansprache als Objekt letztlich eine willkürliche und ist allein von der Fragestellung und dem Erkenntnisinteresse der Wissenschaftler(innen) bestimmt.[3]

2. Wandelbarkeit und Wirkungsmacht der Dinge

2.1 Von der Handlungsmacht zur Wirkungsmacht der Dinge

Wissenschaftler(innen) diskutieren seit über zwei Jahrzehnten, ob den Dingen in ihrer materiellen Existenz eine eigene Handlungsmacht, eine sogenannte Agency, zugesprochen werden kann (Emirbayer/Mische 1998; Knappett/Malafouris 2008). Die Positionen stehen sich hier relativ unversöhnlich gegenüber. Einerseits wird darauf verwiesen, dass das Bewusstsein und damit auch das bewusste Handeln – also intentionelles Handeln im Sinne Max Webers – genuin menschliche Eigenschaften sind. Nach diesem Verständnis können Dinge keine Handlungsmacht besitzen. Andererseits evoziert eine derartige Position die meines Erachtens entscheidende Frage: Darf ich meine eigene Weltsicht zur Grundlage meines Verständnisses des bzw. der Anderen machen?

Die Relativität und das Eingeschränktsein der eigenen Weltsicht und die Koexistenz ganz unterschiedlicher und konkurrierender Ontologien stehen in den Geistes- und Sozialwissenschaften seit langem außer Zweifel (Descola 2011). Gerade in der archäologischen Forschung werden diese Erkenntnisse jedoch oft nicht genügend beachtet. Viel zu selten stellen wir Archäolog(inn)en die Frage, ob bzw. in welcher Form mein Blick auf die Welt im Rahmen meiner Analysen auf Zeiten und Räume übertragen werden kann, die mir genuin fremd sind? Nicht zuletzt die *Postcolonial Studies* haben doch betont, dass es nicht eine richtige, sondern viele mögliche Sichtweisen auf die Welt gibt und dass es der bzw. dem Anderen nicht gerecht wird, wenn ich ihre bzw. seine Welt aus meiner Perspektive heraus erkläre (Spivak 1988; Gutiérrez Rodriguez 2003). Was, wenn für den prähistorischen Menschen ein Götterbild nicht ein Objekt, sondern ein Lebewesen war, das gepflegt und gefüttert werden musste und das eben auch eine ganz klare Handlungsmacht besaß?

Dass auch in Europa solches Denken nicht der fernen Vergangenheit angehört, hat etwa Patrick Geary in seiner Analyse der Handlungsmacht von Reliqui-

---

3 Zur erkenntnistheoretischen Problematik der Bestimmung und Abgrenzung eines Objekts: Law/Singleton 2005.

en aufgezeigt, die in den Augen der Menschen nicht nur zu mächtigen Handlungen in der Lage waren, sondern beim Ausbleiben einer solchen Handlung auch wie ein menschliches Individuum öffentlich bestraft wurden (Geary 1980; 1990). Ist es nicht ein quasi kolonisierender Akt, wenn unseren Wahrnehmungen einen Wahrheitswert zusprechen, ohne zu prüfen, ob nicht Indizien für andere Wahrnehmungen jener Menschen vorliegen? Entmündigen wir damit nicht unser Gegenüber? Gayatri Spivak stellte die berühmte Frage: »Can the subaltern speak?« (Spivak 1988). Das Credo der Archäolog(inn)en, dass unsere materiellen Quellen nun einmal stumm sind, darf nicht dazu führen, dass wir unsere Weltsicht als allein gültige auffassen (siehe auch Beitrag Pétursdóttir in diesem Band). Sonst werden wir jenen Handlungsentscheidungen prähistorischer Akteure, die durch nichtmenschliche Akteure ausgelöst worden sein können, nicht gerecht.

Die Akzeptanz der Tatsache, dass Objekte für Menschen mit entsprechenden Weltbildern eine eigene Handlungsmacht besitzen können, bedeutet natürlich nicht, dass ich dies ganz subjektiv in meinem eigenen Weltbild so nachvollziehen kann. Aber wie sollte man aus einer aufgeklärten Weltsicht heraus, die nicht an die Handlungsmacht von Dingen glaubt, das Handeln der Dinge konzeptualisieren?

Bruno Latour hat sich in den letzten Jahrzehnten diesbezüglich sehr eindeutig geäußert. Seiner Meinung nach handeln Objekte ganz aktiv: »Schließlich gibt es kaum einen Zweifel daran, dass Wasserkessel Wasser ›kochen‹, Messer Fleisch ›schneiden‹, Körbe Vorräte ›aufbewahren‹ ... und so fort. Bezeichnen diese Verben keine Handlungen?« (Latour 2007, 122). In seiner Auseinandersetzung mit dem Handeln menschlicher und nichtmenschlicher Akteure übersieht oder übergeht Latour jedoch einen wesentlichen Punkt. Sein Verständnis von Handlung negiert nämlich die seit Max Weber entscheidende Trennung von intentionellem Handeln und Verhalten. Schon vor etwa einhundert Jahren sprach Weber explizit vom »Verhalten dieser Artefakte« und setzt ihre Kompetenz damit klar vom Handeln menschlicher Individuen ab (Weber 1968, 471).[4] Diese Unterscheidung hat sich als grundlegend für die Entfaltung der modernen Sozial- und Kulturwissenschaften erwiesen. Wenn Latour vom ›Handeln der Dinge‹ spricht, meint er eigentlich deren Verhalten im Weber'schen Sinne. Latours begriffliche Unschärfe trifft scheint auf dem ersten Blick in aber auf ganz besondere Weise die Grenzen der das Erkenntnispotenzial der ArchäologieArchäologie zu treffen. Meistens sind wir nämlich nicht in der Lage, in unserem Befund zwischen intentionellem Handeln und Verhalten im Sinne Max Webers zu differenzieren. Auch heutzutage ist es nicht einfach zu entscheiden, welcher Grad an Intentionalität hinter einer Handlung steckt. Zumeist hilft den Ethnolog(inn)en und Soziolog(inn)en auch ein Befragen der Akteure nicht weiter, weil im Rückblick die Motivation des Handelns oft durchaus variierend bewertet wird. Im archäologischen Kontext ist intentionelles Handeln immer nur im Rückblick aus den Ereignissen zu erschließen und damit in seiner Identifikation hochproblematisch, weil zufällige

---

4 Diesen Hinweis verdanke ich H. P. Hahn, pers. Mitteilung.

Entwicklungen und intentionelles Handeln letztlich im Befund nicht klar als Ursachen zu differenzieren sind. Es ist möglich, dass der Großteil der materiellen Hinterlassenschaften das Ergebnis von sogenannten *embodied practices* (Csordas 1990; Mauss 2010) der prähistorischen Akteure und somit im eigentlichen Sinne nicht als Resultat intentioneller Handlungen zu verstehen ist. Ethnoarchäologische Forschungen haben gezeigt, dass sogar die Verzierung eines Gefäßes durch den Töpfer bzw. die Töpferin nicht immer adäquat als intentionelles Handeln zu bezeichnen, sondern oft mehr als eine Art von Verhalten zu verstehen ist (David/ Kramer 2001, 168–224). Für uns Archäolog(inn)en bleibt die Frage nach der Intentionalität wichtig; sie ist jedoch als entscheidender Faktor bei der Analyse von Handlung ungeeignet.[5]

Wenn man aber bereit ist, Intentionalität als Kriterium für die Differenzierung von Handlungen abzuschwächen, kann man das Verhalten der Dinge auch im Weber'schen Sinne – und nicht im Sinne einer Zoo- oder Anthropomorphisierung der Dinge – durchaus als wirkmächtig ansehen. Gerd Spittler hat die Folgen dieses Verhaltens der Dinge im Rahmen von Arbeitsprozessen beleuchtet und spricht von einer Interaktion mit den Dingen als Subjekten, die ebenso wie Menschen, Tiere und Pflanzen einen ›Eigensinn‹ besäßen (Spittler 2002). Seiner Meinung nach wird es der Interaktion von Mensch und Maschine nicht gerecht, wenn das Werkzeug auf seine Eigenschaft als Instrument zur Durchführung von Handlungen reduziert wird. Auch wenn ich aus aufgeklärter Perspektive also einem Objekt einen eigenen Willen und eine eigene Handlungsmacht abspreche, so bringen mich die Dinge letztlich immer wieder zum Handeln, einem Handeln, das mit der Frage nach Intentionalität nicht zu erklären ist und das ich ausübe, auch wenn ich nicht an die Handlungsmacht der Dinge glaube (siehe bereits Stockhammer 2011). Während aus einer emischen Perspektive dem Konzept der ›Handlungsmacht‹ durchaus erkenntnistheoretisches Potenzial zukommt, schlage ich vor, aus etischer Perspektive eher von der ›Wirkungsmacht‹ von Dingen zu sprechen.

Der Begriff der ›Wirkungsmacht‹ – oder alternativ ›Wirkmacht‹ bzw. ›Wirkmächtigkeit‹[6] – der Dinge bietet sich hier auf besondere Weise an, weil er die Fähigkeit der Dinge, uns zum Handeln zu bewegen, ausdrückt, ohne ein aktives ›Handeln‹ der Dinge zu fordern. Er legt den Fokus auf soziale Praktiken, die aus der Interaktion mit den Dingen folgen, und zwingt nicht zu einer Anthropomorphisierung der Dinge. Im Gegensatz zu ›Wirkungszusammenhang‹ setzt ›Wirkungsmacht‹ nicht das Verständnis von Gesellschaft als ein Geflecht von Wirkungen voraus, wie es der Strukturalismus oder Niklas Luhmann angenommen haben. Während ›Wirkung‹ ein wichtiger Begriff in Luhmanns Werk ist, spielt ›Wirkungsmacht‹ bei ihm keine Rolle. Auch in gängigen deutschsprachigen Lexika bzw. Wörterbüchern wie dem Brockhaus, Wahrig und dem Duden sowie in

---

5   Auch Knappett 2005, 22 f. betont die Notwendigkeit, in der Analyse das Konzept der Agency von dem der Intentionalität zu trennen.
6   Ich verwende alle drei Begriffe synonym.

dem von Otto Brunner, Werner Conze und Reinhart Koselleck herausgegebenen Lexikon »Geschichtliche Grundbegriffe« existiert der Begriff ›Wirkungsmacht‹ nicht. Diese Offenheit nutze ich als Freiraum, mit diesem Begriff ein neues Konzept vorzustellen, und damit meine Reflexionen zu Dingen zu verbinden. Die Wirkungsmacht der Dinge resultiert aus ihren vielfachen Wandelbarkeiten, die sie auszeichnen und ihnen einen dynamischen Charakter verleihen. Ich werde die meiner Meinung nach drei Wandelbarkeiten der Dinge im Folgenden erläutern und aufzeigen, wie sich aus ihnen jeweils die spezifische Wirkungsmacht der Dinge ergibt.

2.2 Die erste Wandelbarkeit der Dinge

Wie aber bringen mich Dinge zum Handeln? Die Fähigkeit dazu liegt meines Erachtens in unserer spezifischen Sicht auf die Welt der Dinge – also in unserer Wahrnehmung der Dinge. Wenn wir über Dinge nachdenken oder mit Dingen interagieren, betrachten wir sie in aller Regel als stabil und statisch. Natürlich legt die Dinglichkeit der Dinge eine solche Wahrnehmung ihrer Materialität nahe. Maurice Merleau-Ponty hat jedoch aufgezeigt, dass unsere Wahrnehmung der Dinge immer im Fluss und damit äußerst dynamisch ist (Merleau-Ponty 1966; siehe auch Olsen 2006). Weil sich nun unsere Wahrnehmung des Objekts permanent ändert, ändert sich im Prinzip auch das Objekt – wenn auch eben nur in unserer Wahrnehmung. Ich möchte dieses Phänomen als die erste ›Wandelbarkeit‹ des Objekts bezeichnen. Damit ist zu betonen[7]: Die erste Wandelbarkeit bezieht sich nicht auf einen Wandel der Materialität des Objekts, sondern nur auf den Wandel der Wahrnehmung der Materialität des Objekts, die ich im Rahmen meiner Praktiken mit dem Objekt immer wieder aufs Neue erfahre. Es handelt sich also quasi um eine perspektivische Veränderung des Objekts.

Ein wesentlicher Grund für die Relevanz dieser ersten Wandelbarkeit liegt darin, dass wir im ersten Moment der Wahrnehmung des Objekts oft nicht das Ding in seiner spezifischen Existenz sehen, sondern durch das Ding hindurch die Klasse oder den Typ, dem wir das Ding zuweisen. Die Objektivierung des Objekts, also seine Zuweisung zu präexistenten mentalen Kategorien, ist ein entscheidender Moment bei der Begegnung mit einem Objekt (Strawson 1972; Miller 1985). Die Kategorisierung des Anderen bzw. Neuen ist ein klassisches Verhaltensmuster und erfolgt permanent und zugleich mehr oder weniger unbewusst. Lambros Malafouris und Colin Renfrew haben es auf den Punkt gebracht: »Things are very good-to-think-*with* or *through*, but not so good-to-think-*about*. The more time you spent thinking *about* things the less of a thing and the more of an object or category they become.« (Malafouris/Renfrew 2010, 1). Auch

---

7 Meine Überlegungen zur Wirkungsmacht der Dinge entwickelt ältere und lange nicht publizierte Ausführungen weiter (Stockhammer 2015). Während ich zuvor nur zwei Formen der Wirkungsmacht angenommen habe (Stockhammer 2015), füge ich hier eine dritte Wirkungsmacht hinzu.

wenn wir Archäolog(inn)en mehr oder weniger ausgefeilte Klassifikationssysteme prähistorischer Objekte entwickelt haben, so reflektieren auch wir oft nicht hinreichend diesen ersten Moment der Objektivierung. Wir sehen nicht das individuelle Objekt, sondern nur den Typ oder die Kategorie, dem oder der wir das Objekt zuweisen. Hierbei spielt die augenblickliche Wahrnehmung von charakteristischen Merkmalen eine wichtige Rolle, die unserer Meinung nach einen bestimmten Typ auszeichnet.[8] Sobald wir eine zufriedenstellende Zahl entsprechender Merkmale wahrgenommen haben, ergänzt unser Gehirn automatisch das Gesamtbild, noch bevor unsere Augen sich daran machen können, fehlende oder widersprüchliche Merkmale wahrzunehmen. Diese unreflektierte Eindeutigkeit und Unmittelbarkeit der Zuweisung einer spezifischen Funktion und einer spezifischen Bedeutung zu den meisten uns umgebenden Objekten bringt auch uns Archäolog(inn)en zwei grundlegende erkenntnistheoretische Schwierigkeiten, die wir aber in aller Regel übersehen:

1) Alle unsere archäologischen Kategorien – wie überhaupt alle existierenden Kategorien – sind letztlich willkürliche Konstrukte und nur »Krücken der Erkenntnis«, wie es der Soziologe Theodor Geiger einmal formuliert hat (Geiger 1964, 126 f.). Es gibt weder natürliche noch richtige Kategorien. Wir stoßen uns an Dingen, die zwischen unsere Kategorien fallen und übersehen dabei, dass hier lediglich eine doppelte Arbitrarität vorliegt: Was zwischen unseren Kategorien liegt, ist ebenso willkürlich und Ergebnis unserer eigenen Fragestellungen wie unsere Kategorien selbst (Miller 1985; siehe auch Stockhammer 2013, 13–15). Die Qualität unserer Taxonomien zeigt sich allein in ihrer Eignung, die von uns gestellten Fragestellungen zu beantworten.

2) Jede Kategorie von Objekten wird mit einem bestimmten Namen versehen, mit dem oft bereits eine Funktion und/oder Bedeutung des Objekts kommuniziert wird. Mit der Wahrnehmung ist nämlich der Angebotscharakter, die sogenannte Affordanz des Objekts (Gibson 1977), eng verknüpft. Darunter verstehe ich jene Funktionen und Bedeutungen eines Objekts, die der Akteur im Rahmen einer spezifischen Wahrnehmung dem Objekt zuschreibt – ob es sich zum Beispiel bei einem in der Mitte durchbohrten, doppelkonischen Objekt um einen Spinnwirtel oder einen Kettenanhänger handelt (siehe Beitrag Keßeler in diesem Band). Wenn wir in der Archäologie ein Gefäß als ›Kochtopf‹ bezeichnen, werden Funktion und Bedeutung schon bei der Benennung untrennbar mit dem Objekt verknüpft. Durch die wiederholte Bezeichnung des Objekts als ›Kochtopf‹ wird diese Deutung so natürlich und so

---

8 Hahn (2005, 155–156) hebt hervor, dass diese Abstraktionsleistung oft mit der Referenzebene des ›Stils‹ oder der ›Formengruppe‹ verbunden ist (z. B. Linearbandkeramik, Schnurkeramik etc.). Dabei ist die Art der Abstraktion ganz unterschiedlich: Was einen konkretes Objekt zum Vertreter eines bestimmten Stiles macht, lässt sich nicht in allgemeiner Form festlegen.

selbstverständlich und so sehr Teil unserer spezifischen Lebenswelt[9], dass wir über das mögliche Spektrum weiterer Funktionen und Bedeutungen gar nicht mehr nachdenken. Es ist der Moment der Begegnung mit einem neuen oder fremden Objekt, der uns zwingt, einen Namen zu vergeben – und eben jener Name verfolgt uns dann im Anschluss daran und so lange, bis wir dem Objekt einen neuen Namen geben. Der Moment der Benennung lässt später keinen Raum mehr für Umdeutungen des Objekts, weil eine Umbenennung das Kartenhaus unserer Taxonomien zum Einsturz bringen würde. Wenn wir aber doch herausfinden, dass ein bereits klassifiziertes Objekt doch nicht in die entsprechende Kategorie passt, reagieren wir emotional – sei es enttäuscht oder verärgert. Das Objekt beunruhigt und bewegt uns also – unabhängig davon, ob ich ihm eine Handlungsmacht zugestehe oder nicht. Es besitzt in jedem Falle aufgrund seiner ersten Wandelbarkeit eine Wirkungsmacht, ob es nun handelt bzw. handeln kann oder nicht.

2.3 Die zweite Wandelbarkeit der Dinge

Das Potenzial des Objekts, sich zu verändern, geht allerdings noch weiter: Ich möchte auch eine zweite Wandelbarkeit definieren, die daraus resultiert, dass sich ein Objekt im Laufe der Zeit auch ohne menschliches Zutun verändern kann (siehe Ingold 2011). Mit der Zeit verändert sich zum Beispiel die Substanz eines Objekts oder Eigenschaften gehen verloren, während andere hinzukommen. Ein Netzwerk aus Zeit und Objekten wirkt durch relationale Veränderungen. Essen verfällt oder verändert seine Qualität – wird ungenießbar, manchmal sogar giftig oder gewinnt im optimalen Fall einen einzigartigen Geschmack oder eine alkoholische Komponente (Hahn/Soentgen 2011, 31). Ian Hodder hat auf die Abhängigkeit zwischen einer Mauer aus ungebrannten Lehmziegeln und dem Menschen verwiesen, die auf dem permanenten Verfall der Mauer und dem dadurch drohenden Einsturz des Gebäudes beruht (Hodder 2011a; 2011b; 2012). Ein großes Maß an Fürsorge ist notwendig, um das ständig im Wandel begriffene Objekt in seiner Veränderung zu verlangsamen. Zusammen mit dem Wandel des Objekts und seiner Eigenschaften wandeln sich auch seine Funktionen und Bedeutungen. Manche Praktiken sind nun nicht mehr möglich oder werden gerade jetzt erst möglich. Bedeutungen und Erinnerungen, die an eine bestimmte Eigenschaft des Objekts gebunden sind, gehen verloren, wenn eben der spezifische Geruch, eine bestimmte Farbe oder Form des Objekts im Lauf der Zeit verloren gehen. Die zweite Wandelbarkeit ist also keine virtuelle Wandelbarkeit, sondern eine reelle, die die Materialität und/oder die Substanz des Objekts betrifft. Sie zwingt uns zur Fürsorge um die Dinge und bewirkt alle damit verbundenen Handlungen und Emotionen. Weil unsere Weltbilder immer auch Bilder und damit Blicke auf die

---

9 ›Lebenswelt‹ umfasst alle diejenigen Aspekte von Kultur, Gesellschaft und Natur, die soziale Akteure als fraglos gegeben erachten und zur Grundlage ihres Agierens nehmen (Schütz/Luckmann 1979; Habermas 1981).

Welt sind (Robertson 1992, 69–77; Maran 2012, 63), hat die zweite Wandelbarkeit der Objekte die Macht, unser Weltbild zu prägen und zu verändern. Man denke etwa an Städte wie Venedig oder Havanna, deren augenfälliger und geradezu unaufhaltsamer Verfall zum Inbegriff der Raumwahrnehmung an diesen Orten geworden ist. Wirkungsmächtig sind ebenso ein verrostender Lastwagen in einem nordnorwegischen Dorf (Olsen/Pétursdóttir 2014; siehe Beitrag Olsen in diesem Band) oder die verfallenden Industrieruinen auf Island (Pétursdóttir 2012; 2013; siehe Beitrag Pétursdóttir in diesem Band). Sie stehen uns als – manchmal geliebte, manchmal auch sehr widerspenstige – Überreste der Vergangenheit entgegen, und ob wir sie als Müll oder Kulturerbe wahrnehmen, ist letztlich eine individuelle bzw. politische Entscheidung und keine dinginhärente Eigenschaft, denn einen dingimmanenten Unterschied zwischen Müll und Kulturerbe gibt es letztlich nicht.

Wie alt entsprechende Diskurse um die Wahrnehmung der Wandelbarkeit der Dinge im Laufe der Zeit – also die zweite Wandelbarkeit – sind, zeigt das berühmte Beispiel der antiken Diskussion um das Schiff des Theseus. Plutarch schreibt in seiner Vita des Theseus:

> »Das Schiff, auf dem Theseus mit den jungen Menschen ausfuhr und glücklich heimkehrte, den Dreißigruderer, haben die Athener bis zu den Zeiten des Demetrios von Phaleron aufbewahrt, indem sie immer das alte Holz entfernten und neues, festes einzogen und einbauten, derart, dass das Schiff den Philosophen als Beispiel für das vielumstrittene Problem des Wachstums diente, indem die einen sagten, es bleibe dasselbe, die anderen das verneinten.«[10]

Weil das Schiff trotz seiner Dinglichkeit eben nicht statisch, sondern letztlich ein Prozess und ständig in Veränderung ist, erzwingt es immer wiederkehrende Eingriffe. Kontinuität wird eben nicht durch Konstanz ermöglicht, sondern durch kontinuierlichen Wandel (Stockhammer 2008, 1 f.). Die Frage, ob das Schiff des Theseus nach all den Jahrhunderten trotz der veränderten Substanz bei quasi identischer Materialität noch das originale, authentische Schiff ist, blieb in der antiken Philosophie umstritten. Auch Thomas Hobbes diskutierte in seinen »Elementen der Philosophie«, ob das Schiff des Theseus noch das identische Schiff sei.[11] Er kommt zum Schluss:

> »Wurde nun der Name allein wegen einer Form von der Art gegeben, wie das Prinzip der Bewegung eine ist, so wird das Individuum, solange dieses Prinzip Bestand hat, dasselbe sein; [...] wie ein Schiff (mit welchem Ausdruck man Materie von bestimmter Gestalt bezeichnet) dasselbe ist, solange seine Materie insgesamt dieselbe bleibt. Ist aber kein Teil der Materie mehr derselbe, so ist es ein numerisch völlig verschiedenes Schiff. Bleibt dagegen

10 Plutarch, Vita Thesei 23 (übersetzt durch Ziegler 1954, 60).
11 Scaltsas 1980; Hobbes 1997, 141–43; Schark 2005, 195–200; Bertram 2012.

ein Teil der Materie erhalten und ein Teil kommt weg, so ist das Schiff zum Teil dasselbe und zum Teil ein anderes« (Hobbes 1997, 142 f.).

Die wesentliche Ursache für die Unlösbarkeit des Paradoxon wird von ihm aber nicht angesprochen. Sie liegt darin, dass die zweite Wandelbarkeit in einem scheinbaren Widerspruch zur Authentizität des Dings steht. Hierbei wird aber übersehen, dass Authentizität keine an sich existierende, sondern immer nur eine von einer Gesellschaft zugeschriebene Eigenschaft ist. Authentizität bedarf in aller Regel einer Beglaubigung durch Expert(inn)en, die dem Objekt eine solche Eigenschaft zuschreibt (Knaller 2006; Wetzel 2006). Wer als Experte bzw. Expertin die entsprechende Machtposition zur Zuweisung von Authentizität besitzt und sich im Expertenstreit durchsetzt, bleibt letztlich eine politische Entscheidung. Die Zuweisung von Authentizität sagt demnach weniger über das Objekt und seine Wandelbarkeiten aus als über den Erfolg einzelner Akteure im Kompetenzwettbewerb um das Expertentum.

2.4 Die dritte Wandelbarkeit der Dinge

Als ›dritte Wandelbarkeit‹ bezeichne ich Veränderung des Objekts im Rahmen der Praktiken mit dem Objekt durch den Menschen. Objekte werden abgenutzt, tragen manchmal feine, manchmal sehr augenfällige Spuren ihrer Benutzung – seien es Kratzer, Abplatzungen, Sprünge, Löcher oder Verfärbungen. Ebenso wie die zweite Wandelbarkeit handelt es sich hier nicht um einen virtuellen Wandel des Objekts, sondern um einen reellen, nur dass neben dem Faktor Zeit nun vor allem der Faktor Mensch relevant ist. Weil aber der Mensch beteiligt ist, können jene Zeugnisse vergangener Praktiken mit dem Ding, die auf dem Ding ihre Spuren hinterlassen, zum Gegenstand wieder eigener Bedeutungen und Geschichten werden. Ein Rotweinfleck auf dem Teppich wird somit nicht nur zum dauerhaften Ärgernis, sondern zur materiellen Manifestation der Erinnerung an eine allzu rauschende Feier. Die Löcher in einer Jeans führen uns während des Tragens am Körper vergangene Anstrengungen und Reisewege immer wieder aufs Neue vor Augen. Zugleich verlangen auch diese Spuren des Gebrauchs wieder unsere Fürsorge und damit unser Handeln: Wir glätten Kratzer, flicken Löcher, kleben Sprünge und pflegen die in Anspruch genommenen Dinge. Wiederum bewirken die Dinge etwas, besitzen sie eine Wirkungsmacht, ohne dass ich das Konzept des Handelns im Sinne Webers bemühen muss.

Natürlich sind alle drei Wandelbarkeiten des Dings eng miteinander verknüpft, weil die drei bestimmenden Faktoren – nämlich die Wahrnehmung und damit verbundene Klassifikation der Dinge, der Lauf der Zeit und unsere Praktiken mit den Dingen – immer wieder eng miteinander verknüpft sind. Alle drei Wandelbarkeiten können aber uns Menschen zum Handeln zwingen – sei es die Rettung des Dings vor dem Verfall, der Zwang zur Reparatur oder zur Entsorgung. Rudi Colloredo-Mansfeld vertritt die Ansicht, dass die Dinge nicht uns, sondern lediglich unseren Handlungsrahmen beeinflussen und damit nur indirekt auf den Menschen wirken können.[12] Seiner Meinung nach werden Dinge lediglich in einem Handlungsfeld aktiv, indem sie etwa Grenzen setzen oder Handlungen ermöglichen. Dinge hätten demnach eine strukturierende Wirkung im Raum und damit auch auf den handelnden Menschen. Diese strukturierende Funktion korreliert meines Erachtens durchaus mit der Wirkungsmacht der Dinge, die aus der zweiten und dritten Wandelbarkeit resultiert – in dem Sinne, dass der Wandel der Objekte im Laufe der Zeit oder im Rahmen von Praktiken Handlungsmöglichkeiten eröffnet bzw. Grenzen setzt. Legt man diesen Gedanken einen traditionellen Handlungsbegriff zugrunde, wird die Wirkungsmacht der Dinge nur noch mittelbar und die Unmittelbarkeit der wahrnehmungsspezifischen und oft auch emotionalen Beziehung zwischen Mensch und Objekt nicht genügend berücksichtigt. Legt man allerdings das Konzept des ›Wahrnehmungshandelns‹ zugrunde, nachdem Handeln und Wahrnehmen nicht zu trennen sind und Handeln auch immer Wahrnehmen (und umgekehrt) ist (Frers 2009, 188; Hofmann im Druck), lässt sich mein Ansatz mit jenem von Colloredo-Mansfeld zwanglos verbinden. Wichtig ist mir aber vor allem, dass wir in Zukunft die uns umgebenden Objekte ebenso wie die im Zentrum unserer Forschungen stehenden Dinge nicht mehr als statisch und stabil, sondern als dynamisch konzeptualisieren. Die Statik der Dinge ist lediglich ein Trugbild, das aus unserer zumeist nur momentanen, blitzlichtartigen Objektwahrnehmung resultiert.

Uns Archäolog(inn)en ist die Bedeutung der drei Wandelbarkeiten in unterschiedlichem Maße bewusst. Die erste, den Wandel der Wahrnehmung betreffende Wandelbarkeit wird bislang im Fach vor allem dann beachtet, wenn wir die Objekte ausgraben bzw. archivieren und uns fragen, wie wir sie am sinnvollsten klassifizieren können (Stockhammer 2004, 17–28; Hofmann/Schreiber 2011). Der Wandel der Wahrnehmung wird insbesondere dann offensichtlich, wenn wir feststellen, dass wir die Dinge auf andere Weise klassifizieren als unsere Vorgänger, weil wir andere Merkmale für relevant erachten. Allerdings wird die mit unserer Klassifikation einhergehende Veränderung unserer eigenen Umweltwahrnehmung in aller Regel nicht reflektiert. Die zweite Wandelbarkeit, der Wandel im Laufe der Zeit, spielt hingegen für die Archäologie eine ganz zentrale Rolle, weil wir immer wieder fragen, was uns erhalten und was uns wohl verloren gegangen ist. Wir reflektieren intensiv den Wandel der Dinge im Laufe der Zeit, aber fast ausschließlich aus quellenkritischer Perspektive und nicht, weil wir dieser Dynamik eine besondere Handlungsmacht zugestehen (Sommer 1991; Schiffer 1976; 1996).

Die dritte Wandelbarkeit, der Wandel der Dinge als Folge von Praktiken mit den Dingen, spielt erst in den letzten Jahren als Folge des verstärkten Einflusses praxeologischer Ansätze in der Archäologie eine wichtigere Rolle. Hier liegen noch ungeahnte Potenziale verborgen, weil doch die Spuren an den Dingen immer wieder spannende Botschaften über den Wandel der Funktionen und Be-

---

12 Colloredo-Mansfeld 2003. Den Hinweis auf diesen Text verdanke ich H. P. Hahn.

deutungen der Dinge verraten können (Van Gijn 2010; 2014). So ergaben etwa Nahrungsrückstandsanalysen an griechischen Wein-Mischgefäßen nördlich der Alpen, dass sich darin Tierfett befunden hatte (Rottländer 1990; 1991). Skandinavische Steinbeile der Jungsteinzeit wurden in die Niederlande gebracht und dort nicht – wie man es gemeinhin angenommen hat – als Werkzeug verwendet, sondern mit roter Farbe bemalt und in Leder eingewickelt (Van Gijn/Wentink 2013). Hier eröffnet sich uns Archäolog(inn)en ein breiter, oftmals überraschender Einblick in die Vielfalt und Dynamik von Funktionen und Bedeutungen der Dinge und damit auch ihrer Wahrnehmung insbesondere in interkulturellen Kontaktsituationen.

3. Schlussfolgerung

In meinem Beitrag habe ich versucht, mich dem komplexen Miteinander von Archäologie und Materialität anzunähern. Meiner Meinung nach ist es nämlich bislang nicht gelungen, die Dynamik und die darauf beruhende Wirkungsmacht der Dinge konzeptuell hinreichend zu erfassen. Dies liegt, wie ich aufgeführt habe, daran, dass wir den Charakter der Dinge grundsätzlich missverstehen, weil wir sie entweder als statisch und wirkungslos imaginieren, obwohl sie – ganz im Gegenteil – dynamisch und höchst wirkmächtig sind, oder ihnen als Akteuren aktives Handeln und damit eine eigene Handlungsmacht unterstellen. Mit dem hier eingeführten Konzept der Wirkungsmacht möchte ich einen neuen Ansatz zum Verständnis des Potenzials der Dinge vorstellen. Die Wirkungsmacht der Dinge resultiert hierbei aus der dreifachen Wandelbarkeit der Dinge: Sie wandeln sich in unserer Wahrnehmung, im Lauf der Zeit und im Rahmen unserer Praktiken mit ihnen. Der Begriff der Wandelbarkeit befreit uns zugleich von der Frage, ob Dinge eine Agency, eine Handlungsmacht besitzen und erlaubt zugleich den Einfluss der den Menschen umgebenden Dinge auf die menschliche Weltwahrnehmung besser zu verstehen. Die Wandelbarkeiten der Dinge bewirken ihren Eigensinn, der die Funktionen und Bedeutungen, die wir den Dingen zuschreiben, immer wieder und oft auch grundsätzlich in Frage stellt. Eine derartige Herangehensweise wird uns ein besseres Verständnis prähistorischer Objekte erlauben.

Literatur

Bertram 2012: G. W. Bertram (Hrsg.), Philosophische Gedankenexperimente. Ein Lese- und Studienbuch. Stuttgart: Reclam 2012.
Boivin 2008: N. Boivin, Material Cultures, Material Minds. The Impact of Things on Human Thought, Society, and Evolution. Cambridge: Cambridge University Press 2008.
Colloredo-Mansfeld 2003: R. Colloredo-Mansfeld, Consuming Andean Televisions. Journal of Material Culture 8, 3, 2003, 273–84.

Csordas 1990: Th. J. Csordas, Embodiment as a Paradigm for Anthropology. Ethos 18, 1, 1990, 5–47.

David/Kramer 2001: N. David/C. Kramer, Ethnoarchaeology in Action. Cambridge: Cambridge University Press 2001.

Descola 2011: Ph. Descola, Jenseits von Natur und Kultur. Herausgegeben von Eva Moldenhauer. Berlin: Suhrkamp 2011.

Emirbayer/Mische 1998: M. Emirbayer/A. Mische, What Is Agency? American Journal of Sociology 103, 4, 1998, 962–1023.

Frers 2009: L. Frers, Herausfordernde Materialitäten: Gegenstände, Methoden, Konzepte. Berichte zur deutschen Landeskunde 83, 2, 2009, 177–91.

Geary 1980: P. Geary, Zur Problematik der Interpretation archäologischer Quellen für die Geistes- und Religionsgeschichte. Archaeologia Austriaca 64, 1980, 111–18.

Geary 1990: Ders., Furta Sacra: Thefts of Relics in the Central Middle Ages. Second Revised Edition. Princeton: Princeton University Press 1990.

Geiger 1964: Th. Geiger, Vorstudien zu einer Soziologie des Rechts. Soziologische Texte 20. Neuwied – Berlin: Luchterhand 1964.

Gibson 1977: J. J. Gibson, The Theory of Affordances. In: R. Shaw/J. Bransford (Hrsg.), Perceiving, Acting, and Knowing. Toward an Ecological Psychology. Hillsdale et al.: Erlbaum 1977, 67–82.

van Gijn/Wentink 2013: A. L. van Gijn/K. Wentink, The Role of Flint in Mediating Identities: The Microscopic Evidence. In: H. P. Hahn/H. Weiss (Hrsg.), Mobility, Meaning and Transformations of Things: Shifting Contexts of Material Culture through Time and Space. Oxford: Oxbow 2013, 120–32.

van Gijn 2010: A. L. van Gijn, Flint in Focus. Lithic Biographies in the Neolithic and Bronze Age. Leiden: Sidestone Press 2010.

van Gijn 2014: Dies., Science and Interpretation in Microwear Studies. Journal of Archaeological Studies 48, 2014, 166–69.

Gutiérrez Rodriguez 2003: E. Gutiérrez Rodriguez, Repräsentation, Subalternität und postkoloniale Kritik. In: H. Steyerl/E. Gutiérrez Rodriguez (Hrsg.), Spricht die Subalterne deutsch? Migration und postkoloniale Kritik. Münster: Unrast 2003, 17–37.

Habermas 1981: J. Habermas, Theorie des kommunikativen Handelns. Band 2: Zur Kritik der funktionalistischen Vernunft. Frankfurt a. M.: Suhrkamp 1981.

Hahn 2005: H. P. Hahn, Materielle Kultur. Eine Einführung. Berlin: Reimer 2005.

Hahn/Soentgen 2011: H. P. Hahn/J. Soentgen, Acknowledging Substances: Looking at the Hidden Side of the Material World. Philosophy & Technology 24, 1, 2011, 19–33.

Hahn/Weiss 2013: H. P. Hahn/H. Weiss, Introduction: Biographies, Travels and Itineraries of Things. In: H. P. Hahn/H. Weiss (Hrsg.), Mobility, Meaning and Transformations of Things: Shifting Contexts of Material Culture through Time and Space. Oxford: Oxbow 2013, 1–14.

Hobbes 1997: Th. Hobbes, Elemente der Philosophie. Erste Abteilung. Der Körper. Übersetzt von Karl Schuhmann. Hamburg: Meiner 1997.

Hodder 2011a: I. Hodder, Human-Thing Entanglement: Towards an Integrated Archaeological Perspective. Journal of the Royal Anthropological Institute (N. S.) 17, 2011, 154–77.

Hodder 2011b: Ders., Wheels of Time: Some Aspects of Entanglement Theory and the Secondary Products Revolution. Journal of World Prehistory 24, 2011, DOI 10.1007/s10963-011-9050-x. (Zugriff am 03.08.2011).

Hodder 2012: Ders., Entangled: An Archaeology of the Relationships between Humans and Things. Chichester: Wiley & Sons 2012.

Hofmann/Schreiber 2011: K. P. Hofmann/S. Schreiber, Mit Lanzetten durch den *practical turn*. Zum Wechselspiel zwischen Mensch und Ding aus archäologischer Perspektive. Ethnographisch-Archäologische Zeitschrift 52, 2, 2011, 163–87.

Hofmann im Druck: K. P. Hofmann, In Geschichten verstrickt … Menschen, Dinge, Identitäten. In: D. Boschung/T. Kienlin/P. A. Kreuz (Hrsg.), Objektbiograhie. Morphomata. München: im Druck.

Ingold 2011: T. Ingold, Being Alive. Essays on Movement, Knowledge and Description. London – New York: Routledge 2011.

Knaller 2006: S. Knaller, Genealogie des ästhetischen Authentizitätsbegriffs. In: S. Knaller/H. Müller (Hrsg.), Authentizität. Diskussion eines ästhetischen Begriffs. München: Fink 2006, 17–35.

Knappett 2005: C. Knappett, Thinking Through Material Culture: An Interdisciplinary Perspective. Philadelphia: University of Pennsylvania Press 2005.

Knappett/Malafouris 2008: Ders./L. Malafouris (Hrsg.), Material Agency. Towards a Non-Anthropocentric Approach. Berlin: Springer 2008.

Latour 2007: B. Latour, Eine neue Soziologie für eine neue Gesellschaft. Einführung in die Akteur-Netzwerk-Theorie. Frankfurt a. M.: Suhrkamp 2007.

Latour 2012: Ders., Warten auf Gaia. Komposition der gemeinsamen Welt durch Kunst und Politik. In: M. Hagner (Hrsg.), Wissenschaft und Demokratie. Edition Unseld 47. Berlin: Suhrkamp 2012, 163–88.

Latour 2014: Ders., Existenzweisen: eine Anthropologie der Modernen. Berlin: Suhrkamp 2014.

Law/Singleton 2005: J. Law/V. Singleton, Object Lessons. Organization 12, 3, 2005, 331–55.

Malafouris/Renfrew 2010: L. Malafouris/C. Renfrew, The Cognitive Life of Things: Archaeology, Material Engagement and the Extended Mind. In: L. Malafouris/C. Renfrew (Hrsg.), The Cognitive Life of Things: Recasting the Boundaries of the Mind. McDonald Institute Monographs. Cambridge: McDonald Institute for Archaeological Research 2010, 1–12.

Maran 2012: J. Maran, One World is not Enough: The Transformative Potential of Intercultural Exchange in Prehistoric Societies. In: Ph. W. Stockhammer (Hrsg.), Conceptualizing Cultural Hybridization: A Transdisciplinary Approach. Papers of the Conference, Heidelberg, 21.–22. September 2009. Transcultural Research. Heidelberg Studies on Asia and Europe in a Global Context. Berlin – Heidelberg: Springer 2012, 59–66.

Mauss 2010: M. Mauss, Die Techniken des Körpers. In: M. Mauss (Hrsg.), Soziologie und Anthropologie. Band. 2: Gabentausch – Todesvorstellung – Körpertechniken. Wiesbaden: VS Verlag für Sozialwissenschaften 2010, 197–220.

Merleau-Ponty 1966: M. Merleau-Ponty, Phänomenologie der Wahrnehmung. Phänomenologisch-Psychologische Forschungen 7. Berlin: de Gruyter 1966.

Miller 1985: D. Miller, Artefacts As Categories: A study of Ceramic Variability in Central India. Cambridge: Cambridge University Press 1985.

Olsen/Pétursdóttir 2014: B. Olsen/Þ. Pétursdóttir (Hrsg.), Ruin Memories. Materiality, Aesthetics and the Archaeology of the Recent Past. London: Routledge 2014.

Olsen 2006: B. Olsen, Scenes from a Troubled Engagement. Post Structuralism and Material Culture Studies. In: I. Tilley/W. Keane/S. Kuchler/M. Rowlands/P. Spyer (Hrsg.), Handbook of Material Culture. London: SAGE Publications 2006, 85–103.

Pearce 1993: S. M. Pearce, Museums, Objects, and Collections. A Cultural Study. Washington DC: Smithsonian Books 1993.

Pétursdóttir 2012: Þ. Pétursdóttir. Small Things Forgotten Now Included, or What Else Do Things Deserve?, International Journal of Historical Archaeology 16, 3, 2012, 577–603.

Pétursdóttir 2013: Dies., Concrete Matters: Towards an Archaeology of Things. Unpubl. Dissertation (The Arctic University of Norway 2013).

Robertson 1992: R. Robertson, Globalization. Social Theory and Global Culture. London – Thousand Oaks, CA – Neu Delhi: SAGE Publications 1992.

Rottländer 1990: R. C. A Rottländer, Die Resultate der modernen Fettanalytik und ihre Anwendung auf die prähistorische Forschung. Naturwissenschaftliche Beiträge zur Archäologie 2, 1990, 1–354.

Rottländer 1991: Ders., Ergebnisse einer Reihenuntersuchung auf Nahrungsmittelreste bei Keramik von der Heuneburg. In: H. van den Boom, Grossgefässe und Töpfe der Heuneburg. Heuneburgstudien VIII. Mainz: von Zabern 1991, 77–86.

Scaltsas 1980: T. Scaltsas, The Ship of Theseus. Analysis 40, 3, 1980, 152–57.

Schark 2005: M. Schark, Lebewesen versus Dinge. Eine metaphysische Studie. Berlin – New York: de Gruyter 2005.

Schiffer 1976: M. B. Schiffer, Behavioral Archeology. New York et al.: Academic Press 1976.

Schiffer 1996: Ders., Formation Processes of the Archaeological Record. Salt Lake City: University of Utah Press 1996.

Schütz/Luckmann 1979: A. Schütz/Th. Luckmann, Strukturen der Lebenswelt. Frankfurt a. M.: Suhrkamp 1979.

Sommer 1991: U. Sommer, Zur Entstehung archäologischer Fundvergesellschaftungen, Versuch einer archäologischen Taphonomie. Studien zur Siedlungsarchäologie I. Universitätsforschungen zur Prähistorischen Archäologie 6. Bonn: Habelt 1991, 51–193.

Spittler 2002: G. Spittler, Arbeit – Transformation von Objekten oder Interaktion mit Subjekten? Peripherie 22, 85/86, 2002, 9–31.

Spivak 1988: G. C. Spivak, Can the Subaltern Speak? In: C. Nelson/L. Grossberg (Hrsg.), Marxism and the Interpretation of Culture. Urbana – Chicago: University of Illinois Press 1988, 24–28.

Stockhammer 2004: Ph. W. Stockhammer, Zur Chronologie, Verbreitung und Interpretation urnenfelderzeitlicher Vollgriffschwerter. Tübinger Texte 5. Rahden/Westf.: Leidorf 2004.

Stockhammer 2008: Ders., Kontinuität und Wandel – Die Keramik der Nachpalastzeit aus der Unterstadt von Tiryns (Diss. Universität Heidelberg 2008) [Verfügbar unter: http://www.ub.uni-heidelberg.de/archiv/8612/].

Stockhammer 2011: Ders., Von der Postmoderne zum practice turn: Für ein neues Verständnis des Mensch-Ding-Verhältnisses in der Archäologie. Ethnographisch-Archäologische Zeitschrift 52, 2, 2011, 188–214.

Stockhammer 2013: Ders., From Hybridity to Entanglement, from Essentialism to Practise. In: P. van Pelt (Hrsg.), Archaeology and Cultural Mixture. Archaeological Review from Cambridge 28, 1. Cambridge: MPG Books 2013, 11–28.

Stockhammer 2015: Ders., Lost in Things – An Archaeologist's Perspective on the Epistemological Potential of Objects. Nature and Culture 10, 3, 2015.

Strawson 1972: P. F. Strawson, Einzelding und logisches Subjekt (Individuals). Ein Beitrag zur deskriptiven Metaphysik. Stuttgart: Reclam 1972.

Thomas 2007: J. Thomas, The Trouble with Material Culture. In: V. Oliveira Jorge/J. Thomas (Hrsg.), Overcoming the Modern Invention of Material Culture. Proceedings of the TAG Session, Exeter 2006. Journal of Iberian Archaeology 9/10 (special issue). Porto: Pórtico Librerías 2007, 11–23.

Weber 1968: M. Weber, Gesammelte Aufsätze zur Wissenschaftslehre (hrsg. von J. Winckelmann) Tübingen: Mohr Siebeck [3]1968.

Weismantel/Meskell 2014: M. Weismantel/L. Meskell, Substances: »Following the Material« through Two Prehistoric Cases. Journal of Material Culture 19, 3, 2014, 233–51.

Wetzel 2006: M. Wetzel, Artefaktualitäten. Zum Verhältnis von Authentizität und Autorschaft. In: S. Knaller/H. Müller (Hrsg.), Authentizität. Diskussion eines ästhetischen Begriffs. München: Fink 2006, 36–54.

Ziegler 1954: K. Ziegler, Übersetzung von »Plutarch, Große Griechen und Römer, Bd. 1«. Zürich: Artemis 1954.

Jens Soentgen

Ein deutscher Stoff:
Synthesekautschuk in Deutschland, 1909–2009[*]

Zusammenfassung: Gummi (Kautschuk) ist ein für die Industrie zentrales Funktionsmaterial; er ist insbesondere für Fahr- und Flugzeuge unentbehrlich. Kautschuk ist eine ursprünglich indigene Erfindung, er wird gefertigt aus dem Saft bestimmter tropischer Pflanzen, insbesondere der *Hevea brasiliensis*. Die technische und damit auch militärische Bedeutung der Substanz motivierte diejenigen Länder, die weder eine starke Position im Welthandel inne hatten noch über tropische Kolonien verfügten, nach Ersatzstoffen und nach Synthesen zu suchen. In diesem Kontext war insbesondere die deutsche Kautschuksynthese erfolgreich. Sie lieferte 1909 einen ersten technisch nutzbaren Synthesekautschuk. Zum erfolgreichsten Synthesekautschuk wurde später ein Mischpolymerisat namens Buna-S. Dieser Synthesekautschuk erlangte im Zuge der nationalsozialistischen Autarkiepolitik eine zentrale Bedeutung und wurde zugleich mit einer zivilisatorischen Mission versehen. Saubere Synthese statt blutiger Ausbeutung! Der Wunsch, einen technisch und moralisch überlegenen Stoff zu produzieren, führte während des Zweiten Weltkrieges zu Verbrechen, denn das größte Buna-Werk der IG-Farben wurde in Auschwitz errichtet. Anhand der Quellen wird die Geschichte des Kunstgummis Buna in Mitteleuropa nachgezeichnet und deren Thematisierung in der populärwissenschaftlichen Literatur im Deutschen Reich vor und während der NS-Zeit sowie nach 1945 in der DDR und in der BRD untersucht.

Abstract: Rubber (caoutchouc) is a functional material essential for the industry, especially in the production of vehicles and aircrafts. Originally, rubber is an indigenous invention made out of the latex of certain tropical plants, mainly the *Hevea brasiliensis*. Motivated by the substance's technological and therefore military relevance, the countries which neither held a powerful position in world trade nor commanded tropical colonies were searching for substitute materials or syntheses. In this context, the German rubber synthesis was particularly successful, providing the first

---

[*] Ein kürzerer Essay über dasselbe Thema erschien im Juliheft 2014 des Merkur unter dem Titel Buna-N/S (Soentgen 2014a). Danken möchte ich Prof. Dr. Silvia Serena Tschopp und Patrick Ramponi für den intensiven Gedankenaustausch zum Kautschuk im Kontext der Pläne für ein gemeinsames Forschungsvorhabens, das zwar leider nicht gefördert und damit auch nicht realisiert wurde, aber etliche Fernwirkungen zeitigte. Weiter danke ich Prof. Dr. Hans Hahn, PD Dr. Philipp Stockhammer sowie einem anonymen Reviewer für kritische Kommentare zu diesem Essay. Dr. Ernst Schwinum danke ich nicht nur, weil er meine Begeisterung für die Chemie früh und entscheidend gefördert hat, sondern auch für viele Informationen über Kautschuk und Buna und für die Möglichkeit, vor vielen Jahren im Kautschuk-Prüflabor der Bayer AG ganz konkrete Erfahrungen mit Buna und anderen Elastomeren zu sammeln. Für Fehler, die in dem Text womöglich trotz sorgfältiger Redaktion verblieben sind, ist allerdings keiner der Genannten, sondern der Autor verantwortlich.

technologically usable synthetic rubber in 1909. A copolymerizate called Buna S later became the most successful synthetic rubber. As part of the Nazi policy of autarky, Buna S played a central role and was authorized with a civilizing mission: Clean synthesis instead of sanguinary exploitation! The desire to produce a technologically and morally superior substance led to crimes during World War II since the biggest Buna factory of IG Farben was built in Auschwitz. On the basis of the sources, the history of the chemical rubber Buna in Central Europe is portrayed and its presentation in popular scientific literature in the German Reich before and during the Nazi era as well as in the German Democratic Republic and the Federal Republic of Germany after 1945 is examined.

SCHLÜSSELBEGRIFFE/KEYWORDS: Gummi, Synthesekautschuk, Stoffgeschichte, Buna, NS-Zeit, Chemie in der NS-Zeit, Auschwitz/Rubber, synthetic rubber, history of the material, Buna, Nazi era, chemical sciences during Nazi era, Auschwitz

Man hat gesagt, dass der Granit eine deutsche Substanz sei, der sich durch seine grobkörnige Härte unterscheidet vom weicheren und anmutigeren Marmor südlicher Länder. Zu einer gewissen Zeit wurden Denkmäler in Preußen, dann im Deutschen Reich gern in Granit ausgeführt (zur Granitideologie siehe Fuhrmeister 2001, 241–57). Auch das Eisen, genauer gesagt der Stahl gilt als deutscher Stoff. Das graue Eiserne Kreuz ist bis heute Zeichen der deutschen Streitkräfte. In vielen Schubladen und Vitrinen überall im Land liegen noch die Eisernen Kreuze der Großväter und Urgroßväter. Der Mythos des Eisens lebt immer noch in uns, wie etwa der Erfolg des Songs »Bochum« von Herbert Grönemeyer beweist, dessen emotionale Kernzeile »du hast 'n Pulsschlag aus Stahl. Man hört ihn tief in der Nacht« viele Deutsche auch außerhalb des Ruhrgebietes bis heute derart aufwühlt, dass das Lied zu einer Art nationaler Hymne wurde. Der mächtige, dumpf dröhnende Eisenvers setzt den deutschen Stahlmythos eindrucksvoll fort.

Es gibt nun neben diesen beiden noch einen weiteren nationalen Stoff, den Kunstgummi Buna. Auch er kann als deutscher Stoff bezeichnet werden, auch er war jahrzehntelang ein nationaler Mythos, auch mit ihm verbindet uns eine intensive Geschichte. Das mag sich zunächst absurd anhören. Ausgerechnet Gummi? Dieser Stoff könnte vielleicht im Gegenteil als undeutschestes Material durchgehen. Dem Gummi fehlt schließlich jede Ernsthaftigkeit! Er wirkt gerade nicht kernig, sondern in seiner Wandelbarkeit merkwürdig prinzipienlos. Ist das deutsch? Die Mischung aus gutmütiger Weichheit und rüstiger Elastizität verleiht dem Stoff eine komische Gestik, er kann zappeln und wackeln wie ein Clown, ein Eindruck, den Gottfried Semper, der 1860 dem Gummi einen eigenen Abschnitt im ersten Band seines viel gelesenen Werks »Der Stil in den technischen und tektonischen Künsten oder Praktische Ästhetik« widmete, gut einfing, indem er ihn als »Affe unter den Nutzmaterien« (Semper 1878, 105) bezeichnete.

Ein Stoff, der mit einem Affen verglichen wird, eine Substanz, deren Wesen die Substanzlosigkeit zu sein scheint, wirkt auf den ersten Blick nicht gerade wie die Personifizierung deutscher Tugenden oder gar deutschen Wesens. Andererseits darf man sich von dem vermeintlich weichen Material nicht täuschen lassen – in der Beharrlichkeit, mit der es immer wieder seine alte Form annimmt, kommt es dem Stahl durchaus nahe, es ist eine Art organischer Stahl. Jeder Mensch in Deutschland dürfte täglich Gummi – und das ist meistens Kunstgummi – anfassen; es lässt sich kaum vermeiden, allein schon deshalb, weil die meisten Kontaktstellen unserer materiellen Welt mit Gummi ummantelt sind, um ihre Griffigkeit zu erhöhen. Räder, Hämmer, Lenkstangen und selbst Bleistifte sind gummiert.

Die Frage nach einem deutschen Stoff wäre zu eng geführt, wenn man darunter einen versteht, der als wirkliche oder vermeintliche Symbolisierung angeblicher Tugenden ›der Deutschen‹ taugt. Eine Substanz kann auch dadurch zur Identitätsstiftung verwendet werden, dass auf sie über einen längeren Zeitraum nationale Hoffnungen und Ängste projiziert werden, dass sie in nationale Mythen eingegliedert, zum Element nationaler Positionsbestimmungen wird und auch die Wandlungen dieser Positionsbestimmungen mit vollzieht. Diese Mythen stehen mit den feststellbaren historischen Fakten in einem Spannungsverhältnis, das, wie gerade der deutsche Kunstgummi zeigt, zu geradezu monströsen Inkongruenzen fähig ist.

Der ›deutsche Stoff‹ wäre also einer, der politisch relevante Hoffnungen, Ängste und Abgründe der deutschen Geschichte der letzten 100 Jahre so spiegelt, dass man an den Geschichten über ihn ablesen kann, was die Deutschen umtrieb und umtreibt.

Dieser Kunstgummi feiert 2015 ein Jubiläum, weil 1915 erstmals mit seiner Produktion in großem Stil begonnen wurde. Zwar ist ein genaues Datum gerade im Fall des Kunstgummis illusorisch, denn im Labor hergestellt wurde er schon früher. Sein soziales Leben unter uns begann aber in der Tat erst 1915; der Kunstgummi ist ein Kriegskind. Vor einhundert Jahren hörte er auf, ein bloßes Laborphänomen zu sein. Das 100. Jubiläum der ersten industriellen Produktion von Kunstgummi in Deutschland, zuerst in Elberfeld (heute ein Stadtteil von Wuppertal), dann (ab 1916) in Leverkusen bietet deshalb den Anlass, die politische Funktion dieser dehnbaren Substanz zu untersuchen.

In diesem Sinne versteht sich das Folgende als Beitrag zur politischen Geschichte der Substanz. Ausgewertet werden in erster Linie populäre Sachbücher, das also, was der Wissenschaftsphilosoph Ludwik Fleck als exoterisches Wissen bezeichnet hat. Dieses exoterische Wissen hat seine eigenen Topoi, es stellt die Substanz in den Zusammenhang großer Mythen, besteht also nicht nur, wie Fleck noch gemeint hat, in der bloßen Vereinfachung des wissenschaftlichen Wissens. Es wirkt aber, und das hat schon Fleck richtig gesehen,[1] auf die Fachleute, also

---

1   Fleck 1980, 150: »Aus dem fachmännischen (esoterischen) Wissen entsteht das populäre (exoterische). Es erscheint dank der Vereinfachung, Anschaulichkeit und Apodiktizität sicher, abgerundeter, festgefügt. Es bildet die spezifische öffentliche Meinung und die Weltanschauung und wirkt in dieser Gestalt auf den Fachmann zurück.«

in unserem Fall die Chemiker, zurück, weil die politischen Mythen die Suche nach Synthesen nicht nur motivieren, sondern auch näher bestimmen. Es ist also auch ein wissenschaftshistorischer Faktor. Die mythologische Matrix ergänzt das disziplinäre System.[2] Denn nicht irgendeine Synthese wird gesucht und schließlich gefunden, sondern eine solche, die vor dem Hintergrund einer bestimmten historischen und politischen Situation und deren Deutung wünschenswert erscheint. Versucht wird, eine Kautschuksynthese aus Materialien zu bewerkstelligen, die in Deutschland leicht verfügbar sind. So dient die Synthese nicht nur wirtschaftlichen, sondern insbesondere auch politischen Zielen. Durch die Umsetzung bestimmter politischer Ziele erhält der Chemiker einen prominenten Platz im großen Ganzen. Sein Tun hat Bedeutung für das politische Kollektiv. Insbesondere dies zeigt die exoterische Literatur, in der die Chemiker zu Helden und zu Befreiern hochstilisiert werden, die mit ihrem zähen, einsamen Laborhandeln dem Weltfrieden, der Völkerverständigung und der Gerechtigkeit dienen wollen. In dieser Weise werden Chemiker und Kautschukchemie in den Werken von Anton Zischka, Karl Fischer und anderen in den 1930er und 1940er Jahren, oft auch später noch, dargestellt (siehe zu dieser Literatur mit Belegen Soentgen 2014b). Wissenschaftsgeschichte, Technikgeschichte und politische Geschichte entwickeln hier eine wechselseitige Resonanz. Politische Ziele werden in wissenschaftliche übersetzt und wissenschaftlich-technische Resultate werden Teil des politischen Selbstverständnisses; sie werden zu Faktoren politischer Zielbestimmungen.

Um zu verstehen, weshalb gerade der deutsche Kunstgummi, hergestellt aus den in Deutschland verfügbaren Stoffen ›Kohle‹ und ›Kalk‹ nationale Bedeutung erlangte, müssen wir zunächst den Gummi auf der politischen und historischen Landkarte verorten.

Kurze Geschichte des Gummis

Aus dem Milchsaft (*latex*) bestimmter tropischer Pflanzen gewonnen, war der Kautschuk (das Wort stammt vermutlich aus dem Ketschua) in den Kulturen Süd- und Mittelamerikas bereits lange vor der Ankunft der Europäer bekannt. Er war in den Augen der Entdecker und der Konquistadoren auf dem Gebiet der Stoffe das, was die neuweltliche, sensible Mimose auf dem Gebiet der Botanik darstellte, ein wunderbares Paradox. Bartolomé de las Casas, der die Bälle und auch die Ballspiele der Indianer eingehend beschreibt, war von der Elastizität der in Europa unbekannten Materie hellauf begeistert und behauptete gar, die Bälle

---

2 Thomas Kuhn definiert in dem Postskriptum seines Werkes über die Struktur wissenschaftlicher Revolutionen vier Elemente des disziplinären Systems, darunter auch »metaphysische Teile von Paradigmata« (Kuhn 1976, 195). Er denkt dabei aber nicht an politische Mythen. Dass diese zwar nicht für die Theoriewahl, wohl aber für die Synthesewahl (und damit mittelbar ebenfalls für die Theoriebildung) relevant sind, zeigt jedoch die Geschichte der Kautschuksynthese in Deutschland.

hüpften nahezu eine Viertelstunde lang. Schon Christoph Columbus hatte, wie Las Casas berichtet, aus der Neuen Welt einen solchen Ball, ›groß wie ein Krug‹, nach Sevilla mitgebracht. Dieser Ball dürfte das allererste Kautschukprodukt gewesen sein, welches den Boden der Alten Welt erreichte (zur frühen Kautschukgeschichte siehe mit Literaturnachweisen Soentgen 2013).

Die völlig neuartigen Eigenschaften faszinierten auch die Naturforscher des 19. Jahrhunderts, so etwa Friedrich Lüdersdorff, den Entdecker der Schwefelvulkanisation, der vom Gummi schrieb, er sei »eine durchaus eigenthümliche Substanz, die, weder den Harzen noch den Gummiarten angehörend, ganz isolirt dasteht. Seine außerordentliche [...] Elastizität reihet es gewissermaßen den lebenden Organismen an« (Lüdersdorff 1832, 15).

Zunächst besaßen nur die indigenen Völker, welche Zugang zu Latexsaft hatten und ihn zu verarbeiten wussten, ein Quasimonopol auf den Werkstoff, weil sich der Milchsaft als solcher damals nicht gut von Amerika nach Europa transportieren ließ. Nur die von den Indianern in einem komplizierten Prozess hergestellten Gummiwaren, nicht der Milchsaft selbst wurden gehandelt. Die Entdeckung der Möglichkeit, die Gummischuhe und Gummiflaschen wieder plastisch zu machen und zu formen und das Produkt mithilfe von Schwefel haltbar zu machen, ermöglichte den Aufbau einer europäischen und amerikanischen Kautschukindustrie. Dies geschah etwa um die Mitte des 19. Jahrhunderts, und damit war die erste, noch halbwegs unbeschwerte Phase des Gummis auch schon weitgehend vorbei.

Als Kautschuk, *caoutchouc*, *gum-elastic*, *borracha*, *hule*, Federharz, Gummi oder *rubber* und unter manchen anderen Namen verbreitete sich Kautschuk seit der Mitte des 19. Jahrhunderts rasch in ganz Europa und weltweit. Zunächst vor allem für wasserdichte Schuhe und Mäntel verwandt, dient er bald der Mobilisierung: 1888 entwickelte John Boyd Dunlop den luftgefüllten Gummischlauch für Fahrräder und bald wird mit der Herstellung von Autoreifen (bei Michelin, 1894) Gummi auch für die automobile Reifenproduktion herangezogen. Auch als Isolator für die entstehende Elektroindustrie war Kautschuk unerlässlich. Gummi wurde zur Schlüsselsubstanz der industriellen Revolution.

In Anbetracht der vielfältigen Anwendungsmöglichkeiten überrascht es nicht, dass Kautschuk schon auf der Weltausstellung in London (1851) große Aufmerksamkeit erregte und als Universalwerkstoff gefeiert wurde. Immer noch aber hatte Brasilien das Monopol auf die Substanz. Zwar kamen latexführende Bäume auch in der Alten Welt vor, doch lieferte die *Hevea brasiliensis*, die vor allem im Amazonasgebiet vorkommt, einen besonders hochwertigen Kautschuk in reichlicher Menge. Der wichtigste Weg des Gummis ging also vom oberen Amazonas über Manaus nach Belém do Pará und von dort über den Atlantik in alle Welt. Kleine Kanus brachten den Kautschuk zu den Gummicamps irgendwo an Nebenflüssen des oberen Amazonas, von dort wurden die Gummimengen mit kleinen Flussdampfern zu den größeren Handelspunkten gebracht, und von Manaus und Belém do Pará schließlich mit großen Atlantikdampfern nach Europa und Nordamerika transportiert. Dem Gummistrom entsprach in umgekehrter

Richtung ein Geldstrom, der manche Urwaldstädte, vor allem Manaus kurzfristig reich machte.

Buna-S und Buna-N

Die Monopolstellung Brasiliens war für die Industrienationen, die zunehmend vom Gummi abhängig waren, unbehaglich. Und so reiste auf eben dem Warenweg, über den in die eine Richtung Kautschuk, in die andere aber Geld strömte, bald der Keim seines eigenen Untergangs. Denn 1876 schiffte der englische Pflanzer Henry Wickham etwa 7.000 Samen der *Hevea brasiliensis* heimlich nach England aus, die dort angezogen und später in tropische Kolonien des Vereinten Königreiches verschifft wurden. Auf diese Weise gelang es den Engländern, den für sie unvorteilhaften Warenweg des Kautschuks zu diversifizieren und zu transformieren. Nunmehr waren sie selbst Erzeuger. Seit 1889 kam Kautschuk auch aus den britischen und holländischen Kolonien Südostasiens, womit die Monopolstellung Brasiliens als Lieferant von Naturkautschuk beendet war.

England hatte damit sein Problem gelöst, und die kühne Piraterie Wickhams ging in den Schatz nationaler Mythen des Empires ein, in dem staatlich geförderte Piraten bekanntlich schon länger eine Rolle spielen.[3] Kurz darauf nutzten auch die Holländer, die von dem Husarenstück des waghalsigen Abenteuers als Trittbrettfahrer profitierten, ihre tropischen Kolonien ebenfalls für einträgliche Kautschukplantagen. Andere Staaten, die weder über Kolonien noch über die nötigen Abenteurer verfügten, knobelten weiterhin, wie sie den begehrten Stoff beschaffen sollten. Mit der zunehmenden Motorisierung und Mobilisierung wurde Gummi immer wichtiger, denn er war für die Reifen unerlässlich – seien es Fahrradreifen, seien es Automobilreifen. Auch für Flugzeuge, Unterseeboote und Elektronik nutzte man ihn. Kurzum: Kautschuk wurde zum strategischen Material, er war ebenso wichtig wie Stahl, Kohle oder Erdöl. Der amerikanische Industrielle Firestone erklärte ihn zum ›wichtigsten Ding‹ der ganzen Welt.

Doch wie konnten sich jene Länder helfen, die keine Kolonien in tropischen Gegenden hatten, die also keine Kautschukbäume pflanzen konnten? Es blieb, wie man vielerorts erkannte, eigentlich nur, den Kautschuk aus anderen, leichter verfügbaren Stoffen künstlich herzustellen. Obwohl man zunächst gar nicht so genau wusste, wie das gehen sollte, weil die molekulare Struktur des Kautschuks unbekannt war, fanden mehrere Länder ihre eigenen Lösungen. Die Russen stellten nach einem Rezept von Sergej Lebedew einen künstlichen Kautschuk aus Schnaps her, den Schnaps produzierten sie aus Kartoffeln. Die Amerikaner legten riesige Gummivorräte an, später produzierten sie Kunstgummi aus Erdöl.[4] Die Unterschiede der gefundenen Lösungen belegen den politischen Kontext, in

---

3   Siehe für Wickham Jackson 2008, siehe besonders den Auszug aus dem Nachruf in der Londoner Times, ebd., 288.
4   Beide Kunstgummi-Varianten kamen ebenfalls im Rahmen von Rüstungsprojekten in die Welt und waren zweifellos ihrerseits Themen nationaler Aufladung, die wir

dem die jeweiligen Synthesen stehen. Denn es wurden offenbar jeweils Synthesen gesucht und gefunden, die mit Bordmitteln zu bewerkstelligen waren, für die also nur die Substanzen, die in den jeweiligen Ländern auch sicher verfügbar waren, eingesetzt wurden. In der konfliktreichen, von scharfer Konkurrenz der damaligen Mächte geprägten Zeit wollte man nicht etwa die energetisch beste Synthese oder die Synthese, die technisch am elegantesten war, sondern eine, die von anderen Mächten nicht blockiert werden konnte. Die Deutschen wählten deshalb die Kohle und den Kalk als Ausgangsstoff, weil man sicher war, von diesen genug zu haben. Fritz Hofmann, der Erfinder des ersten deutschen Synthesekautschuks, hat dies in seinem eigenen Rückblick 1936 klar hervorgehoben:

> »Von Rohstoffen, die in beliebiger Menge zu jeder Zeit hinreichend billig zur Verfügung stehen, mußten wir ausgehen, wollten wir unserem Ziele näherkommen. Solcher Rohstoffe haben wir in unseren Zonen nicht viele. Die Kartoffelnot im Weltkriege hat uns gezeigt, daß selbst diese uns in normalen Zeiten reichlichst zur Verfügung stehende Frucht für Zwecke der Ernährung von Vieh und Menschen restlos in Anspruch genommen wird, wenn unsere Grenzen bedroht oder gar gesperrt sind. Aber gerade in solchem Falle müssen wir frei über Kautschuk verfügen können. Deshalb haben wir nicht, wie Rußland dies tat, aus dem Kartoffelsprit unsere Butadiene aufgebaut, obwohl wir diesen Weg längst kannten, sondern wir sind bei der Kohle geblieben, von der uns noch auf viele Generationen hin reichlichste Mengen zur Verfügung stehen.« (Hofmann 1936, 424).

Der deutsche Kunstgummi reiht sich ein in die lange Reihe von Substitutionen und Synthesen, durch die Deutschland seit dem 19. Jahrhundert zunehmend Unabhängigkeit von kolonialen Waren erlangt hatte und vom abhängigen Abnehmer von Kolonialwaren zur Exportnation umgepolt wurde. Rübenzucker, Indigo und andere Farben, Vanillin, Salpeter – sie alle waren einst kostbare Handelsgüter, die eingeführt werden mussten, die aber dank chemischer Forschung nunmehr im Lande selbst hergestellt und ausgeführt wurden. Insgesamt kann man von einer Kompensationsstrategie sprechen, weil mit den Synthesen und Substitutionen das Fehlen kolonialer Produktionsstätten ersetzt wurde. Der Kunstgummi nun reiht sich hier ein; er wurde getauft auf den Namen Buna, abgekürzt aus dem Ausgangsstoff *Bu*tadien und *Na*trium, das als Katalysator eingesetzt wurde. Eine Variante dieses wohltönenden, etwas weichlichen Namens ist das Buna-S, ein sogenanntes Mischpolymerisat, dem Styrol beigemischt ist. Dieses Buna-S ist auch heute noch international der mit Abstand wichtigste Kunstgummi, weil er sich besonders gut für Autoreifen eignet. Diese bestehen immer noch zum großen Teil aus diesem Material. Neben Buna-S wird auch Buna-N hergestellt, das ebenfalls sehr abriebfest ist, zudem aber beständig gegen organische Lösungsmittel und Öle ist. Buna-SS ist noch abriebfester als das Buna-S und ebenfalls

aber hier nicht weiter betrachten (zum amerikanischen Synthesekautschuk siehe Morris 1989. Zum russischen Synthesekautschuk konnte ich keine Literatur finden).

für Bereifungen besonders geeignet. Schließlich werden noch Buna 85 und Buna 115 hergestellt, das sogenannte Zahlenbuna, welches sich durch Hitzebeständigkeit auszeichnet (Treue 1955b, 256). Insgesamt teilt sich heute die Gummi-Weltproduktion zu 2/3 in synthetischen und 1/3 in natürlichen Gummi.[5]

›Ausflüchte haben von jetzt ab zu schweigen‹ – NS-Buna

Die Initiative zur Kautschuksynthese ging von der deutschen Chemieindustrie aus: Die Bayer-Direktionskonferenz vom 18. Oktober 1906 lobte einen Preis von 20.000 Mark für denjenigen Chemiker aus, der bis November 1909 ›ein Verfahren zur Herstellung von Kautschuk oder eines vollwertigen Ersatzes findet‹. Der Chemiker Fritz Hofmann nahm die Herausforderung an und hatte Erfolg. Im Labor von Bayer in Elberfeld (heute ein Stadtbezirk von Wuppertal, Nordrhein-Westfalen) gelang es ihm 1909, den Kohlenwasserstoff Isopren zu polymerisieren, das Kaiserliche Patentamt erteilte den Farbenfabriken vorm. Friedr. Bayer & Co. in Elberfeld das Patent Nr. 250690 für das »Verfahren zur Herstellung von künstlichem Kautschuk« (Lanxess 2009, 6). Später entwickelte Hofmann einen weiteren Kunstgummi, den Methylkautschuk. Der Deutsche Kaiser Wilhelm II unterstützte diesen deutschen Werkstoff demonstrativ: Er hatte sich 1912 Autoreifen aus Methylkautschuk auf seine Staatskarosse aufziehen lassen und telegrafierte an den Bayer-Chef Carl Duisberg, er sei ›höchst befriedigt‹. Hofmanns Methylkautschuk war aber zu teuer für Friedenszeiten, zudem lehnte die Continental in Hannover, ein großer Reifenhersteller, die Weiterverarbeitung ab, weil die Qualität nicht stimmte. Doch das war nicht das endgültige Aus. Er ging im Kriegsjahr 1915 in die großtechnische Produktion, da das Deutsche Reich während des Ersten Weltkriegs von der Zufuhr natürlichen Kautschuks abgeschnitten wurde. Das Material war von strategischer Bedeutung, weil unter anderem die Akkumulatoren in den deutschen U-Booten auf Kautschuk als Isolator angewiesen waren. Bis Ende 1919 lieferte die Anlage in Leverkusen 2400 Tonnen synthetischen Kautschuk, was nach heutigen Maßstäben nicht viel ist, aber für den Bedarf der damaligen deutschen U-Boot-Flotte hinreichte. Nach Kriegsende wurde die Produktion, weil sie nicht wirtschaftlich war und zudem der Methylkautschuk nicht hinreichend brauchbar für Autoreifen war, wieder eingestellt. Zwischen 1919 und 1925 ruhten die Entwicklungsarbeiten. Man verwendete in dieser Zeit wieder den Naturgummi.

Doch am Vorabend des Zweiten Weltkrieges wurde Kunstgummi, nunmehr in der neu formulierten Gestalt von Buna-S, wieder in den Mittelpunkt der nationalen Agenda gestellt. Diese Substanz war bei Bayer 1929, aufbauend auf Vorarbeiten von Hofmann, entwickelt worden, doch an eine industrielle Produktion dachte man zunächst nicht. Zwar hatte Buna-S gegenüber dem Methylkautschuk des Ersten Weltkrieges viele Vorzüge. Dieser Kunstgummi hatte tatsächlich das

---

5 Persönliche Mitteilung von Dr. Ernst Schwinum, Leverkusen.

Zeug, den Naturkautschuk in vielen wichtigen Anwendungen ersetzen zu können. Aber er war dreimal teurer als der Naturkautschuk. Auch diesem Kunstgummi war deshalb ein gesellschaftliches und politisches Leben, wie es zunächst schien, verwehrt. Die kautschukverarbeitende Industrie, vor allem die Reifenhersteller, sahen nach einigen Testläufen von einer Verarbeitung ab. Buna-S wäre, wenn alles mit rechten Dingen zugegangen wäre, eine bloße Laborexistenz geblieben, unbeachtet und bald vergessen. Der ›salto mortale‹, den nach Marx' Analyse jede Ware auf dem Markt vollziehen muss, um den in ihn investierten Arbeitswert in Tauschwert umzuwandeln (Marx 1983, 67), misslang, und zwar gründlich.

Doch gab es einen, der nachhalf. Adolf Hitler saß im Sommer 1936 in seinem Landhaus am Obersalzberg und plante die Zukunft Europas. Dabei spielte der Kunstgummi eine wesentliche Rolle. In seiner im August 1936 verfassten geheimen Denkschrift zum Vierjahresplan, die nur Göring, Blomberg und später (1944) Speer erhielten, befiehlt Hitler die Substanz herbei, koste es was es wolle: »Es ist ebenso augenscheinlich die Massenfabrikation von synthetischem Gummi zu organisieren und sicherzustellen. Die Behauptung, daß die Verfahren vielleicht noch nicht gänzlich geklärt wären und ähnliche Ausflüchte haben von jetzt ab zu schweigen. [...] Die Frage des Kostenpreises dieser Rohstoffe ist ebenfalls gänzlich belanglos, denn es ist immer noch besser, wir erzeugen in Deutschland teurere Reifen und können sie fahren [...]«.[6] Der Ton dieser Sätze zeigt unmissverständlich, dass hier die Macht spricht. In der Tat wusste Hitler ›sein Ding‹ gegen alle noch so heftige Bedenken, die etwa von Hjalmar Schacht geäußert wurden, durchzusetzen (Treue 1955a, 195–205). Der deutsche Kunstgummi wurde noch im selben Jahr Realität.

Das Ziel, dem die von Hitler angeordnete Gummiproduktion dienen sollte, ist klar, wenn man bedenkt, dass für Militärfahrzeuge, für Panzer, für Flugzeuge Gummi unerlässlich war. Mehr als 10 Prozent des Gewichtes etwa eines U-Bootes bestehen aus Kautschuk (Klemm 1960, 53). Hitler spricht sein eigentliches Ziel, das er via Kunstgummi und Vierjahresplan zu erreichen trachtete, mit aller Klarheit am Ende seines Dokumentes aus:

»Ich stelle damit folgende Aufgabe:
1. Die deutsche Armee muss in 4 Jahren einsatzfähig sein.
2. Die deutsche Wirtschaft muss in 4 Jahren kriegsfähig sein«. (Hitler 1936 nach Treue 1955a, 210).

Hitlers geheime Denkschrift ist das eigentliche Gründungsdokument der deutschen Kunstgummiindustrie, auch wenn sie in deren Hochglanzpublikationen nie zitiert wird. Sie ist es in höherem Maße als die gern gezeigten Patentschriften von Fritz Hofmann und anderen Chemikern, die mit Kunstgummi befasst waren.

---

6   Hitler 1936 nach Treue 1955a, 208. Treue 1955b schreibt statt »augenscheinlich« »augenblicklich«.

Kohle + Kalk + Hitler (als Katalysator) → Buna-S.

Das ist die eigentliche Reaktionsgleichung, nach der unser Stoff in die Welt kam. Er kam in die Welt als Teil der nationalsozialistischen Mobilisierung, gemeinsam mit dem Volkswagen, den Autobahnen und schließlich mit den Blitzkriegen. Weil Buna-S etwa dreimal teurer war als Naturgummi, hätte er ohne den politischen Paten vom Obersalzberg wohl nie Karriere gemacht. Nachdem aber der machtpolitische Wille geäußert war, zum Zweck der Kriegsvorbereitung die Produktion von synthetischem Gummi in großem Stile hochzufahren, wuchs im Zuge von Innovationsprozessen das notwendige technische Wissen hinterher, bis schließlich der Kunstgummi auch wirtschaftlich mit dem Naturgummi halbwegs konkurrieren konnte (im Einzelnen dargestellt bei Streb 2003, 97–132). Eilfertig folgte dem Wollen Hitlers das Können der Chemiker und Ingenieure. Die ganze Gummiwirtschaft wurde bunaisiert, denn mit den Naturgummi-Maschinen ließ sich dieser neue Volksgenosse nicht bearbeiten. Nicht nur war die Technik auf den Stoff noch keineswegs ausgelegt, auch ökonomische Bedenken wurden geltend gemacht. Die gummiverarbeitende Industrie sträubte sich, erklärte, der neue Stoff erfordere einen fünfmal, wenn nicht sogar achtmal höheren Verarbeitungsaufwand als der gute alte Naturgummi (Treue 1955b, 256). Auch das hielt den Befehl nicht auf. Neue Maschinen und Vertriebswege, zahlreiche technische Problemlösungen (siehe Erker 2005, 423–45), Erfindungen und Patente, ganze Fabriken wuchsen in atemberaubender Geschwindigkeit um den Stoff. Hitlers Machtwort ließ den zuvor nur erträumten Kunstgummi Realität werden. In einer Monografie hat der Wirtschaftshistoriker Jochen Streb die in diesem Fall rein technisch gesehen erfolgreiche nationalsozialistische Innovationspolitik eingehend analysiert und mit der US-amerikanischen derselben Epoche verglichen (Streb 2003).

Noch im Jahr 1936 begann der IG Farbenkonzern mit dem Bau einer industriellen Großanlage zur Produktion von Synthesekautschuk in Schkopau (heute Sachsen-Anhalt), später wurden große Werke auch bei Marl (heute Nordrhein-Westfalen), Ludwigshafen (heute Rheinland-Pfalz) und Auschwitz (heute Oświęcim, Polen) in Angriff genommen und bis auf das Werk in Auschwitz, das erst 1948 im nunmehr polnischen Oberschlesien in die Produktion ging, auch noch im Kriege fertiggestellt. Alle diese Werke produzieren übrigens heute noch.

Produziert wurde vor allem Buna-S, das am besten geeignet für die Reifenproduktion war (Streb 2003, 99). Der Aufbau des Syntheseweges auf Befehl war erfolgreich, in Deutschland übertraf im Kriegsjahr 1943 die Buna-S Produktion den inländischen Verbrauch.

›Buna – Sieg der Vernunft!‹ – Der Kunstgummi als deutscher Beitrag zu einer humaneren Welt

Nicht nur die Maschinen wurden ›bunaisiert‹, auch die Köpfe. Am Beispiel von Gummi-Sachbüchern aus den 1930er Jahren lässt sich zeigen, dass auf den selbstproduzierten Gummi des Führers nationales Pathos schon vor dem Aufbau der Buna-Werke so heftig projiziert wurde, dass er neben der chemischen noch eine zweite, ideologische Vulkanisation erfuhr. Er transformierte sich dabei endgültig zur deutschen Substanz. Der selbstgemachte synthetische Gummi wurde so hingestellt, dass er als wertvolles nationales Produkt wahrgenommen werden konnte, das aber zugleich, so die entscheidende Ergänzung, der ganzen Menschheit nützt und die Unterdrückten befreit. Auf diese Weise sollte ebenso sehr die Akzeptanz der Nutzer befördert wie seine Legitimität gegenüber den misstrauischen Nachbarn unterstrichen werden.

Hatte zuvor die Politik mit ihren Zielsetzungen die Arbeiten zur Kautschuksynthese motiviert und gelenkt, so wurde nun das wissenschaftlich-technische Resultat zum politischen Sieg umformuliert. Der deutsche Kunstgummi wurde in große nationale Mythen eingebettet, so dass nicht nur seine Erfindung als patriotische Tat gefeiert wurde, sondern auch seine Nutzung geradezu einer vaterländischen Pflichterfüllung gleichgesetzt wurde. An ihm wurde demonstriert, wo das neue Deutschland stand und wo es hinwollte. Wichtig dabei war, die nationalen Ziele nicht als Ausfluss von Hybris zu verstehen, sondern als spezifisch deutscher, mit Wissenschaft und Technik vollbrachter Beitrag zum Weltfrieden, zur Völkerversöhnung und zur Befreiung der Unterdrückten.

Dies geschah oft so, dass auf den ›sauberen‹ Charakter der neuen Produktionsmethoden hingewiesen wurde, der sich aus Sicht damaliger Autoren vorteilhaft abhob von den grausamen Produktionsmethoden der Kolonialherrscher, die auf ihren blutigen Warenwegen oft über Leichen gingen. Genüsslich arbeiten die deutschen Sachbücher die schaurigen Schattenseiten des natürlichen Gummis, des Gummis der Anderen heraus.

Diese waren zur damaligen Zeit wohlbekannt, durch große Skandale waren sie ans Licht gekommen. 1906 veröffentlichte der britisch-französische Journalist Edmund Dene Morel sein Aufsehen erregendes Werk »Red Rubber«, in dem er die Verhältnisse im Kongo, seit 1885 als ›Freistaat‹ im Besitz des belgischen Königs Leopold II., anprangerte. Im Zentrum von Morels Kritik stand das vom belgischen Monarchen eingeführte System der Zwangsarbeit, das die Eingeborenen dazu verpflichtete, in den Wäldern für die Agenten des Königs Kautschuk zu sammeln, den dieser anschließend an den europäischen Börsen verkaufte. Sammler, die sich weigerten, sich an der Kautschukgewinnung zu beteiligen oder die nicht genug Kautschuk lieferten, wurden Opfer sadistischer Strafen. Die gnadenlose Ausbeutung durch die belgischen Kolonialherren, die auch vor Frauen und Kindern keineswegs Halt machte, führte zu einer so massiven Dezimierung der lokalen Bevölkerung, dass bis heute von einem Völkermord gesprochen wird. Dieser wurde nicht nur von Schriftstellern – etwa Joseph Conrad, dessen »Heart of Darkness« (1902) die Erfahrungen einer Reise in den Kongo spiegelt –, sondern auch von Missionaren, Reisenden und Politikern angeprangert. Auch aus dem peruanischen Amazonasgebiet wurden Gräuel bekannt. 1909 berichtete Roger Casement über Orgien der Grausamkeit in den Kautschukgebieten am oberen Amazonas (Taussig 1984). 1913 erschien Walter Ernest Hardenburgs Werk »Putumayo – The devil's paradise«, in dem der Autor von einem System der Zwangsarbeit am Fluss Putumayo im nordwestlichen Amazonien berichtet, das dem von Morel aus Zentralafrika beschriebenen erschreckend ähnelte (Taussig 1984). Am Naturgummi, das war in Europa allgemein bekannt, klebte Blut. Dies war neben dem ökonomischen Interesse zweifellos ein wesentliches Motiv für die Kautschukchemiker und die chemische Industrie, sich synthetischen Methoden zuzuwenden.

Das Fehlen kolonialer Erfahrung wurde nun von einem Manko in ein Plus umgemünzt und diente dazu, die eigenen Syntheseprogramme mit dem Nimbus moralischer Überlegenheit auszustatten. Die eigene wissenschaftlich-technische Modernisierung wurde als moralisch überlegener und insofern vorbildlicher deutscher Weg perspektiviert. In der ersten Phase der Kautschuknutzung während des ersten Weltkrieges kam dieses Motiv noch nicht vollständig zum Tragen, umso stärker aber in der zweiten, die ungefähr 1930 einsetzte. Nicht zufällig steht in Karl Fischers Sachbuch »Blutgummi« (1938) die Schilderung der Gräuel im Kongo sowie am Putumayo (Fischer 1938, 37–87; ebd., 118–48) am Anfang einer politisch-technologischen Vision: Die von deutschen Wissenschaftlern entwickelte industrielle Kautschuksynthese soll aus den Grausamkeiten kolonialer Kautschukgewinnung herausführen. Saubere Wissenschaft und Technik legitimieren den Führungsanspruch Deutschlands. In dieser Ideologisierung wird der Kunstgummi zu einem Stoff, dem identitätsstiftende bzw. -stabilisierende Funktion zukommt: In ihm soll sich die moralische und intellektuelle Überlegenheit der Deutschen materialisieren.

Das der neuen Substanz gewidmete Kapitel heißt bei Fischer: »Buna – Triumph der Vernunft« (Fischer 1938, 207). Der deutsche Stoff wird darin nicht nur als technisch überlegene Substanz, sondern auch als Vollendung humanitärer Werte dargestellt. Konzediert wird zwar, dass auch der britische Plantagenkautschuk ein erster Schritt gewesen sei. Doch sei man auf halber Strecke stehen geblieben: »Wenn es nun auch keinen Kampf um Blutgummi mehr gab und niemand mehr Gesundheit und Leben zu verlieren brauchte, so dauerte doch die Monopolherrschaft der Gummiherren und der Tropen fort – nur daß an die Stelle der Peitsche der Kurszettel trat« (ebd., 18).

Dem synthetischen Gummi ist es in dieser Perspektive vorbehalten, »das kapitalistische und geografisch-politische Monopol durch die Kräfte zu überwinden, die dem Verstand des Menschen und nicht seiner wirtschaftlichen Macht verliehen sind: durch die Synthese von Geist und Natur« (Fischer 1938, 19). Feierlich erklärt Fischer gegen Ende seines Buches: »Aber wie damals die erste Tonne Plantagenkautschuk bereits einen Sieg über den Blutkautschuk bedeutete, so bedeutete schon der erste Bunareifen einen Triumph der Moral und der Vernunft über die spekulative Wirtschaft, einen Triumph des Geistes über das Geld und die Börse« (ebd., 241). Zugleich betont er die Nationalität des Stoffes: »Was hier entsteht, ist deutscher Kautschuk, Kautschuk, dessen Werden man regulieren, dessen Eigenschaften man den Bedürfnissen seines späteren Lebens anpassen kann, den man abriebfester machen kann oder ölfester oder altersbeständiger als den Naturkautschuk.« (Fischer 1938, 240). Der Kunstgummi zeigt sich also als preußisch gründlicher, pflichtbewusster und widerstandsfähiger Stoff, durch und durch wissenschaftlich strukturiert, exakt, gehorsam und jederzeit einsatzbereit. Er ist kein schlechter Ersatz, sondern tritt selbstbewusst auf als stoffgewordene Perfektion.

Auch der Schriftsteller Anton Zischka feierte die deutsche Kautschukgeschichte in seinem weitverbreiteten Werk »Wissenschaft bricht Monopole«. Das Kautschuk-Kapitel in diesem Buch trägt den Titel: »Kautschuk aus Kalk und Kohle gegen ›Kautschuk aus Blut‹«. Und Zischka, dessen Werke auch außerhalb Deutschlands hohe Auflagen erzielten, erklärte: »Kautschuk aus Kalk und Kohle statt ›Kautschuk aus Blut‹, das ist nur ein einziger Baustein zum großen Gebäude der neuen Welt. Aber es ist auch wie ein Symbol. Frieden und Fortschritt statt Krieg und Raub. Wissenschaft wird das aus einer Utopie zur Wirklichkeit machen. Deutsche Wissenschaft zum nicht geringen Teil [...]« (Zischka 1937, 185). Der Kampf gegen Monopole mithilfe der Wissenschaft führt in der Logik Zischkas gerade nicht zum Krieg, sondern mit logischer Notwendigkeit zum Frieden: »Wenn wir [...] Monopole brechen, naturgegebene Übermacht, geschenkte Vorteile, dann überwinden wir auch die Angst vor Hunger und Absperrung. Da bekämpfen wir Neid und Mißgunst. Da arbeiten wir für *dauerhaften* Frieden, denn wer wird um etwas kämpfen, das *alle* haben?« (ebd., 16; Hervorhebung von Zischka). Den Forschern kommt dabei die Schlüsselrolle zu: »Monopol auf Monopol wurde gebrochen, Schritt für Schritt sich vorwärtstastende Forscher eroberten immer neuen Lebensraum, *beendeten Kämpfe um Rohstoffe, indem sie sie allen zugängig machten.*« (ebd., 16; Hervorhebung von Zischka).

Hier wird, im Kontrast zu anderen Formen globalen Wirtschaftens eine spezifisch deutsche Modernisierungsstrategie skizziert, die nicht auf Unterdrückung, sondern auf Wissenschaft und Technik basiere. Diese sei zugleich, so wird behauptet, die beste Friedenspolitik, weil sie mit der Aufhebung der Knappheit auch Kriegsgründe beseitige. Karl Aloys Schenzinger, einer der erfolgreichsten deutschen Sachbuchautoren der ersten Hälfte des 20. Jahrhunderts, nutzt den Topos ebenfalls in seinem Roman »Anilin«, betont hier aber vor allem den nationalen Machtzuwachs, der durch die Synthesen möglich wird:

»Keine Naphthaquellen, kein Öl, kein Gummi im eigenen Lande. Keine Kolonien. Gefährliche Summen drohen ins Ausland abzufließen. Wir sind eingeengt, geographisch, wirtschaftlich, politisch. Wir wollen leben! Immer lauter wird die Forderung nach dem künstlichen Werkstoff. Der künstliche Werkstoff bedingt heute die Zukunft der deutschen Nation. Der künstliche Werkstoff ist zur deutschen Lebensfrage geworden. Aber da regt sich auch

schon der deutsche Chemiker. [...] Aus Kohle und Kalk kam man zum Kalziumkarbid, von da zum Azetylen, vom Azetylen zum Butadiën durch Polymerisation zum Buna, zum künstlichen Kautschuk. « (Schenzinger 1937, 375 f.,
in Nachkriegsausgaben ist der Passus gestrichen).

Schenzingers Roman kann in seiner Breitenwirkung kaum überschätzt werden.
»Anilin« war der in der NS-Zeit meistverkaufte Roman im Deutschen Reich
mit einer Auflagenhöhe von über 920.000 Exemplaren allein bis 1944 (Schneider 2004, 80 f.). Er prägte das Chemieverständnis zahlreicher Menschen und
war auch nach Kriegsende in leicht bereinigten Auflagen erfolgreich. Bis in die
1970er Jahre wurde das Buch nachgedruckt.

Der deutsche Blutgummi: Buna in Auschwitz

Diese zeitgenössischen Zitate machen deutlich, dass die chemischen Synthesen
zur ethisch motivierten Kompensationsstrategie eines Volkes aufgeschäumt wurden, das sich aufgrund seiner verspäteten nationalen Einigung im Wettlauf um
Kolonien zu kurz gekommen fand und nunmehr seine wirtschaftliche und damit auch politische Macht auf chemische Synthesen gründete. Diese aber sollten,
und das ist entscheidend, nicht nur die Deutschen befreien und mächtig machen,
sondern Frieden, Wohlstand und Freiheit für alle Menschen bringen. Die dann
folgende Geschichte des deutschen Kunstgummis in der NS-Zeit ist von diesem
Anspruch so weit, wie es überhaupt denkbar ist, entfernt.

Der ›Sieg der Vernunft‹ führte zu einem neuen ›Blutgummi‹. Die IG Farben, der etwa von Schenzinger eine wichtige Rolle als Befreierin der Menschheit
zugesprochen wurde, engagierte sich nicht humanitär, sondern nutzte den Holocaust für eigene Zwecke. Die auf Wunsch der IG im Lager Auschwitz-Monowitz
seit 1941 unter Aufsicht der SS errichtete IG-Farben-Anlage BUNA IV hatte den
Zweck, Kunstgummi zu liefern (Lautenbach 1995). Diese Standortentscheidung,
in der IG Farben Zentrale in Frankfurt getroffen, trug dazu bei, dass das Lager
in Auschwitz zum zentralen Vernichtungslager im System der nationalsozialistischen KZ ausgebaut wurde, weil hierdurch die Aufmerksamkeit Himmlers auf
den Standort gelenkt wurde (Wagner 2000, 285). Für Himmler war die Entscheidung der IG Farben willkommen, bot sie ihm doch die Möglichkeit, sich an Rüstungsprojekten zu beteiligen. Die vor Ort tätigen und die in der IG-Farben-Zentrale in Frankfurt verantwortlichen Chemiker wussten um die Vernichtung, die in
Auschwitz-Birkenau in Sichtweite des BUNA-Baues vorging. Sie unternahmen
nichts dagegen. Sie stellten bald fest, dass die eingesetzten, völlig ausgemergelten Lagerhäftlinge wenig produktiv waren. Sie zogen aber daraus nicht den
Schluss, auf bessere Arbeitsbedingungen für die jüdischen Häftlinge zu pochen.
Vielmehr regten sie an, ›verbrauchte‹ Häftlinge rascher durch neue zu ersetzen.
Die ›verbrauchten‹ Häftlinge wurden in Birkenau vergast. Auch individuelle Bestrafungen von Häftlingen wurden von IG Managern angefordert und umgehend

von der SS durchgeführt. So wurde etwa der Librettist und Schriftsteller Fritz Löhner-Beda, der in Auschwitz ein trauriges »Bunalied« verfasst hatte, zu Tode geprügelt, nachdem sich IG-Farben Manager über dessen in ihren Augen zu niedrige Arbeitsleistung beschwert hatten (Schwarberg 2000, 158–71; Hilberg 1978, 596). Von insgesamt rund 35.000 beschäftigten Lagerinsassen starben mehr als 25.000 an den Folgen der Arbeit für den deutschen Blutgummi (Steinbacher 2004, 42). Die Lebenserwartung der Lagerinsassen lag bei durchschnittlich drei Monaten, zeitweise nur bei wenigen Wochen (Steinbacher 2004, 47; siehe als Bericht eines Überlebenden Levi 1988).

Nach Kriegsende: Die Gummigeschichte geht weiter

Mit dem Ende des zweiten Weltkrieges war die deutsche Kunstgummiproduktion aufgrund der langjährigen Förderung durch den nationalsozialistischen Staat technisch etabliert, trotz Kriegsschäden und trotz Demontagen. Der wirtschaftlichen Unterstützung bedurfte sie nun nur noch für eine Übergangszeit, weil sie preislich immer noch nicht mit dem Naturgummi konkurrieren konnte. Man fand in der jungen BRD die Lösung, dass eine Ausgleichskasse zu schaffen sei, in die alle kautschukimportierenden Betriebe pro Kilogramm importierten und verarbeiteten Kautschuks einen bestimmten Betrag zahlen sollten. Bundeswirtschaftsminister Erhard unterzeichnete die Verordnung PR Nr. 42/52 am 17. Mai 1952 (Kränzlein 1980, 114 f.). Die Kasse bestand bis 1958. Anschließend war der deutsche Kunstgummi wirtschaftlich so konkurrenzfähig, dass er ohne politische Unterstützung am Markt bestehen konnte. In der DDR, das mit dem Werk Schkopau eine große Produktionsstätte besaß, wurde der Kunstgummi im Rahmen der Planwirtschaft noch weitaus länger, nämlich bis zum Fall der Mauer politisch begleitet.

Nur das Blut und der Name Auschwitz klebten eben von nun an dem Stoff.

Einige IG Farben-Chemiker wurden für ihre Beteiligung an der IG Auschwitz in den Nürnberger Prozessen als Kriegsverbrecher verurteilt; sie kamen freilich bald wieder auf freien Fuß und setzten ihre Karriere in der chemischen Industrie ungebrochen fort. Die IG Farben zahlte darüber hinaus Überlebenden des Lagers eine Entschädigung, ehe sie aufgelöst wurde. Doch mit Entschädigungszahlungen allein war der erschütternden Vergangenheit nicht beizukommen. Der Kunstgummi wurde ja weiter produziert, also musste man auch über ihn erzählen. Nunmehr teilte sich die Buna-Erzählung in zwei Stränge. Der eine wurde in der DDR gesponnen, der andere in der BRD.

Elaste in der DDR: Rückkehr zur Utopie

Mit dem Schkopauer Buna-Werk lag eine große Fabrik für Kunstgummi auf dem Staatsgebiet der 1949 gegründeten DDR. Mit dem Wiederaufbau der Produktion musste auch die blutige Geschichte dieses Gummis aufgearbeitet werden.

Es entstand dabei wie aus alten Gummireifen ein runderneuertes Regenerat, das bemerkenswert leicht dahinrollte. Die Story vom Kampf gegen die Monopole, wohlvertraut aus der NS-Zeit, wurde dabei im Wesentlichen fortgeschrieben mit einigen Änderungen. Denn das eigentliche Ziel konnte natürlich erst im Arbeiter- und Bauernstaat erreicht werden. Nicht der nationalsozialistische Staat hat den Blutgummi überwunden, er hat vielmehr, weil vom Kapital gelenkt, das Buna für die Kriegswirtschaft genutzt. Die eigentliche Überwindung war dem Sozialismus vorbehalten. Wichtig ist dabei eine Kontinuität zwischen den NS-Geschichten und den DDR-Stories: Die Chemiker blieben auf der Seite der Guten, sie blieben Fortschrittsträger. Nicht sie hatten Schuld, sondern nur die IG-Direktoren. So richteten sich die Linien zwischen Freund und Feind neu.

Zunächst zögerlich; in Johannes Kropfs 1949 gedruckter kurzen Geschichte »Vom Blutgummi zum Buna« werden kaum Änderungen gegenüber den Geschichten aus der NS-Zeit vorgenommen. Dann aber sind die Fronten geklärt, und Peter Klemm, der sein Buch »Entthronte Götter – Geschichten um Rohstoffe« mit dem Kapitel »Blutgummi und BUNA« beginnt, erklärt die »Herren der IG Farben« nicht für Apostel des sauberen Gummis, sondern im Gegenteil für Kriegstreiber, für die eigentlichen Steigbügelhalter der Faschisten, die nichts anderes gewollte hätten als den Krieg, den sie nach der Lehre Lenins vom Imperialismus als letzter Stufe des Kapitalismus dringend herbeisehnten: »Die deutschen Imperialisten rechneten nicht nur mit ihm [dem Krieg – JS], sie strebten ihn an, weil sie ja immer noch die alten Ziele erreichen wollten, die sie im ersten Weltkrieg nicht erreicht hatten – die Neuaufteilung der Welt.« (Klemm 1960, 47). Während in den Sachbüchern der NS-Zeit die IG-Farben Direktoren durchweg positiv gezeichnet wurden, als echte Chemiker, die zugleich große Unternehmer sind, zog man nun einen Unterschied zwischen den kapitalistischen Herren und ›ihren Chemikern‹. Die Kapitalisten waren es, die den Krieg eigentlich verursacht hätten, sie und ihre ›Nazigeneräle‹. Die Chemiker werden nun als Opfer dargestellt, sie wurden von den Kapitalisten um die Früchte ihrer Arbeit gebracht, ja, in einen neuen Krieg verstrickt, der ihr ganzes Werk zu vernichten droht. Dramatisierend wird erklärt: »Nun, die IG-Farben brach zwar ein Monopol, aber der Konzern versuchte, zugleich ein neues zu errichten. Er wollte den synthetischen Kautschuk, das Ergebnis der wissenschaftlichen Leistung der Chemiker, monopolisieren. Aber dieses Monopol war schon gebrochen, noch bevor es überhaupt errichtet werden konnte, noch bevor es Buna gab oder Räder, die auf Buna rollten für den Krieg. Die Ursache dafür waren die Sowjetunion und der Sozialismus.« (Klemm 1960, 48). Ähnlich argumentiert auch Manfred Künne in seinem 1985 erschienenen Roman »Buna«, dem dritten Teil seiner großen Kautschuk-Trilogie. Erst der Sozialismus bricht Monopole, ohne neue zu errichten.

Der Kunstgummi und die weißen Kittel der Chemiker werden in dieser Literatur reingewaschen, indem die eigentlich Schuldigen benannt werden. Mit ihnen hat der Arbeiter-und-Bauernstaat abgerechnet. Damit war die Vergangenheit, was die DDR anging, ›bewältigt‹. Schon kann der Kunstgummi (›Elaste‹) wieder zur utopischen Substanz werden: »Aus dem stinkenden Vulkanisat, aus Gummi, Profit und Blut, wurde bei uns ein Werkstoff, den man, ohne sich zu beschmutzen, in die Hand nehmen kann. In ihm vereinigen sich das Wissen der Gelehrten, die bitteren Erfahrungen der Arbeiterklasse unter dem Kapitalismus und der Elan der Jugend. Es ist ein Vulkanisat aus angewandten Naturgesetzen und Gesetzen der gesellschaftlichen Entwicklung – aus Chemie und Sozialismus.« (Klemm 1960, 62).

Insgesamt also wird in der DDR-Literatur die große Geschichte aus der NS-Zeit fortgesetzt, allerdings mit wichtigen Umbesetzungen. Immer noch dient in dieser Literatur der Kunstgummi der Überwindung von Unterdrückung, hat eine globale Mission im Zeichen von Frieden, Freiheit und Gerechtigkeit und ist nicht nur Instrument nationaler Machtstrategien. Wer nun meint, dass diese Buna-Schriften aus der DDR peinliche Machwerke sind, die von Ideologie nur so triefen und mit der Realität kaum etwas zu tun hätten, hat die Schriften, die von den bundesdeutschen Gummiwerken publiziert wurden und werden, nicht gelesen. Verglichen mit modernen, von großflächigen Gedächtnisverlusten gekennzeichneten Gummi-Historien mancher heutiger Konzerne darf man die DDR-Schriften in all ihrer Verschrobenheit vielmehr als echte Aufklärung bezeichnen. Zwar ist die in allen sozialistischen Kunstgummi-Büchern vertretene Kriegsschuldthese, dass nicht Hitler, sondern die Kapitalisten den Krieg gewollt hätten, angesichts des enormen Export-Anteils der IG Farben wenig überzeugend. Doch immerhin wird in diesen Schriften der Versuch unternommen, den deutschen Blutgummi aufzuarbeiten. Gewiss ist das Ergebnis verzerrt und einseitig, aber es werden zumindest die zentralen Tatsachen festgestellt und die Namen der für die IG Auschwitz verantwortlichen Chemiker genannt. Die in Westdeutschland publizierten und für ein breiteres Publikum bestimmten Texte dagegen klammern das Thema meist vollständig aus.

Der ›Alleskönner‹: Buna in der BRD

Blutgummi? Hat es bei uns nie gegeben. So müsste jemand, der die populäre bundesdeutsche Gummiliteratur studiert, folgern. Nach der Zerschlagung der IG-Farben durch die Alliierten verfasste der unbelehrbare Karl Aloys Schenzinger einen IG-Farben-Trauerroman (Schenzinger 1953), in dem er in einer stark beschönigenden Darstellung deren großartige Verdienste nochmals in helles Licht stellte und gerade auch den Kunstgummi (neben dem Kunstdünger und dem synthetischen Benzin) pries. Von der IG Auschwitz ist in dem Buch nirgends die Rede und die IG-Farben-Mitarbeiter werden durchweg in einem positiven Licht dargestellt. Das wundert nicht, erstaunen muss aber, dass von den Buna-Werken der IG Farben in Auschwitz auch sonst in der bundesdeutschen Gummi-Literatur jener Zeit nirgendwo gesprochen wird. Nicht einmal Wilhelm Treues solide, Hitler-kritische Monografie über »Gummi in Deutschland« erwähnt das Buna-Werk im oberschlesischen Auschwitz, obwohl dieses mit rund 600 Millionen

Reichsmark eines der gewichtigsten Investitionsprojekte im Zweiten Weltkrieg war (Steinbacher 2004, 37). Diese Gedächtnislücke war nicht nur ein literarisches Phänomen, sondern ein soziales, wie man daran sieht, dass die Verantwortlichen für die IG Auschwitz in der deutschen chemischen Industrie, wie etwa Otto Ambros,[7] Walter Dürrfeld, Heinrich Bütefisch und Fritz ter Meer nach kurzer Haft im Landsberger Kriegsverbrecher-Gefängnis sehr bald wieder in der chemischen Industrie tätig waren. Diesen Chemikern, die alle wussten, dass in unmittelbarer Nähe der BUNA-Baustelle millionenfacher Massenmord verübt wurde, war klar, dass die Arbeitsbedingungen auf ihrer eigenen Baustelle und auf ihre Anordnungen hin nach durchschnittlich 3 Monaten zum Tode der Häftlinge führten (Wagner 2000, 325), die die Selektionen aktiv befördert hatten, sich teilweise daran beteiligt (so z. B. Dürrfeld)[8] hatten. denen der süßliche Geruch der verbrannten Frauen, Männer und Kinder aus den Krematorien (ebd., 274) um die Nase wehte, wenn sie vor Ort waren, um die Arbeiten zu beschleunigen waren sich hinterher keinerlei Schuld bewusst (ebd., 300–305). Ihre Vorgesetzten und Kollegen schlossen sich dieser Sicht der Dinge gerne an.

Die neuere historische Forschung hat die Verflechtungen von Chemie und Politik in der Synthesekautschukindustrie und insbesondere die IG Auschwitz zwar inzwischen gründlich aufgearbeitet.[9] Davon scheint man allerdings in manchen Nachfolgeunternehmen der IG Farben keine Notiz nehmen zu wollen. Denn nicht nur in den Jahren des ›Wirtschaftswunders‹, auch später, und sogar heute noch wird in der Gummi-Literatur der deutschen Industrie meistens das Verdrängen praktiziert. Ob man die Kunstgummi-Historien der Bayer AG, der Hüls AG oder, seit neuestem, der Lanxess AG durchsieht – das Wort Auschwitz findet sich darin nicht. Stattdessen wird einzelnen Verantwortlichen der IG Auschwitz, wie Otto Ambros, ein ehrendes Andenken gewidmet (siehe etwa die Bildeinlage in Kränzlein 1980). In dem vom Berliner Technikmuseum mitgestalteten, übrigens in anderer Hinsicht verdienstvollen Band »Gummi – die elastische Faszination« wird von 383 Seiten immerhin eine einzige dem Buna-Werk in Auschwitz gewidmet (Giersch/Kubisch 1995, 155). Der literarischen Amnesie entsprach die soziale Amnestie: Der wegen der IG Auschwitz im IG-Farben-Prozess verurteilte Kriegsverbrecher Fritz ter Meer erhielt, kaum hatte er das Gefängnis in Landsberg am Lech vorzeitig verlassen dürfen, unmittelbar 1950 ein Aufsichtsratsmandat der Bayer AG, und wurde von 1956 bis 1964 sogar Vorsitzender des Aufsichtsrats. Die Bayer AG gründete anlässlich seines 80. Geburtstages 1964 eine Fritz-ter Meer-Stiftung zur Förderung des Studiums naturwissenschaftlicher und technischer Fachrichtungen. Diese Stiftung bestand bis 2006, verteilte Stipendien und ging dann in der Bayer Science and Education Foundation auf.

---

7   Zu Ambros siehe mit neuen Quellen Westermann 2007, 87–96.
8   Wagner 2000, 218 f.
9   Siehe nur das zitierte Werk von Wagner mit weiteren Referenzen oder auch, mit Fokus auf den Chemischen Werken Hüls, die Studie von Lorentz und Erker (Lorentz/ Erker 2003).

Dies muss umso mehr verwundern, als das »Periodische System«, ein Buch des BUNA-Überlebenden Primo Levi, von vielen Chemikern gelesen wurde und wird. Die Ereignisse in Auschwitz deutet Levi dort freilich nur an, sein eigentliches Auschwitz-BUNA-Buch »Ist das ein Mensch?« ist unter Chemikern – meinem Eindruck nach – weniger bekannt.

Im Unterschied zur DDR-Literatur wird der Kautschuk in den späteren BRD-Geschichten nicht mehr als politische Substanz dargestellt. Es gibt hier einen erkennbaren Bruch in den Kautschukmythen. In den neueren, kurz vor und nach der Wende publizierten westdeutschen Konzernpublikationen wird der Kautschuk stattdessen als geschichtslose, unpolitische, dafür technisch perfekte Substanz dargestellt. Politisch relevant ist der Synthesekautschuk nur mehr insofern, als seine Produktion zum Wirtschaftswachstum beiträgt. So gliedert sich dieser neue, bescheidene Kautschukmythos in eine allgemeine Stimmung in der Bundesrepublik ein, für die der wirtschaftliche Erfolg im Mittelpunkt steht.[10] Aus dem ›Triumph der Vernunft‹ (Fischer 1938) wird in der Bayer-Festschrift 1988 ein »Triumph der Chemie« (Verg u. a. 1988, 248).

Ganz ähnlich wird der Kunstgummi in einer Festschrift zum ›100. Jubiläum‹ des Kunstkautschuks, die die Lanxess AG, der derzeit weltgrößte Hersteller von Synthesekautschuk für Reifen und Dichtungen herausgegeben hat, als »maßgeschneiderter« (Lanxess 2009, 13) Werkstoff gefeiert, dessen Eigenschaften seinen technischen Funktionen viel genauer angepasst seien, als dies beim Naturmaterial der Fall war. Innovation wurde nun zum Schlüsselbegriff der mythischen Aufladung, was sich in einer zum 100. Jubiläum der Erfindung des Synthesekautschuks herausgegebenen Schrift folgendermaßen anhört:

> »Ohne moderne Kautschukarten aus der Retorte wie zum Beispiel Therban®
> (HNBR = Hydrierter Acrylnitril-Butadien-Kautschuk), Levapren®, Levamelt®, Baymod® L (EVA = Ethylen-Vinylacetat-Kautschuk), Bapren® (CR
> = Chloropren-Kautschuk), Krynac®, PerBunan®, Baymond® N (NBR =
> Acrylnitril-Butadien-Kautschuk), Krylene® und Krynol® (Styrene-Butadien-Kautschuk) sowie BUNA® EP (EPM/EPDM = Ethylen-Propylen-Kautschuk)
> wären weder Mobilität noch Maschinenbau, weder Stromübertragung noch
> Raumfahrt, weder moderne Architektur noch Rohstoffförderung in ihrer heutigen Form möglich.« (Lanxess 2009, 13).

Der synthetische Gummi ist nun ein international aktiver »vielseitiger Problemlöser« (ebd., 15), »Formel für Erfolg« (ebd., Umschlag) oder einfach ein ›Alleskönner‹. Er erscheint in der Vielfalt seiner Anwendungsmöglichkeiten geradezu als Verwirklichung des alchemistischen Traumes von einem *homunculus paracel-*

---

10   Siehe die Aussage von Werner Abelshauser, dass »Deutsche Geschichte seit 1945 vor allem Wirtschaftsgeschichte ist« (Abelshauser 2004, 11), dass ferner die »westdeutsche Bundesrepublik [...] lange einer erfolgreichen Wirtschaft auf der Suche nach ihrem politischen Daseinszweck« glich (Abelshauser 2004, 11).

si, einem im Kolben erzeugten, halbmenschlichen Helfer in allen Lebenslagen. Nützlich ist er allüberall – eine *materia universalissima*.

Ängstlich vermeidet es dieser friedfertige Gummi, aggressiv zu wirken; vielmehr ist er ein überzeugter Pazifist, der überall dabei ist, wo Menschen Spaß haben. Möglicherweise wird deshalb das Jubiläum vom Unternehmen auf das Jahr 2009 verlegt, weil man auf diese Weise den Kunstgummi als unschuldige wissenschaftliche Entdeckung des Jahres 1909 feiern und den Rüstungsbezug in den Hintergrund stellen kann. Das Kriegsjahr 1915 kam für den Konzern wohl nicht in Betracht und erst recht nicht das Jahr 1936, obwohl diese eher den Anspruch erheben könnten, als eigentliche Geburtsjahre des Kunstgummis zu gelten. So erfindet man sich eine nagelneue Vergangenheit, die falsch nicht in dem ist, was sie sagt, sondern in dem, was sie verschweigt. Gewiss haben Jubiläumsbände von Unternehmen eine andere Funktion als wissenschaftliche Studien. Sie sollen werben, das Selbstbewusstsein derer kräftigen, die den Stoff herstellen, handeln oder mit ihm arbeiten. Nicht nur in der Chemieindustrie geraten solche Jubiläumsbände oft zu jener ›monumentalischen Historie‹, von der Nietzsche in seiner zweiten »Unzeitgemäßen Betrachtung« spricht. Triviale Substanzen werden in solchen Kontexten geradezu zwangsläufig zu ›Helden‹, zu ›Alleskönnern‹, deren ›Siegeszüge‹ besungen werden. Es befremdet aber, wenn die Begeisterung für den Stoff und für die eigene Firma soweit geht, dass die massive Verstrickung in den Holocaust gänzlich ausgeblendet wird.

Buna heute

Der deutsche Kunstgummi Buna war die Keimzelle der Plastikwelt, in der wir heute leben, weil viele wichtige Kunststoffe im Zuge der Kunstgummi-Forschung entwickelt wurden (siehe schon die Aufzählung bei Franzke 1939, 60). Diese Ableger haben den Kunstgummi nach und nach überwuchert und ihm seine allseits sichtbare Alleinstellung genommen. Heute ist er nur noch ein synthetisches Material unter vielen und nicht einmal das bekannteste. Auch deshalb dient er heute nicht mehr der gezielten nationalen Mythenbildung. Und doch sind wir in die Geschichte dieses Kunstgummis in einer Weise verstrickt, die es schwer macht, in ihm ein ganz normales Produkt der synthetischen Chemie zu sehen, ein Produkt unter vielen. Und zwar nicht deshalb, weil Buna immer noch für angebliche oder wirkliche Tugenden der Deutschen und insbesondere für die Fähigkeiten deutscher Chemiker stünde, auf die wir alle stolz sein können und denen wir nacheifern sollen. Sondern genau im Gegenteil, weil er uns an erschreckende Untugenden erinnert, an individuelles und kollektives moralisches Versagen.

Die Buna-Geschichte ist untrennbar verwoben nicht nur mit technischer Intelligenz, weitblickender Kühnheit und wissenschaftlicher Kreativität, sondern ebenso sehr mit dem blindem Erfolgswillen, der Brutalität und einer tiefsitzenden moralischen Apathie einer großen und maßgebenden Gruppe deutscher Chemiker. Deren Handeln führte dazu, dass Buna, der ›Triumph der Vernunft‹

und Auschwitz, die ›Endlösung der Judenfrage‹ unlösbar miteinander verbunden wurden. Das eine wurde mit dem anderen ›zweckmäßig‹ und in der Sicht der damaligen Akteure ›vernünftig‹ verkoppelt. Auschwitz sollte die weltgrößte Bunafabrik ausbrüten. Weil diese Verbindung geschaffen wurde, ist Buna auch heute noch, jedoch in ganz anderem Sinn als vor 100 Jahren, ein deutscher Stoff. Seine Geschichte, die jeden, der sie kennenlernt, aufwühlt, ist deshalb auch jenseits der fachlichen Fragestellungen der Wissenschafts- und Technikgeschichte von Belang. Sie geht uns alle an.

Literatur

Abelshauser 2004: W. Abelshauser, Deutsche Wirtschaftsgeschichte seit 1945. Bonn: Bundeszentrale für politische Bildung 2004.

Conrad 1902: J. Conrad, Youth: A Narrative and Two Other Stories (Heart of Darkness). London: Blackwood & Sons 1902.

Erker 2005: P. Erker, Vom nationalen zum globalen Wettbewerb. Die deutsche und die amerikanische Reifenindustrie im 19. Und 20. Jahrhundert. Paderborn – München – Wien – Zürich: Schöningh 2005.

Fischer 1938: K. Fischer, Blutgummi. Roman eines Rohstoffs. Berlin: Kommodore Verlag von Killisch-Horn & Co 1938.

Fleck 1980: L. Fleck, Entstehung und Entwicklung einer wissenschaftlichen Tatsache. Einführung in die Lehre vom Denkstil und Denkkollektiv. Frankfurt a. M.: Suhrkamp 1980.

Franzke 1939: L. Franzke, Vom Kautschuk zum BUNA. Berlin: Limpert Verlag 1939.

Fuhrmeister 2001: Ch. Fuhrmeister, Beton, Klinker, Granit – Material, Macht, Politik. Eine Materialikonographie. Berlin: Verlag für Bauwesen 2001.

Giersch/Kubisch 1995: U. Giersch/U. Kubisch, Gummi. Die Elastische Faszination. Berlin: Nicolai 1995.

Hardenburg 1913: W. E. Hardenburg, Putumayo – The Devil's Paradise. Travels in the Peruvian Amazon Region and an Account of the Atrocities Committed upon the Indians Therein. London: Fischer Unwin 1913.

Hilberg 1978: R. Hilberg, The Destruction of the European Jews. New York: Octagon Books 1978.

Hofmann 1936: F. Hofmann, BUNA und Kriegskautschuk aus Kohle. Die Naturwissenschaften 27, 1936, 423–26.

Jackson 2008: J. Jackson, The Thief at the End of the World: Rubber, Empire and the Obsessions of Henry Wickham. London: Duckworth Overlook 2008.

Jünger 1940: W. Jünger, Kampf um Kautschuk. Leipzig: Goldmann Verlag 1940 [Erstausgabe: 1937].

Klemm 1960: P. Klemm, Entthronte Götter. Geschichten um Rohstoffe. Berlin: Verlag Neues Leben 1960.

Kränzlein 1980: P. Kränzlein, Chemie im Revier. Hüls. Düsseldorf – Wien: Econ Verlag 1980.

Kropf 1949: J. Kropf, Vom Blutgummi zum BUNA. Werner und Peter auf Entdeckungsfahrten, Heft 9. Halle: Mitteldeutscher Verlag 1949.

Künne 1985: M. Künne, Buna. Roman eines Kunststoffes. Halle – Leipzig: Mitteldeutscher Verlag 1985.

Kuhn 1976: Th. S. Kuhn, Die Struktur wissenschaftlicher Revolutionen. Zweite revidierte und um das Postskriptum von 1969 ergänzte Auflage. Frankfurt a. M.: Suhrkamp 1976.

Lanxess 2009: Lanxess AG (Hrsg.), 100 Years Synthetic Rubber. Formel für Erfolg. Leverkusen: Lanxess AG 2009.

Lautenbach 1995: A. Lautenbach (Red.), Buna 4. Hamburg: Edition Nautilus 1995.

Levi 1988: P. Levi, Ist das ein Mensch? Die Atempause. München: Hanser Verlag 1988.

Lorentz/Erker 2003: B. Lorentz/P. Erker, Chemie und Politik. Die Geschichte der Chemischen Werke Hüls 1938 bis 1979. Eine Studie zum Problem der Corporate Governance. München: Beck 2003.

Lüdersdorff 1832: F. Lüdersdorff, Das Auflösen und Wiederherstellen des Federharzes, genannt: Gummi elasticum. Zur Darstellung luft- und wasserdichter Gegenstände. Berlin: Boike 1832.

Marx 1983: K. Marx, Das Kapital. Kritik der Politischen Ökonomie. Erster Band. Hamburg 1867. In: Karl Marx, Friedrich Engels Gesamtausgabe (MEGA), Zweite Abteilung, Bd. 5. Berlin: Dietz Verlag 1983.

Morel 1906: E. D. Morel, Red Rubber: The Story of the Rubber Slave Trade Flourishing on the Congo in the Year of Grace 1906. New York: The Nassau Print. [Reprint University Press of the Pacific, Honolulu, Hawaii 2005].

Morris 1989: P. J. T. Morris, The American Synthetic Rubber Research Program. Philadelphia: University of Pennsylvania Press 1989.

Schenzinger 1937: A. Schenzinger, Anilin. Berlin: Zeitgeschichte Verlag 1937.

Schenzinger 1953: Ders., Bei I.G. Farben. München: Andermann Verlag 1953.

Schneider 2004: T. Schneider, Bestseller im Dritten Reich. Ermittlung und Analyse der meistverkauften Romane in Deutschland 1933–1944. Vierteljahreshefte für Zeitgeschichte 1, 2004, 77–97.

Schwarberg 2000: G. Schwarberg, Dein ist mein ganzes Herz. Die Geschichte von Fritz Löhner-Beda, der die schönsten Lieder der Welt schrieb und warum Hitler ihn ermorden ließ. Göttingen: Steidl 2000.

Semper 1878: G. Semper, Der Stil in den technischen und tektonischen Künsten oder Praktische Aesthetik. Bd. 1: Textile Kunst. München: Bruckmann's Verlag ^{2}1878.

Soentgen 2013: J. Soentgen, Die Bedeutung indigenen Wissens für die Geschichte des Kautschuks. Technikgeschichte 80, 4, 2013, 295–324.

Soentgen 2014a: Ders., Buna-N/S. Merkur. Deutsche Zeitschrift für Europäisches Denken 782, 2014, 587–97.

Soentgen 2014b: Ders., Volk ohne Stoff. Vom Mythos der Ressourcenknappheit. Merkur, Deutsche Zeitschrift für europäisches Denken 2, 2014, 182–86.

Steinbacher 2004: S. Steinbacher, Auschwitz. Geschichte und Nachgeschichte. München: Beck 2004.

Streb 2003: J. Streb, Staatliche Technologiepolitik und branchenübergreifender Wissenstransfer. Über die Ursachen der internationalen Innovationserfolge der deutschen Kunststoffindustrie im 20. Jahrhundert. Jahrbuch für Wirtschaftsgeschichte, Beiheft 4. Berlin: Akademie Verlag 2003.

Taussig 1984: M. Taussig, Culture of Terror – Space of Death. Casement's Putumayo Report. Comparative Studies in Society and History 26, 1984, 467–97.

Treue 1955a: W. Treue (Hrsg.), Hitlers Denkschrift zum Vierjahresplan 1936. Vierteljahreshefte für Zeitgeschichte 3, 1955, 184–210.

Treue 1955b: Ders., Gummi in Deutschland. Die deutsche Kautschukversorgung und Gummiindustrie im Rahmen weltwirtschaftlicher Entwicklungen. München: Bruckmann 1955.

Verg u. a. 1988: E. Verg/G. Plumpe/H. Schultheis, Meilensteine. Leverkusen: Bayer AG 1988.

Wagner 2000: B. C. Wagner, IG Auschwitz. Zwangsarbeit und Vernichtung von Häftlingen des Lagers Monowitz 1941–1945. München: Saur 2000.

Westermann 2007: A. Westermann, Plastik und politische Kultur in Westdeutschland. Zürich: Chronos 2007.

Wex 1990: M. Wex, Stichwort »ter Meer, Fritz«. In: Historische Kommission der Bayerischen Akademie für Wissenschaften (Hrsg.), Neue Deutsche Biographie Bd. 16. Berlin: Duncker & Humblot 1990, 606–8. [Verfügbar unter: http://www.deutsche-biographie.de/ppn138932778.html (Zugriff: 23. Dezember 2014)].

Zischka 1937: A. Zischka, Wissenschaft bricht Monopole. Leipzig: Goldmann Verlag 1937.

MARTIN HOLBRAAD

Das ›Wilde Denken‹ in Dingen: Ethnologie und Pragmatologie[*]

ZUSAMMENFASSUNG: Diese Arbeit präsentiert eine Analyseart, die es den Dingen erlaubt, ihre eigenen Begriffe der Analyse festzulegen, indem sie das logische Extrem der jüngsten Arbeiten zum Posthumanismus erfasst. Könnte die gefeierte posthumanistische Emanzipation der Dinge – ihre Befreiung aus den Beschränkungen des *Humanismus*, des *Logozentrismus* und anderer modernistischer Vorstellungen – auf ihrer eigenartigen Fähigkeit beruhen, die ontologischen Thesen, die wir als Analysierende aufstellen könnten, zu destabilisieren? Könnten die Dinge selbst entscheiden, was sie sind? Dies wird mit Bezug auf eine Untersuchung der metaphysischen Kraft eines bestimmten Puders, das für die Ausübung von Ifá-Divinationen in Kuba gebraucht wird, erörtert. Was eine modernistische Ontologie als *materielle Eigenschaften* des fraglichen Puders bezeichnen würde (Vielseitigkeit, Durchlässigkeit, Bewegung usw.), hat einen großen Einfluss auf die Konzeptualisierung dessen, was das Puder sein und worin seine Kraft liegen könnte. Der Begriff Pragmatologie wird vorgeschlagen, um die Herangehensweise zu beschreiben, die dazu führt, dass die spezifischen Potenziale der Dinge zu besonderen Konzepten werden. Pragmatologie soll demnach der Ausdruck der konzeptuellen Affordanzen der Dinge sein – ihre Fähigkeit, einen Unterschied in ihrer eigenen Analyse zu bewirken.

ABSTRACT: Taking to their logical extreme recent writings on posthumanism, this chapter charts out a mode of analysis that allows things to generate their own terms of analytical engagement. Might the feted posthumanist emancipation of the thing – its liberation from the bonds of ›humanism‹, ›logicentrism‹ and other modernist imaginaries – be shown to consist in its peculiar capacity to unsettle whatever ontological assumptions we, as analysts, might make about it? Might things decide for themselves what they are? The argument is made with reference to a study of the metaphysical power of a certain powder used in the practice of Ifá divination in Cuba. What a modernist ontology would designate as the ›material properties‹ of the powder in question (its multiplicity, perviousness, motility and so on) turns out to have an irreducible effect on the manner in which what this powder might be, and in what its power may reside, is conceptualized. The term pragmatology is proposed to describe this manner of precipitating things' own capacity to turn into concepts. Pragmatology,

---

[*] Übersetzt von Hans Peter Hahn (02.12.2014). Dieser Beitrag ist eine Übersetzung und Überarbeitung eines Textes, der im Original unter dem Titel »Things as Concepts: Anthropology and Pragmatology« veröffentlicht wurde (Holbraad 2013). Er ist eine komprimierte Wiedergabe von Gedanken, die zuerst unter dem Titel »How things can unsettle« (Holbraad 2012b) und »Can the thing speak?« (Holbraad 2011) publiziert wurden.

then, is proposed as the expression of things' conceptual affordances – their capacity to make a difference to their own analysis.

SCHLÜSSELBEGRIFFE/KEYWORDS: Dinge, Konzepte, Pragmatologie, Posthumanismus, Ontologie/Things, concepts, pragmatology, posthumanism, ontology

Einleitung

Viel wurde geschrieben in der Ethnologie über die Möglichkeit einer posthumanistischen, kritischen Wissenschaft. Könnte eine solche Wissenschaft dazu beitragen, Dinge (Objekte, Artefakte, Materialitäten) zu emanzipieren von der erdrückenden Last epistemologischer und ontologischer Bindungen, die durch Humanismus und Logozentrismus sowie durch andere modernistische Imaginationen verursacht wurden?[1]

Das Anliegen dieses Beitrages ist die Weiterführung dieses Projekts durch die Präsentation einer ethnologischen Analyse, die das Potenzial besitzt, den Dingen ihre *eigenen* Begriffe der Analyse zuzuweisen. Dabei fasse ich ›Dinge‹ als etwas auf, das mit den ›Dingen als solchen‹ verwandt ist, auch wenn das ausschließlich in einem streng heuristischen Sinne gelten kann. Möge hier und anhand der Beispiele die gefeierte posthumanistische Emanzipation als ein spezifisches Potenzial erkennbar werden, mit dessen Hilfe alles das in Frage gestellt wird, was bislang von uns im analytischen Denken als ontologische Annahme vorausgesetzt wird. Vielleicht handelt es sich bei diesem Projekt um eine Revision ontologischer Voraussetzungen der posthumanistischen Wende insgesamt.

Mit diesem Beitrag ist eine ganz spezifische Vision verbunden: Könnten die Dinge möglicherweise selbst entscheiden, *was sie sind*, und, indem sie dies tun, sich emanzipieren von uns, den Menschen, die ständig vorgeben, was sie zu sein haben? Könnten sie, wenn man so will, ihre eigenen Ding-Theoretiker werden, als Erzeuger (und nicht als Objekte) unserer analytischen Konzepte (siehe Viveiros de Castro 2002)?

Als Hintergrund zu meinem Fallbeispiel verwende ich den berühmten Begriff vom ›Wilden Denken‹, auch wenn wir später sehen werden, dass Begriffe wie dieser sich eher zerstörerisch auf das auswirken können, was ich als eine Erwartung an ein wirklich ›Wildes Denken‹ auffasse: Dass nämlich Dinge nicht einfach nur als Ermöglichung des Denkens der von Ethnologen untersuchten Menschen (diejenigen, die einmal ›Wilde‹ genannt wurden) wirken, sondern das ethnologische Denken selbst beeinflussen.

Wenn das gelingt, dann wären die Dinge nicht nur eine Basis für die ›Wissenschaft des Konkreten‹ der ›Wilden‹, wie es Lévi-Strauss (1966) selbst formuliert hat, sondern sie wären vielmehr eine Grundlage für Denkweisen, die wild genug sind, um die konzeptuelle Ordnung von Kultur in wissenschaftlichen Analysen insgesamt zu hinterfragen. Dies gilt gerade auch für ethnografische Analy-

---

1   Siehe Strathern 1990; Gell 1998; Latour 2005; Miller 2005; sowie für einen kritischen Kommentar Fowles 2008; 2010.

Abb. 1:   *Aché*-Puder auf der Oberfläche des Orakelbretts (*tablero*) (© M. Holbraad).

sen (die ich hier als Ausgangspunkt verwenden werde). Ich beginne mit meinem Fallbeispiel; es zeigt, wie eine solche ethnologische Konkretisierung aussehen könnte, und zwar mit Bezug auf *aché*, eine der ganz grundlegenden Vorstellungen in der berühmten afrokubanischen Tradition der Ifá-Divination, die ich in Kuba seit 1998 untersuche.[2]

Die Macht des Puders

Ganz ähnlich wie bei der bekannten Idee des *mana* in Ozeanien ist *aché* ein Name oder ›Etikett‹. Er wird nur von Experten verwendet, in diesem Falle von den in den Ifá-Kult initiierten Orakelmeistern, die man mit dem Titel *babalawo* bezeichnet. *Aché* wird in zahlreichen verschiedenen Kontexten verwendet. Insbesondere verweist es in einer abstrakten Weise gleichzeitig auf den ›Puder‹ als auch auf die ›Fähigkeit‹ (*facultad*) zur Divination, für die diese Männer bekannt sind. (›Um die Divination praktizieren zu können, musst Du *aché* haben‹, würden sie sagen.) Zugleich, und in einem sehr viel spezifischeren Sinne, werden damit bestimmte Arten von Puder bezeichnet, die als wichtige Zutaten angesehen werden, um Gottheiten während einer spirituellen Sitzung zur Erscheinung und

2   Für einen detaillierten ethnografischen Bericht siehe Holbraad 2007.

 Martin Holbraad

Abb. 2:   Ein vollständiges *oddu* (© *M. Holbraad*).

zum Sprechen zu bringen. Unter den vielen Varianten, in denen die Notwendigkeit dieser speziell zubereiteten Puder für das Ifá-Ritual beschrieben wird, kann seine Rolle als Register (*registro*) als besonders bedeutungsvoll angesehen werden. Es geht dabei um die Orakelkonfigurationen, durch die Orula, der Gott der Divination, während des Rituals als ›Sprechend‹ betrachtet wird. Der Puder wird auf einem Orakelbrett ausgestreut, das die *babalawos* für die hochzeremoniellen Divinationen für ihre Klienten (insbesondere während der Initiation von Neophyten) verwenden. Der Puder wird zum Medium, durch das die Worte des Orula erscheinen. Dies geschieht in der Form einer Folge von ›Zeichen‹ (*signos*, auch mit dem originalen Yoruba-Begriff als *oddu* bezeichnet), die von den *babalawo* an der Oberfläche des Puders entsprechend einer komplexen Prozedur markiert werden. Dabei kommen spezielle Palmnüsse zum Einsatz; jede Konfiguration dieser Nüsse kann als ein besonderes Zeichen gelesen werden. Manchmal werden solche Figuren auch als Ausdrucksweisen von Orula selbst verstanden. Die dabei entstehenden Figuren werden aus acht einfachen oder doppelten, vom *babalawo* mit dem Mittel- oder Ringfinger in den Puder gezeichneten Linien gebildet und gelten als mächtige divinatorische Zeichen. Man betrachtet sie gelegentlich auch als ein auf dem Orakelbrett sichtbar werdendes ›Resultat‹ (*salen*) aus eigenem Recht. Diese Figuren im Puder gelten als Evidenz dafür, dass die *babalawos* sich in der Gegenwart eines göttlichen Wesens befinden. Mithin sind sie ein Symbol, das für sich selbst steht, wenn es so etwas überhaupt geben kann (*sensu* Wagner 1986).

Wie die *babalawos* betonen, ist der Puder selbst ein unverzichtbarer Bestandteil, um diese Äußerungen der göttlichen Wesenheit hervorzubringen. Wenn es richtig und entsprechend der nur den *babalawos* bekannten Rezepte zubereitet wird und unter dem Namen *aché de Orula* angesprochen werden kann, dann, und nur unter diesen Bedingungen, hat er die Macht, Gottheiten gegenwärtig zu machen. Der *aché*-Puder leistet dies nicht einfach, indem er eine ›Oberfläche‹ bereitstellt, auf der die Gottheiten auf dem Orakelbrett erscheinen können, sondern auch und viel mehr, indem er einen notwendigen Bestandteil für die Anerkennung des sakralen Charakters aller während der Divination gebrauchten Dinge darstellt. Dies schließt auch das Orakelbrett selbst mit ein sowie die Palmnüsse und verschiedene andere, von den *babalawos* speziell für dieses Ritual schon seit ihrer Initiation geweihten Gegenstände. Wie die Orakelmeister erklären, würde keines dieser Dinge ›funktionieren‹, wenn sie nicht ordnungsgemäß für diese Aufgabe geweiht worden wären. Dies umfasst auch eine ›Aufladung mit *acheses*‹, d. h., mit *aché*-Puder, was mithilfe von geheimen Ritualen vollzogen wird.

Konzepte versus Dinge

An anderer Stelle habe ich erklärt, auf welche Weise das Konzept des *aché* in ganz offensichtlicher Weise einige der zentralen Vorbedingungen erfüllt, die Lévi-Strauss' Konzept des ›Wilden Denkens‹ kennzeichnen. Das gilt z. B. für die Gegensätze, die er mit ›frei beweglichen Signifikanten‹ verknüpft, die ihrerseits die Fähigkeit haben, ganz Verschiedenes zu bezeichnen. Übertragen auf *aché* ist das z. B. die Überlagerung von Puder und Macht als zwei Bedeutungen eines Konzepts. Das gleiche Ding (= der Puder) wäre jedoch außerhalb des Rituals vollkommen bedeutungslos (Lévi-Strauss 1987; siehe Holbraad 2007; 2012a). Wir können soweit feststellen, dass, durch das Lévi-Strauss'sche Prisma ethnologischer Prämissen gesehen, der Fall von *aché* ein beispielhaftes ethnologisches Phänomen darstellt, in dem verschiedene Auffassungen von Rationalität vermischt werden (das, was er ebenso spielerisch wie geschickt ›Wildes Denken‹ genannt hat).

Ganz ähnlich wie in vielen klassischen ethnologischen Kontroversen über die sogenannten ›scheinbar irrationalen Glaubensauffassungen‹ (Sperber 1985) – zum Beispiel Nuer-Zwillinge, die Vögel sind (Evans-Pritchard 1956; Evens 2012) und Bororo Männer, die rote Macau-Papageien sind (Smith 1978) – scheinen wir hier mit einer Serie von Konzepten konfrontiert zu werden, die, um das mindeste zu sagen, jedem intuitiven Verständnis entgegenstehen. Natürlich entspricht die terminologische Überlappung von *aché* als ›Macht‹ und zugleich ›Puder‹ auf den ersten Blick einer ontologischen Überlappung. Dies gilt auch deshalb, da, wie die *babalawos* selbst bestätigen, die Fähigkeit eines Orakelmeisters, die Gottheit zur Anwesenheit zu bringen, unweigerlich eine Funktion seiner Fähigkeiten ist, mit dem geweihten Puder richtig umzugehen, nämlich so wie er es als Initiand gelernt hat.

In diesem Sinne ist Puder zugleich Macht. Und dies führt scheinbar gleich zur klassischen ethnologischen Frage: Warum können kubanische Orakelmeister und ihre Klienten überhaupt an ein solches Konzept ›glauben‹? Können sie wirklich das meinen, was sie sagen, oder ist es doch eher metaphorisch gemeint? Wenn ihr Glauben ein wörtlicher ist oder, wenn sie wirklich ernsthaft das glauben, was sie sagen, wie kann man einen solchen ›offensichtlich irrationalen Glauben‹ ethnologisch erklären (West 2007)?

An dieser Stelle sollte angemerkt werden, dass die ›klassische Form‹, in der diese Frage formuliert wurde, dem Puder alles das nimmt, was man als seine ihm eigene *Perversität* bezeichnen könnte. Um auch nur die Frage stellen zu können, warum bestimmte Menschen daran glauben, eine spezielle Form von Puder habe die Macht Gottheiten herbeizurufen, muss stillschweigend vorausgesetzt werden, dass dies auf den ersten Blick nicht der Fall sein kann (und darf). Zu unterstellen, dass die zentrale ethnologische Frage diejenige nach dem ›Glauben‹ in eine Verwandlung von Puder zu Macht sein könnte, setzt eine zentrale Annahme voraus. Diese Annahme unterstellt, dass ein solcher Glaube als eine besondere Art und Weise übersetzt werden kann, mit der die fraglichen Personen Repräsentation von Dingen in ihrer Mitte verstehen. Repräsentationen – also Bedeutungen, Imagination, soziale Konstruktionen – wären dann so etwas wie die Gleichung ›Puder = Macht‹. Eine solche Annahme wiederum beruht auf einem fundamentalen Axiom modernen Denkens, nämlich der Unterscheidung zwischen einerseits den Dingen, so wie sie in der Lebenswelt erfahren werden, und andererseits den verschiedenen und variablen Konzepten, die von Menschen an die Dinge angeheftet werden.

Und in der Tat, so lange die Analyse von *aché* im Rahmen einer solchen axiomatischen Unterscheidung zwischen Dingen und Konzepten verharrt, so lange gibt es auch keine andere Möglichkeit, als *aché* außerhalb dieses Rahmens stehend zu denken. So lange wir sicher wissen, dass dieser Puder nichts ist als eine staubige, auf dem Orakelbrett ausgestreute Substanz, so lange kann es keine andere Frage geben außer der, warum überhaupt die Kubaner denken, dass ein solcher Puder auch eine Art von Macht darstellen könne.

Die Bewegung hin zu posthumanistischen Analysen von materiellen Dingen ist wenigstens zum Teil dadurch motiviert, zu vermeiden, dass Fragen in dieser Weise gestellt werden. Und man wollte damit eine offensichtliche Perversität überwinden, die darin besteht, Alternativen zu unserer eigenen Metaphysik – sie besteht in der Logik ›Konzepte versus Dinge‹ – immer wieder doch auf der Grundlage des Eigenen zu erklären. Für kubanische Orakelmeister ist Puder zugleich Macht, wir hingegen beharren auf der Frage, warum sie wohl daran ›glauben‹, weil es aus unserer Sicht nun einmal nicht so sein kann. Daher kommt die Neigung für sogenannte ›relationale‹ ontologische Zugriffe in vielen aktuellen Texten zu ›materieller Kultur‹ (man beachte das Oxymoron schon in dem Begriff). ›Relationale‹ ontologische Zugriffe sollen auf die eine oder andere Weise dazu führen, die Logik von ›Konzepte versus Dinge‹ auszulöschen, oder wenigstens zu unterlaufen.[3]

Allerdings ist es mein Interesse, nicht einfach nur den konzeptuellen Imperialismus zu beschwichtigen, indem mit den Dingen eine alternative ontologische Ordnung verknüpft wird (z. B. ›relational‹, ›symmetrisch‹, ›vital‹). Vielmehr möchte ich nach Möglichkeiten suchen, die Dinge von jedwedem *a priori* definierten, ontologischen Determinismus zu befreien. Durch eine solche Befreiung würden die Dinge die Autorität erhalten, aus sich selbst heraus ihre eigenen Begriffe eines analytischen Engagements vorzugeben. Für meinen Vorschlag ist es wirklich entscheidend, die Konzept-Ding-Dichotomie zu überwinden, und zwar nicht nur als ein Thema einer substantiellen ontologischen Revision, sondern viel mehr als ein Punkt der analytischen Methode. Im Folgenden werde ich diesen Vorschlag um einige konkrete Hinweise auf sich daraus ergebende Veränderungen der Methodologie ergänzen (siehe Henare u. a. 2007; Holbraad 2009; 2011; 2012a).

Schritt I: Dinge als heuristische Elemente

In jedem beliebigen ethnografischen Kontext ist es möglich, auf die eine oder andere Weise materielle Dinge auch als Nicht-Dinge zu betrachten (z. B. ein scheinbar ›materieller‹ Puder, der, wie unser Beispiel gezeigt hat, auch eine ›im-

---

3   Siehe dazu Latour 1993; 2005; Ingold 2000; 2007; Bennett 2010; Olsen 2010.

materielle‹ Macht darstellt).[4] In diesem Kontext kann die Vorstellung von einem ›materiellen Ding‹, ethnologisch gesehen, auch als ein heuristisches Instrument begriffen werden und nicht so sehr als eine analytische Position. Mit anderen Worten, sollte es nicht die erste analytische Aufgabe sein, dem theoretischen Rahmen von ›Ding‹ einfach neue Arten des Nachdenkens überzustülpen.[5] Anstelle dessen sollte es das Ziel sein, das Ding effektiv zu detheoretisieren, indem man zunächst einmal die zahlreichen analytischen Konnotationen herausnimmt und auf diese Weise daraus eine reine ›ethnografische Form‹ macht. Nur eine solche ›leere‹ Form ist dann geeignet, in kontingenter Weise und entsprechend der spezifischen ethnografischen Befunde mit Handlungsräumen aufgefüllt zu werden.

Dieses Verfahren sollte hier kurz anhand der bereits eingeführten Fallstudie erläutert werden: Wenn die *babalawos* den Puder ansprechen, so nutzen sie den Begriff ›Ding‹. Wenn der Begriff ›Ding‹ impliziert, dass dieses Ding nicht zugleich eine Form metaphysischer Macht *sein* kann, so ist es vielleicht besser, diesen Puder nicht als ›Ding‹ zu bezeichnen. Vielleicht wäre es besser, das Wort ›Puder-Ding‹ lediglich als ein Etikett für ein Objekt der Forschung zu verstehen. Man sollte zu einer solchen Bezeichnung kommen, ohne dass damit irgendeine voreilige Festlegung verbunden wird, worum es sich bei diesem ›Ding-Puder‹ handeln könnte.

Schritt II: Konzept = Ding

Wenn wir einmal vorläufig akzeptieren, dass es möglich ist, Dinge in ihrem eigenen Rahmen analytischer Zugänge zu belassen, dann wären sie folglich von jeglichen *a-priori*-Festlegungen befreit. Unter diesen Bedingungen wäre es der zweite Schritt, dem Ding-Puder zu gestatten, mit (potenziell) alternativen, analytischen Zugängen angereichert zu werden.

Wir können diese Form der methodologischen Zurückhaltung um der heuristischen Klarheit willen mit einer Formel kennzeichnen. Sie würde lauten ›Konzepte = Dinge‹. Gemäß diesem methodologischen Edikt müsste man damit aufhören, von den Repräsentationen der Dinge zu sprechen, wenn es darum geht, wie Menschen über sie reden, was sie mit ihnen tun, oder auf welche Weise sie durch Dinge verschiedene Bedeutungen konstruieren (z. B. mit Hilfe sozialer Strukturen). Anstelle dessen müsste man alle diese Umgangsweisen als Definitionen auffassen, als Definitionen darüber, *was diese Dinge überhaupt sind.* Das

---

4　　Für die klassischen Argumente in diesem Feld, mit besonderer Referenz zu den Dingen, die von Ethnologen ›Gaben‹ genannt werden, siehe Mauss 1990; Strathern 1988; Henare u. a. 2007, 16–23.

5　　Dieses ›Überstülpen‹ wäre z. B. dann gegeben, wenn man die Dinge als einen Ort der Objektivierung von Menschen (Miller 1987; 2005), oder als einen Ausdruck von Handlungsräumen (Gell 1998), oder als ein fortlaufendes Ereignis von sich immer ändernden Assemblagen (Latour 1993; 2005) beschreiben würde.

würde einen freien Raum eröffnen, in dem die Frage, auf welche Weise Dinge existieren, neu gestellt werden könnte: Was ist Materialität, Objektivierung, Handeln? All das ist nun offen für neue Zugriffe, es wird ein Thema ethnografischer Erkenntnis und für die analytische Arbeit, die uns jetzt in diesem zweiten Schritt abverlangt wird.

Um noch einmal auf das kubanische Beispiel zurückzukommen: Die Idee lautet, alles das, woran die *babalawos* und ihre Klienten bezüglich des *aché*-Puders vermutlich ›glauben‹, als Elemente einer neuen Definition darüber zu verwenden, was ein ›Ding‹ eigentlich *sein* könnte. Kubanische Orakelmeister ›glauben‹ nicht einfach, dass Puder eine Form der Macht ist, sondern sie definieren den Puder als Macht. Wenn wir unsere eigene Vorstellung, dass nämlich Puder nicht zugleich Macht sein kann, als mangelhaft erkennen (weil wir nämlich glauben, dass er einfach eine staubige Substanz sei), dann ist es die nächste Herausforderung, die Vorstellungen von *aché* zu rekonzeptualisieren. Das gilt für alle ethnografisch festgestellten, analytischen und empirischen Eigenschaften und Zuschreibungen von *aché* (Puder, Macht, Gottheit etc., aber auch Ding, Konzept, etc.). Das Ziel muss es sein, die ethnografisch in Erfahrung gebrachte Definition von ›Puder = Macht‹ als vernünftige Auffassung und nicht als einen ›absurden Glauben‹ zu betrachten.[6]

Es ist entscheidend, dass dieser Vorgehensweise ein umfassendes ethnografisches Verständnis vorausgeht. Beispielsweise hängt die Beschreibung des Puders im Ifá-Orakel von der genauen Wahrnehmung seiner Bedeutung während des Rituals ab. Jeder Versuch, die Frage nach dem Status des *aché*-Puders zu beantworten, erfordert zudem auch eine nähere Beschäftigung mit den im Zentrum des Rituals liegenden kosmologischen Implikationen: Wenn Macht in diesem ethnografischen Kontext auf die Fähigkeit der *babalawos* verweist, die Gottheiten während der Divination als ›Zeichen‹ erscheinen zu lassen, dann haben wir es nicht mehr mit dem uralten ontologischen Problem zu tun, welches in der Religionsethnologie so gut bekannt ist (nämlich, wie eine Wesenheit als transzendent angesehen werden kann; siehe Engelke 2007; Keane 2007). Puder als Macht zu konzeptualisieren, würde dann vielmehr bedeuten, dass wir verstehen müssen, wie es die afrokubanische Divination geschafft hat, das alte jüdisch-christliche Problem ›Wie erkenne ich eine transzendente Wesenheit?‹ auf eine ganz eigenständige Weise zu überwinden. Allerdings könnte es sein, dass im letzten Satz schon wieder die falschen, belasteten Begriffe benutzt wurden, da die Konzepte von ›Transzendenz‹ und ›Immanenz‹ in diesem Kontext ja insgesamt neu definiert werden müssen (siehe Holbraad 2012a, 109–144).

Was ich damit ausdrücklich betonen möchte, ist der unabweisliche Beitrag, den, heuristisch aufgefasst, ›Dinge als solche‹ für die Arbeit der Re-Konzeptualisierung leisten. Mit Bezug auf den Puder im Ifá-Orakel kann folgende Aussage

---

6 Ich habe mich andernorts bemüht, die ganze Skala der Formen aufzulisten, durch die verschiedene Arten von Information in die durch das ›Puder ist Macht‹-Problem für den Ethnologen erforderlich werdenden Konzepte eingefügt werden können (Holbraad 2010; 2012a).

hervorgehoben werden: Auch wenn die Informationen der *babalawos* einen Beitrag zur Erklärung des dualen Charakters von *aché* leisten, so enthalten doch die ›pragmatografischen‹ Informationen, die man aus den verschiedenen Eigenschaften von Puder als ›Ding‹ in Erfahrung bringen kann, die wichtigsten Elemente für die Lösung des Dualitäts-Problems.

Schritt III: Dinge = Konzept

Betrachten wir einmal genauer, was der Puder eigentlich in der Hand des Orakelmeisters macht. Wie wir gesehen haben, stellt er auf dem Orakelbrett den Hintergrund bereit, auf dem *oddu*, gedacht als göttliche Zeichen ›hervorkommen‹. Mit anderen Worten: Der Puder ist ein Katalysator der Orakelmacht, vorausgesetzt, er wird als eine Substanz mit einem spezifischen Potenzial verstanden, Gottheiten zum ›Hervorkommen‹ und ›Sprechen‹ zu bewegen. In meiner ersten, noch rein ethnografisch orientierten Analyse von diesem ›Puder ist Macht‹ (Holbraad 2007) habe ich ziemlich genau die Bedeutung der materiellen Eigenschaften des Puders beschrieben. Diese Eigenschaften spielen eine große Rolle im Prozess des Orakels, und nur mit Verweis auf diese (rein heuristisch definierten) Eigenschaften war ich in der Lage, eine auf das Orakel bezogene Lösung für das alte, sogenannte Problem der Transzendenz zu formulieren. Diese von mir damals präsentierte Lösung versprach nicht weniger, als das Problem insgesamt zu lösen. Ich zitiere deshalb aus diesem Text etwas ausführlicher:

»Wenn man den Puder ganz prosaisch als ›Ding‹ definiert, dann ist der Puder dazu [d. h., zur Überwindung des Transzendenzproblems] aufgrund seines durchlässigen Charakters in der Lage. Puder ist ja nichts anderes als eine Ansammlung unstrukturierter Partikel, er ist eine einfache Vervielfältigung von sich selbst, könnte man sagen. Wenn der Pulver die *oddu* auf dem Brett anzeigt, dann ist dies ein Ergebnis der Fähigkeit der Finger des Orakelmeisters, eine bestimmte Figur auf dem Brett zu zeichnen. Das gilt genau in dem Ausmaß, in dem die ›intensive‹ Kapazität des Puders, bewegt zu werden (also von einem Platz zum anderen zu wandern, ähnlich wie das Wasser in der archimedischen Badewanne), diese Veränderung im Raum erleichtert. Die ausgreifenden Linien des *oddu*, so wie sie auf dem Brett erscheinen, setzen die hohe Mobilität des Puders voraus. Der Puder erscheint als das Medium, in dem diese Bewegungen ›registriert‹ werden. Auf diese Weise macht der Puder die räumliche Ausdehnung der Erscheinung des *oddu explizit*. Diese Erscheinung ist eine Eigenschaft der inhärenten *Beweglichkeit* der Zeichen. Wir können den Puder als Hintergrund auffassen, auf dem eine vorübergehende Veränderung sichtbar wird, nämlich die *oddu*. Es handelt sich dabei um eine Umkehrung von Figur und Hintergrund. Die Figuren werden durch eine Verschiebung des Hintergrunds, des Puders hervorgebracht. Dies legt zugleich eine *logische* Umkehrung nahe, welche für das Problem der scheinbar transzendenten Natur von *oddu* von zentraler Bedeutung ist. Wenn wir die

Bemerkungen der *babalawos* ernst nehmen, nämlich, dass die *oddu* einfach nur Markierungen im *aché*-Puder darstellen, dann zeigt uns die Konstitution der Gottheiten als ›Verschiebungen von Puder‹ etwas ziemlich wichtiges über die ontologischen Voraussetzungen der Kosmologie des Ifá. Wie wir dadurch lernen, sind die Gottheiten keinesfalls als, sagen wir ›Einheiten‹ zu verstehen, die entweder im Zustand der Immanenz oder Transzendenz existieren oder eben nicht existieren, sondern vielmehr als *Bewegungen*. Wenn es aber so ist, dass *oddu* nichts sind als Bewegungen, dann ist die ontologische Diskontinuität von Immanenz und Transzendenz aufgelöst. In einer universellen Logik, in der Bewegung grundlegend ist, erscheint das, was als Transzendenz aussieht, als Distanz, und das, was wie Immanenz aussieht, wird zu Nähe. Tatsächlich: Aufgrund der Bewegungen tragen die Gottheiten in sich die inhärente Fähigkeit, immanent mit den Menschen in Beziehung zu treten. Dies geschieht durch das Potential der unmittelbaren Bewegung, die durch den *aché*-Puder sichergestellt wird. Der *aché*-Puder überwindet das Problem der Distanz, die von den Gottheiten überwunden werden muss, um im Orakel als gegenwärtig zu erscheinen.« (Holbraad 2007, 208–9)

Wenn wir der Ethnografie den größten Anteil an der Lösung des analytischen Problems zuerkennen, dann sind es in diesem Rahmen die materiellen Qualitäten des Puders, die das wichtigste Element für die Analyse bereitstellen. Wenn Gottheiten als Bewegungen definiert werden, um das Problem der Transzendenz zu überwinden, denn geht es letztlich um folgende Gleichsetzung: Die materiellen Manifestationen der Gottheiten sind *Bewegungen*. Und diese Bewegungen wiederum erscheinen nur deshalb als analytisch signifikant, weil sie sich auf materielle Eigenschaften des Puders, auf dem sie physisch erzeugt werden, beziehen: Es ist der durchlässige Charakter, also eine Vervielfachung unstrukturierter Partikel, die – als Reaktion auf den leichten Druck der Finger des Orakelmeisters – in intensive Bewegung versetzt werden, ähnlich wie die Bewegung von Wasser. Jede einzelne Eigenschaft aus der Serie von Eigenschaften ist dem Puder inhärent, und aufgrund dieser materiellen Inhärenz kann er konzeptuelle Effekte hervorrufen, die ihrerseits neue Parameter für die ethnologische Analyse setzen. Ein unverzichtbares Element der Analyse von *aché* ist es, ein Puder zu sein, der in sich die entscheidenden Konzepte von Durchlässigkeit, Vervielfachung, Bewegung, Gerichtetheit, Potenzial etc. als Eckpunkte der Analyse trägt und somit seine spezifischen Probleme und Möglichkeiten auf die Agenda bringt. Analytisch (konzeptuell, ontologisch) ist es ein ›Wilder Puder‹, wenn man so will.

Worum es also in dieser Art der Analyse geht, ist die Kapazität der Dinge, *selbst* konzeptuelle Transformationen hervorzubringen, und zwar aufgrund der konzeptuellen Merkmale ihrer materiellen Eigenschaften. Tatsächlich ist dieses, wie man es nennen könnte, *pragmatologische* Element (Witmore 2012) der ethnologischen Analyse nichts anderes als die folgerichtige Umkehrung unserer früheren Formel ›Konzept = Ding‹, sie wird jetzt zu ›Ding = Konzept‹. Wenn die alte Formel ›Konzept = Ding‹ die Möglichkeit bezeichnete, zu definieren, was bestimmte Dinge sind, so erweckt die symmetrische Umkehrung ›Ding = Konzept‹ die Erwartung, die Dinge als einen Weg zu behandeln. Dieser Weg zeichnet vor, was die Analyse überhaupt *auf der Grundlage der Dinge* erbringen kann. Mit anderen Worten: Es gibt eine konzeptuelle Affordanz der Dinge. Sie ist zu entdecken, wenn man nur beachtet, wie materielle Eigenschaften bestimmte Formen der Konzeptualisierung nahelegen. Man könnte sich diese veränderte Form der Transformation sogar als eine Form der Abstraktion vorstellen, vorausgesetzt, diese Idee wird abgetrennt von dem bekannten habituellen Dualismus von konkreten Dingen und abstrakten Konzepten (siehe Holbraad/Pedersen 2009).

Das ist im Übrigen genau das, was die Formel ›Ding = Konzept‹ als analytische Methode unterstellt. Während die analytische Ontologie ›Dinge versus Konzepte‹ die Abstraktion als eine Fähigkeit sehen würde, die den Konzepten zugeordnet wird, um ein spezielles, außerhalb ebendieses Konzepts selbst stehendes Ding zu verstehen, so würde im Kontrast dazu die heuristische Annäherung ›Ding = Konzept‹ diesen Schritt der Abstraktion als eine in dem Ding selbst liegende Bewegung auffassen: Das Ding differenziert sich selbst nicht mehr länger als ein Exempel ›von‹ einem Konzept, sondern als eine Selbsttransformation eines Konzeptes. Wilde Gedanken senden sich selbst.

Schluss: Der Wilde und der Ethnologe

Zweifellos führt uns diese Art zu denken weit in das Feld der Philosophie, also in ein Gebiet, für das ich eigentlich nicht kompetent bin. Meinem begrenzten Verständnis zufolge gibt es in der Tat eine Denktradition in der westlichen Philosophie, die von Heraklit über Leibnitz bis hin zu Deleuze und den sogenannten ›Spekulativen Realisten‹ reicht, die sich mit vielen der hier relevanten Probleme befasst (siehe Harman 2009; Meillassoux 2008). Dennoch möchte ich hier eine etwas abweichende ethnologische Betonung ins Spiel bringen. Indem ich die zu Beginn dieses Beitrags verwendete Formulierung von Lévi-Strauss wieder aufgreife, möchte ich abschließend hervorheben, wie viel das von mir hier herausgearbeitete Argument der viel berühmteren Aussage von Lévi-Strauss bezüglich der ›Wissenschaft vom Konkreten‹ (1966) verdankt. Um die Idee der konzeptuellen Selbst-Transformation ein wenig klarer zu machen, möchte ich sie im folgenden zu Lévi-Strauss' Unterscheidung zwischen der ›abstrakten‹ und der ›konkreten‹ Wissenschaft (der Wissenschaftler im Kontrast zum Bastler) in Bezug setzen.

Lévi-Strauss' Unterscheidung basiert wesentlich auf dem Saussureschen Schema von Wahrgenommenem, Zeichen und Konzept. Das Zeichen steht, dieser Definition zufolge, zwischen ›Sender‹ und Konzept. Zeichen sind demnach zugleich Objekte der Wahrnehmung als auch Objekte des Konzeptuellen (Abstrakta). Die Unterscheidung zwischen Wissenschaft und Basteln wird in den Begriffen dieses Schemas auf wenigstens zwei Ebenen deutlich: Erstens geht es um eine Achse unterschiedlicher Distanz. Der Bastler operiert typischerweise auf der konkreten Ebene der Dinge, während der Wissenschaftler eher eine weiter ent-

fernte Position einnimmt und sich mit der abstrakten Ebene der ›Konzepte‹ befasst. Man könnte auch sagen, während der Bastler zwar mit Konzepten umgeht,
verzichtet er doch darauf, die Konzepte von den konkret wahrgenommenen Zeichen abzutrennen. Im Unterschied dazu ist der Wissenschaftler in der Lage, die
Konzepte aus ihren Manifestationen, den Zeichen herauszulösen, und sie in abstrakter Form zu behandeln.

Zweitens bewegen sich der Bastler und der Wissenschaftler typischerweise
in unterschiedliche Richtungen entlang dieser Achse von konkret vs. abstrakt.
Der Bastler leitet Zeichen ab, indem er sie entsprechend seiner Wahrnehmung
anordnet. Sein Denken ist ›konkret‹, weil die Unterschiede der Konzeptualisierung (mithilfe von und durch Zeichen) durch Unterschiede der Wahrnehmung erzeugt werden (durch den Gebrauch und das Recycling von Zwecken und Zielen
auf seiner metaphorischen Werkbank). Im Gegensatz dazu arbeitet der Wissenschaftler in die andere Richtung, also vom Abstrakten ausgehend hin zum Konkreten. Er ist in der Lage, eine unbegrenzte Anzahl konzeptueller Schemata auf
abstrakter Ebene heranzuziehen, und schreitet erst danach zur ›Anwendung‹ im
Hinblick auf die Welt der Wahrnehmungen und des Konkreten, zum Beispiel,
indem er eine Brücke oder ein Flugzeug baut. Kurz gefasst: Der Bastler operiert am konkreten Ende der Skala und bewegt sich in Richtung der Abstraktion, während der Wissenschaftler am abstrakten Ende operiert, und sich hin zum
Konkreten vorarbeitet, bis hin zu den wahrgenommenen Dingen, möglicherweise
mithilfe von Zeichen.

In den Begriffen dieses Rahmens repräsentiert die von mir hier entwickelte
Idee der konzeptuellen Selbsttransformation eine dritte Position. Ich führe den
Pragmatologen als einen dritten konzeptuellen Akteur ein, der neben dem Bastler und dem Wissenschaftler steht, um es einmal im Jargon von Gilles Deleuze zu formulieren (Deleuze/Guattari 1996). Der Pragmatologe entspricht dem
Bastler in der Hinsicht, dass er sich in der Richtung vom Konkreten (= Ding)
hin zum Abstrakten (= Konzept) bewegt. Anders als der Bastler ist er aber nicht
beschränkt auf die mittlere und sinnliche Ebene des Zeichens. Vielmehr kann
er gleich vollständig bis hin zur abstraktesten Ebene des Konzeptuellen voranschreiten. Er ist in dieser Hinsicht Philosoph-Bastler, falls wir, nochmals in Anlehnung an Deleuze, Philosophen als typischerweise an ›Konzepten als solchen‹
interessierte Wissenschaftler auffassen dürfen. Dennoch ist es wichtig, die Grenzen dieser Abweichung von Lévi-Strauss zu benennen, weil die Zulassung einer
dritten Position in der Hervorbringung von Konzepten (und nicht nur Zeichen)
eine grundlegende *Divergenz* gegenüber dem von Lévi-Strauss entwickelten
Rahmen darstellt. Für Lévi-Strauss liegt der Grund, warum der Bastler und der
Wissenschaftler qualitativ unterschieden werden sollten, darin, dass das Konkrete
und das Abstrakte verschiedenen ontologischen Feldern angehören: Die Welt der
Wahrnehmungen (das sind Zeichen und Dinge) und die Welt der Konzepte (das
ist das Bezeichnete, oder das ›Konzept‹).

Im Kontrast dazu weigert sich die von mir hier entwickelte pragmatologische Grundlage der ethnologischen Analyse, dieser Unterscheidung einen axio-

matischen Status einzuräumen. Deshalb liegt die entscheidende Abweichung von einer binären Unterscheidung in der dreischrittigen analytischen Methodologie, so wie ich sie hier präsentiert habe. Erstens ist das Konzept des ›Dings‹ als ein heuristisch entleertes Instrument ohne irgendwelche ontologischen Voraussetzungen zu behandeln, um auf diese Weise ganz explizit die Unterscheidung zwischen Ding und Konzept auszulöschen. Das Ziel dieses ersten Schritts ist es, der Analyse einen möglichst freien Wechsel zwischen Konzept und Ding zu ermöglichen. Erst darauf folgen dann Schritt 2 ›Ding – Konzept‹ und Schritt 3 ›Konzept – Ding‹.

Literatur

Bennett 2010: J. Bennett, Vibrant Matter: A Political Ecology of Things. Durham – London: Duke University Press 2010.

Deleuze/Guattari 1996: G. Deleuze/F. Guattari, What is Philosophy? New York: Columbia University Press 1996.

Engelke 2007: M. Engelke, A Problem of Presence: Beyond Scripture in an African Church. Berkeley: University of California Press 2007.

Evans-Pritchard 1956: E. E. Evans-Pritchard, Nuer Religion. Oxford: Clarendon Press 1956.

Evens 2012: T. M. S. Evens, Twins are Birds and a Whale is a Fish, a Mammal, a Submarine: Revisiting ›Primitive Mentality‹ as a Question of Ontology. Social Analysis 56, 3, 2012, 1–11.

Fowles 2008: S. Fowles, The Perfect Subject: Postcolonial Object Studies. Paper at Annual Conference of Theoretical Archaeology Group, May 24, Columbia University, New York, 2008.

Fowles 2010: Ders., People without Things. In: M. Bille/F. Hastrup/T. F. Soerensen (Hrsg.), An Anthropology of Absence: Materializations of Transcendence and Loss. New York: Springer 2010, 23–41.

Gell 1998: A. Gell, Art and Agency: An Anthropological Theory. Oxford: Clarendon Press 1998.

Harman 2009: G. Harman, Prince of Networks. Bruno Latour and Metaphysics. Melbourne: re.press 2009.

Henare u. a. 2007: A. Henare/M. Holbraad/S. Wastell, Introduction. In: A. Henare/ M. Holbraad/S. Wastell (Hrsg.), Thinking Through Things: Theorising artefacts ethnographically. London – New York: Routledge 2007, 1–31.

Holbraad 2007: M. Holbraad, The Power of Powder: Multiplicity and Motion in the Divinatory Cosmology of Cuban Ifá (or *mana* again). In: A. Henare/M. Holbraad/S. Wastell (Hrsg.), Thinking Through Things: Theorising Artefacts Ethnographically. London – New York: Routledge 2007, 189–225.

Holbraad 2009: Ders., Ontology, Ethnography, Archaeology: An Afterword on the Ontography of Things. Cambridge Archaeological Journal 19, 3, 2009, 431–41.

Holbraad 2010: Ders., Ontology Is Just Another Word for Culture: Against the Motion. Critique of Anthropology 30, 2, 2010, 179–85, 185–200 *passim*.

Hoolbraad 2011: Ders., Can the Thing Speak? OAP Press, Working Paper Series 7 [Verfügbar unter: http://openanthcoop.net/press/http://openanthcoop.net/press/wp-content/uploads/2011/01/Holbraad-Can-the-Thing-Speak2.pdf].

Holbraad 2012a: Ders., Truth in Motion: The Recursive Anthropology of Cuban Divination. Chicago: University of Chicago Press 2012.

Holbraad 2012b: Ders., How Things Can Unsettle. In: E. Casella/P. Harvey/G. Evans/H. Knox/C. McLean/E. Silva/N. Thoburn/K. Woodward (Hrsg.), Objects and Materials: A Routledge Companion. London: Routledge 2012, 228–37.

Holbraad 2013: Ders., Things as Concepts: Anthropology and Pragmatology. In: G. Pereira (Hrsg.), Savage Objects. Guimarães: INCM 2013, 17–32.

Holbraad/Pedersen 2009: M. Holbraad/M. A. Pedersen, Planet M: The Intense Abstraction of Marilyn Strathern. Anthropological Theory 9, 4, 2009, 371–94.

Ingold 2000: T. Ingold, Perceptions of the Environment: Essays on Livelihood, Dwelling and Skill. London – New York: Routledge 2000.

Ingold 2007: Ders., Materials against Materiality. Archaeological Dialogues 14, 1, 2007, 1–16.

Keane 2007: W. Keane, Christian Moderns: Freedom and Fetish in the Mission Encounter. Berkeley: University of California Press 2007.

Latour 1993: B. Latour, We Have Never Been Modern. London: Prentice Hall 1993.

Latour 2005: Ders., Reassembling the Social. Oxford: Oxford University Press 2005.

Lévi-Strauss 1966: C. Lévi-Strauss, The Savage Mind. Oxford: Oxford University Press 1966.

Lévi-Strauss 1987: Ders., Introduction to the Work of Marcel Mauss (trans. F. Barker). London: Routledge 1987.

Mauss 1990: M. Mauss, The Gift: Forms and Functions of Exchange in Archaic Societies. London: Routledge 1990.

Meillassoux 2008: Q. Meillassoux, After Finitude: An Essay On The Necessity Of Contingency (Trans. Ray Brassier). London – New York: Continuum 2008.

Miller 1987: D. Miller, Material Culture and Mass Consumption. Oxford: Blackwell 1987.

Miller 2005: Ders., Materiality: An Introduction. In: D. Miller (Hrsg.), Materiality. Durham – London: Duke University Press 2005, 1–50.

Olsen 2010: B. Olsen, In Defense of Things: Archaeology and the Ontology of Objects Langham: AltaMira Press 2010.

Smith 1978: J. Z. Smith, Map Is Not Territory. Laiden: Brill 1978.

Sperber 1985: D. Sperber, On Anthropological Knowledge. Cambridge: Cambridge University Press 1985.

Strathern 1988: M. Strathern, The Gender of the Gift: Problems with Women and Problems with Society in Melanesia. Berkeley: University of California Press 1988.

Strathern 1990: Dies., Artefacts of History: Events and the Interpretation of Images. In: J. Siikala (Hrsg.), Culture and History in the Pacific. Helsinki: Transactions of the Finnish Anthropological Society 1990, 25–44.

Viveiros de Castro 2002: E. Viveiros de Castro, And. Manchester Papers in Social Anthropology 7. Manchester: Manchester University Press 2002.

Wagner 1986: R. Wagner, Symbols that Stand for Themselves. Chicago: University of Chicago Press 1986.
West 2007: H. West, Ethnographic Sorcery. Chicago: University of Chicago Press 2007.
Witmore 2012: Ch. Witmore, The Realities of the Past: Archaeology, Object Orientations, Pragmatology. In: B. R. Fortenberry/L. McAtackney (Hrsg.), Modern Materials: Proceedings from the Contemporary and Historical Archaeology in Theory Conference 2009. Oxford: Archaeopress 2012, 25–36.

Ludĕk Brož

Vom Himmel gefallen: Auf dem Weg zu einer symmetrischen Anthropologie der Raumfahrtindustrie[*]

Zusammenfassung: Artefakte, die für die Raumfahrt produziert werden, gehören zu den am höchsten entwickelten und kostspieligsten Dingen, die je von Menschenhand erschaffen wurden. Die Lebenszeit vieler dieser Artefakte ist kurz, da sie nur für ihren vorgesehenen Zweck benutzt und dadurch aber zugleich verbraucht werden. Diese Abnutzung ist jedoch nicht vollständig, wie eine detailliertere Betrachtung offenlegt. Denn manche Artefakte beginnen ein zweites Leben, wenn sie als Wrackteile wieder vom Himmel fallen. Dieser Beitrag beschäftigt sich mit dem Schicksal der Teile jener Raketen, die in Baikonur starten und zurück zur Erde gelangen. Geografisch befinden sie sich im riesigen und vermeintlich ›leeren‹ Raum der Altai-Republik im südwestlichen Sibirien. In einem Umfeld, in dem die Regeln der Geheimhaltung sogar Studien zur öffentlichen Gesundheit auf die Wahrnehmung von Risiken reduzieren, entgehen die Wrackteile seltsamerweise jeder Kontrolle. Daraus ergibt sich die Möglichkeit einer theoretischen, aber auch methodologischen Auseinandersetzung mit den Wrackteilen als materielle Objekten. Das Ziel ist es, sie dadurch in eine ethnologische Analyse einzubinden.

Abstract: Artefacts produced in the space industry rank among the most sophisticated and costly things ever manufactured by humans. The lifecycle of many of these artefacts is short, since they are ›used up‹ in their designated missions. A closer look nevertheless suggests that this ›using up‹ is never ideal: many artefacts live a second life as debris fallen from the sky. This paper focuses on the fate of second stages of rockets launched from Baikonur and falling back to the earth in the vast and allegedly ›empty‹ spaces of the Altai Republic (South-West Siberia). In the context where the secrecy regime reduces even public health studies to the sole perception of risk enquiry strangely bypassing the debris themselves, it seeks theoretical and methodological ways of bringing materiality of the debris into anthropological analysis.

Schlüsselbegriffe/Keywords: Raumfahrtindustrie, Sibirien, Altai, Ontologie, Anti-Repräsentationalismus, Animismus, Umweltverschmutzung/space industry, Siberia, Altai, ontology, anti-representationalism, spirits, pollution

[*] Übersetzt von Hans Peter Hahn (02.12.2014).
Danksagung: Die Arbeit an diesem Artikel wurde unterstützt durch die Czech Science Foundation (grant no. 1306860P). Ich bin sehr dankbar gegenüber Tereza Stöckelová, František Vrhel, Tomáš Matras, Mario Schmidt, Hans P. Hahn, Philipp Stockhammer und den anonymen Gutachtern für ihre wertvollen Kommentare zu früheren Versionen dieses Kapitels.

Einleitung

Es war am späten Abend an einem Tag Ende August im Jahr 1998, als ich mit Anatolii auf den *pokos* seiner Familie saß. *Pokos* sind Wiesen, welche zur Heuproduktion genutzt werden. Zu diesem Zeitpunkt war ich selbst noch Student und hatte keinen Abschluss. Wir saßen auf der Wiese und gönnten uns eine kurze Pause. Die Wiese war leicht bewaldet mit vereinzelten Lärchenbäumen am unteren Hang und einem dichteren Waldstück weiter oben gelegen. Anatolii erörterte die Anzahl und Größe anderer Heufelder im gegenüberliegenden Tal, um den Wert des eigenen Heus besser einschätzen zu können. Plötzlich spürten wir eine leichte Vibration und beobachteten, wie der Horizont über den Bergen in orangenes und pinkfarbenes Licht getaucht wurde; so als ob die Sonne bereits sinken würde. Für mich sah das nicht gut aus. Falls der dritte Atomkrieg jetzt ausbrechen sollte, würden wir es genau auf diese Weise erkennen, dachte ich. Auch Anatolii war nicht erfreut. Er sagte, dass das wohl ein Wrackteil von den Raketen sei, die von Zeit zu Zeit nahe der Region Ulagan vom Himmel fallen. Daraufhin zählte er mir einige entfernte Gegenden auf, die er von Jagdausflügen kannte, und äußerte die Vermutung, dass die Teile dort sein müssten. Wir vertieften diese Diskussion noch ein wenig, bis wir schließlich unsere Arbeit wieder aufnahmen. Dabei lenkten meine schmerzenden Handflächen sowie meine Schultern, die das Mähen nicht gewohnt waren, meine Gedanken an eine bevorstehende Katastrophe schnell wieder ab.

Das war meine erste Berührung mit dem Phänomen der herabstürzenden Wrackteile der Raketen aus Baikonur in der Altai-Republik, welche einen Teil der russischen Föderation bildet und im Grenzbereich von Kasachstan, der Mongolei, China und Russland liegt. Seit diesem Zeitpunkt führte ich mehrere Jahre intensive ethnografische Untersuchungen durch. Vor allem in der Region Ulagan fokussierte ich mich auf verschiedene Themenbereiche (siehe beispielsweise Broz 2007; 2009a; 2009b). Dieser Teil Sibiriens erlangt nur selten Aufmerksamkeit in der Welt. Falls es doch dazu kommt, ist dies gewöhnlich zwei Themen zu verdanken. Das Erste ist mit der Archäologie verbunden: 1993 wurde die sogenannte ›altaische Prinzessin‹ der Pazyrykkultur ausgegraben, welche exklusiv vom National Geographic Magazine publiziert wurde (Polos'mak/O'Rear 1994). Frühere Funde, die zur selben archäologischen Kultur gehören, bilden einen bemerkenswerten Teil der weltbekannten Eremitage-Sammlungen.

Der zweite Anlass, durch den der Altai gelegentlich Aufmerksamkeit in den Nachrichten erlangt, ist, wenn die Praxis des Abwerfens von Raketenwrackteilen außer Kontrolle gerät (siehe SPIEGEL MOBIL: Russland setzt ›Sojus‹-Starts vorerst aus, 2011; Third-Stage Engine Glitch Causes Proton-M Accident, 2014). Wichtig an diesen beiden öffentlich bekannten Aspekten der Region ist die Tatsache, dass sowohl für Anatolii als auch für alle meine anderen Informanten, beide Themen, herabfallende Wrackstücke von Raketen, und archäologische Ausgrabungen sehr bedeutsam sind.

Das Ziel dieses Beitrags ist es, einige Möglichkeiten einer ›Anthropologie der Raumfahrtindustrie‹ zu diskutieren. Anders als zum Beispiel die zunehmende Aufmerksamkeit erfahrende Archäologie der Raumerkundung (siehe Gorman 2014; Gorman/O'Leary 2013) ist eine ›Anthropologie der Raumfahrtindustrie‹ praktisch nicht existent (für eine bemerkenswerte Ausnahme siehe Redfield 2000; 2002). Wichtiger als eine allgemeine Prognose über eine solche ›Ethnologie der Raumfahrtindustrie‹ ist es mir, zu erklären, welche Einsichten eine solche Ethnologie anhand einer Diskussion meiner ethnografischen Daten eröffnen könnte.

Wenn vor zwanzig Jahren »nicht-menschliche Wesen die fehlende Masse der Sozialwissenschaften waren«, so ist dies heute nicht mehr der Fall (Sayes 2014, 134). Nicht-Menschliches wie Dinge/Artefakte und Tiere haben die sozialen Theorien erreicht und diese fundamental verändert. Eine Ethnologie, die sich heute der Raumfahrtindustrie zuwendet, kann diese Entwicklungen nicht ausschließen. Deshalb verstehe ich die Herausforderung dieses Kapitels darin, die fallenden Wrackstücke in einen ethnografisch begründeten und ethnologisch analysierbaren Kontext zu stellen. Dadurch soll ihre Bedeutung besser erklärt werden, auch für meine Informanten. In meinem Bemühen, dieses Anliegen zu realisieren, werde ich meine Untersuchungen an die jener Wissenschaftler anschließen, die den so genannten *ontological turn* vertreten. Das Ziel meiner Bemühungen ist es, eine Methodologie auszuarbeiten, »that is genuinely open to the existence of other forms of otherness; one that precisely refuses to place a bet either way when it comes to the question what is?« (Salmond 2014, 170). Peter Redfields bahnbrechenden Studien folgend werde ich die Ethnologie der Raumfahrtindustrie als ein methodologisch symmetrisches Projekt vorschlagen (Redfield 2000; 2002).

Raketen und Abwurfzonen

Bei jedem Raketenstart entstehen durch das Stufenverfahren der Rakete Abfälle, die bis zu einem gewissen Grad immer zurück zur Erde gelangen. Während in den amerikanischen und europäischen Raumforschungsprogrammen die abgenutzten Raketengestelle im Ozean landen (wohl der größte Mülleimer der Menschheit), deponiert die von den Sowjets erbaute Station Baikonur ihren Abfall auf Territorien der ehemaligen UdSSR. Ein solcher Raketenschauplatz findet sich in Kasachstan und ein zweiter im südwestlichen Sibirien. Jedem möglichen Start auf einer spezifischen Bahn sind auch bestimmte Flächen entlang des Weges für den Niederschlag der Abfälle zugeordnet. Gegenwärtig befinden sich drei dieser Abfallzonen teilweise oder komplett im Altai.

Als die Wrackteile der Raketen anfingen, in die Ulaganregion zu stürzen, genauer in die Zone Nummer 327 im Jahr 1970 sowie in die Zone Nummer 326 im Jahr 1974 (Экологический Портал Республики Алтай : МЧС 2012 n. d.), hatte der öffentliche Diskurs über die sowjetische Raumforschung noch den Nachgeschmack des Kalten Krieges. Von den Menschen wurde erwartet, dass sie stolz auf die sowjetischen Errungenschaften der Raumforschung seien. Astronauten wie Yuri Gagarin oder Valentina Tereshkova (die erste weibliche Astronautin) waren Prominente des kommunistischen Blocks.

Genauso wie in anderen Teilen der USSR war es auch im Altai üblich, den Kindern als Zeichen der Verehrung die Namen solcher Helden zu geben.[1] Jedoch hatte das ›gesunde‹ Interesse an der Raumfahrtindustrie ihre Grenzen. Eine öffentliche Diskussionen über Nebeneffekte und ein System der frühzeitigen Warnung waren unmöglich, weil ein sehr striktes System der Geheimhaltung praktiziert wurde. »Passing on of such information equalled breaking of state secrets and potentially meant tough jail sentences« (Lupandin/Denisovskii 2000).

Natürlich verhinderte der fehlende öffentliche Diskurs keineswegs das Abstürzen der Raketenteile im Altai. Deren Anwesenheit ist zwar auf die sowjetische Peripherie beschränkt, aber in dieser Region ist ihr Erscheinungsbild außerordentlich spektakulär in Form der eingangs beschriebenen Geräusch- und Licht-Effekte. Das Fehlen eines öffentlichen Diskurses über negative Auswirkungen der Raumfahrtindustrie bedeutete daher nicht, dass sich mit dem Thema vertraute Personen nicht über die Problematik verschiedener Effekte bewusst gewesen wären.

Betrachtet man die Abwurfzonen im Altai, so überrascht es nicht, dass diese über ziemlich hohen Bergregionen mit einer geringen Bevölkerungsdichte liegen, oder auch über Nationalparks, in denen Menschen eine Ansiedlung nicht erlaubt ist. Tatsächlich stellten diese im Voraus definierten Abwurfzonen nichts weiter dar als das Bestreben, die negativen Auswirkungen in einem überschaubaren Rahmen zu halten. Dadurch sollten also die Auswirkungen für die Menschen auf einem möglichst geringen Level gehalten werden.[2] Die Gründe, für diesen Zweck diese speziellen Regionen auszuwählen, sind damit deutlich geworden. Das Ziel war es also, möglichst große ›leere‹ Räume zu finden. ›Leer‹ kann in diesem Kontext mit ›ohne menschliche Bevölkerung‹ oder ›mit extrem geringer menschlicher Bevölkerung‹ gleichgesetzt werden. Derartige Ansichten entsprechen einer eigenartigen Auffassung von Natur und Wildheit. Diese Auffassung unterscheidet sich nicht nur gravierend vom Konzept von ›Kultur‹; man könnte sogar sagen, dass die Begründungen für die Wahl des Abwurfgebietes dem gängigen Kulturkonzept diametral gegenüberstehen (für eine kritische Analyse siehe zum Beispiel Latour 2004; Stöckelová 2004).

---

1   Heutzutage bleiben Namen wie Yuri oder Valentina eher unbeachtet, da sie sehr häufig vorkommen. Aber Namen wie Angela – nach Angela Davis – sind nur für bestimmte Altersgruppen beziehungsweise Jahrgänge charakteristisch, weswegen die politische Bedeutung klar und deutlich hervortritt. Als Steigerung können die Namen »Tractor« oder »five year plan – petiletka« betrachtet werden, welche schon eher bizarr erscheinen.

2   Für die klassische Diskussion über ein Konzept der ›negativen Auswirkung‹ siehe Granovetter 1985, für eine Re-Interpretation dieses Konzepts, die sehr nah an meiner Haltung ist, siehe Callon 1998.

Raketenschrott

Um was genau handelt es sich bei diesen Objekten, die zumeist innerhalb der dafür bestimmten Zonen auf die Erde fallen, aber manchmal auch außerhalb dieser Zonen landen? Artefakte, die in der Raumfahrtindustrie produziert werden, sind die durchdachtesten und teuersten Dinge, die jemals von Menschenhand hergestellt worden sind. Sie sind sehr präzise und in Bezug auf die Bedingungen ihrer Mission so prognostizierbar wie nur möglich. Falls ein solches Objekt nicht die vorausgesagten Funktionen erfüllt, würde die Weltöffentlichkeit davon hören.[3] Die Lebenszeit vieler dieser Objekte ist kurz, da sie innerhalb der vorgesehenen Zeit der Mission abgenutzt werden. Wie schon zuvor beschrieben, ist diese ›Abnutzung‹ jedoch durchaus nicht absolut. Die Objekte verschwinden nicht auf wundersame Weise, sondern durchlaufen vielmehr einen fundamentalen Prozess der Wandlung. Zunächst vollzieht sich eine Verbrennung bei hohen Temperaturen in der Atmosphäre, und schließlich stürzen sie als Müll vom Himmel.

Während die Produktion von Raketen aus nachvollziehbaren Gründen unter strenger Kontrolle stattfindet, stellt das ›Verbrennen‹ das buchstäbliche Gegenteil dar. Augenscheinlich bleibt der Einfluss, den die Ingenieure auf den genauen Ablauf des Absturzes nehmen können, begrenzt. Durch die Gestaltung der Flugbahn vor dem Abwerfen kann lediglich der Moment gewählt werden, zu dem der Brennstoff zu Ende gehen soll. All dies ist im Voraus gut durchdacht worden. Der nächste vorhersehbare Schritt kann nur mit relativer Wahrscheinlichkeit bestimmt werden und ist nicht präzise beeinflussbar. Das herabfallende Raketenteil erhöht die Geschwindigkeit im freien Fall; beim Eintreten in die Atmosphäre beginnen die Teile zu brennen, oder sie explodieren.

Es ist wichtig, noch genauer darauf hinzuweisen, was dieses Abwerfen von Ballast bedeutet. Der zweite Abschnitt der Proton-M-Rakete, eines der erfolgreichsten Transportmittel für schwere Lasten in der Geschichte der Raumfahrt, der beispielsweise häufig als Abwurf in den Zonen Nr. 326 und 327 niedergeht, besteht aus einem Triebwerk und einem Tank, welche zuvor am äußeren Gehäuse der Rakete befestigt waren. Das Gewicht beträgt ohne Treibstoff 11,4 t. Gefüllt fasst der Tank 156,1 Tonnen Treibstoff. Der Treibstoff besteht aus einem Oxidationsmittel mit dem Namen Di-Stickstoff. Das verwendete Treibgas für die Proton-M-Rakete ist 1,1-Dimethylhydrazin (UDMH), das in Russland umgangssprachlich *Geptil* genannt wird. Die Substanzen sind hypergolisch. Sie dürfen also nicht aufeinandertreffen, da sie ansonsten sofort verbrennen würden. Deshalb lagern sie in separaten Tanks. Wenn die zweite Stufe der Rakete abfällt, beinhaltet der Tank immer noch 400–800 kg *Geptil* (Lupandin/Denisovskii 2000).

Im Abwurfprozess wird die zweite Stufe der Rakete in mehrere Teile gespalten, die an unterschiedlichen Punkten auf dem Grund aufkommen. Da der

---

3   Ein gutes Beispiel für Artefakte der Raumfahrtindustrie, die durch das Nicht-Erreichen der Prognose der Ingenieure bekannt sind, sind die O-Ringe des Raumschiffs »Challenger« (siehe Dalal u. a. 1989).

Luděk Brož

Abb. 1: Die berühmte Fotografie von Jonas Bendiksen zeigt Teile der zweiten Stufe einer von Baikonur aus abgeschossenen Rakete. Dorfbewohner versuchen, Metallschrott von der Rakete abzutrennen und werden dabei von Tausenden weißer Schmetterlinge umgeben. Das Foto, das später als Titelbild für Bendiksens Bildband »Satellites« diente, wurde 2000 in der Region Altai nahe der Republik Altai aufgenommen (wahrscheinlich Fallout-Zone 307 oder 309) (© Profimedia, Magnum Photos).

Ort ohnehin nicht genau vorhersehbar ist, spielt die Präzision des Abwurfs keine Rolle. Jedes dieser Objekte ist in seinem Verbrennungsprozess einzigartig und wird letztlich erst dadurch geformt. Auf dem Boden angekommen, variieren die Stücke in ihrer Größe von mehreren Metern bis zu ein paar Zentimetern (siehe Abb. 1).

Der scheinbar unbegrenzte Raum Sibiriens erzeugt das Gefühl, dort nahezu unbegrenzte Mengen an Müll abladen zu können. Dass dieser Eindruck möglicherweise falsch ist, stellt keine allzu große Überraschung dar. Nach dem Fall der Sowjetunion Beginn der 1990er Jahre kamen in der Bevölkerung langsam Bedenken und Sorgen über die abgeworfenen Raketenteile in und um das Altai-Gebirge auf. Im lokalen Sprachgebrauch wird dies *raketopad* genannt, was Raketenfall bedeutet und eine ähnliche Bedeutung wie Schneefall hat (siehe »Babies in Siberian Space Scare« 2003). Die russische Raumfahrtbehörde *Roscosmos* begann vor einigen Jahren, mit Helikoptern die Teile im weiten Raum aufzusuchen und fortzuschaffen, sofern die Teile nicht zu groß oder zu klein dafür waren. Diese Initiative erfolgte im Kontext einer Debatte darüber, worum es sich bei diesen Stücken eigentlich handelt. Auf der einen Seite führte *Roscosmos* aus, dass es sich einfach um zusammengesetzte, massive Materialien handele, die lediglich zwei Arten von Zerstörung auslösen können. Entweder sie treffen eine Person, was in der gering bevölkerten Gegend sehr unwahrscheinlich sei, oder sie lösen Waldbrände aus, falls sie nach dem Verbrennen beim Eintritt in die Atmosphäre nicht vollständig abgekühlt sein sollten. Auf der anderen Seite ist die Öffentlichkeit aufgrund unsichtbarer Eigenschaften, wie zum Beispiel der giftigen Rückstände des *Geptils*, beunruhigt.

Trotz dieser Bedenken bleibt *Roscosmos* bei seiner Position, dass nämlich auch die Prüfung durch zahlreiche Experten keine Spuren von *Geptil* ergeben habe (siehe Роспотребнадзор в очередной раз заявил, что следов гептила на Алтае не обнаружено 2013). Im Jahr 2005 kam es zu einer Entschädigungsvereinbarung zwischen *Roscosmos* und den Gebietsverwaltungen der russischen Föderation, die durch die Abstürze der Raketenteile in Mitleidenschaft gezogen worden waren. Diese Vereinbarung folgt ausschließlich einer mechanischen Schadensphilosophie. *Roscosmos* muss demnach lediglich eine Entschädigung für verursachte Waldbrände an den Abwurfstellen leisten. Eventuelle Verschmutzungen durch Schadstoffe bleiben in diesem Abkommen unerwähnt (siehe zum Beispiel Gavrilov 2005).

Schmutzige Rakete: Die materielle Semiotik von *Geptil*

Was ist *Geptil*? Es handelt sich um eine klare, farblose, entflammbare Flüssigkeit mit einem deutlich wahrnehmbaren, fauligen Geruch, welche bei 63,9 Grad Celsius zum Sieden kommt. Sie ist hydrophil und sobald sie mit Luft in Verbindung kommt, wird sie gelb (siehe Fußnote 5). Direkter kurzzeitiger Kontakt führt zu Irritationen von Augen, Haut und Atemwegen. Falls es inhaliert wird, kommt es zu Verätzungen; *Geptil* verursacht Lungenödeme, schädigt das zentrale Nervensystem, ruft Leberschäden hervor; es führt möglicherweise zum Aussetzen der Atmung und so eventuell zum Tod (Profeta/Goncharova u. a. 2010, 196).

Die Beurteilung der Folgen von Langzeiteinwirkungen mit geringen Mengen von *Geptil* ist schwieriger. In Anlehnung an Labortests erhärten sich Thesen über krebserregende Eigenschaften. Das wurde zumindest für Tiere festgestellt, ob es auch für Menschen gilt, kann nicht bestätigt werden, da hierfür glücklicherweise keine kontrollierten Laborexperimente durchführbar sind. Es ist mit einiger Wahrscheinlichkeit auch als menschliches Karzinogen einzustufen.[4]

Die Situation wird noch komplizierter durch die Verbrennung in der Atmosphäre. Dadurch wird das *Geptil* zu einer ganzen Reihe von Transformationsprodukten. Eine theoretische Studie, die auf einer quantitativen Modellierung der Struktur-Aktivität-Beziehung, beziehungsweise einer quantitativen Struktur-Schadstoffgehalt-Beziehung, basiert, prognostiziert für solche Transformations-

---

4   Siehe 1,1-DIMETHYLHYDRAZINE – (National Library of Medicine HSDB Database n.d.). Die International Agency for Research on Cancer klassifizierte *Geptil* als möglichen Krebserreger für die Menschen (Gruppe 2B, siehe IARC 1999).

produkte in der Abwurfzone der ausgebrannten Raketenteile eine erhebliche Gefahr sowohl für die Umwelt als auch für die Gesundheit der Menschen (Carlsen u. a. 2007, 1108). Dies gilt, auch wenn die Studie für die meisten Stoffe nicht annimmt, sie seien akut giftig. Das Fazit lautet, dass einige dieser Stoffe nachteilig auf die Organe des Menschen wirken. Zusätzlich besitzen manche Stoffe eine hohe Wahrscheinlichkeit, krebserregend zu sein oder zu Fehlbildungen an Embryonen zu führen (Carlsen u. a. 2009, 415).

Ergebnisse derartiger wissenschaftlicher Studien werden weder in der Region noch in den gesamtrussischen Medien veröffentlicht, was zunächst damit zusammenhängen könnte, dass es sich nur um theoretisch begründete Annahmen handelt. Stattdessen präsentieren lokale Medien vom Staat zur Verfügung gestellte Studien und Kommentare von Politikern, sowie von Agenten des öffentlichen Dienstes. Diese Studien tragen dazu bei, die falsche Vorstellung aufrecht zu erhalten, es gäbe keinen Grund zur Sorge. Meiner Erfahrung nach sind die Menschen jedoch sehr misstrauisch und sogar zynisch gegenüber diesen vom Staat verbreiteten Informationen. Durch Beiträge anonymer Internetakteure auf lokalen Portalen wird das Misstrauen bekräftigt. Folglich steht die Frage meiner Informanten weiterhin im Raum: Bringen vom Himmel herabstürzende Raketenteile Umweltverschmutzung durch geringe Mengen an *Geptil*?[5] Falls die Antwort ›ja‹ lautet, dann schließt sich eine Sorge unmittelbar an: Welche Einflüsse hat der Langzeitkontakt von kleinen Mengen an *Geptil* für den Menschen, seine Gesundheit und sein Wohlbefinden?

Meine Informanten nehmen also in etwa folgende, argumentativ begründete Position gegenüber den offiziell geäußerten, materiellen Semiotiken ein: Sie verstehen die herabstürzenden Raketenteile als Hinweise auf die Raumfahrt- und Handelsaktivitäten an einem über 1000 km entfernten Ort. Wichtiger als die genaue Herkunft und die Funktion dieser sichtbaren Teile ist ihre Auffassung, dass diese Objekte Hinweise auf eine möglicherweise damit verbundene unsichtbare, giftige Verschmutzung darstellen.[6] Die Unsichtbarkeit und grundlegende Nicht-Wahrnehmbarkeit der potenziellen Vergiftung beunruhigt viele meiner Informanten nachhaltig. Die Frage ›ist da ein Feuer hinter dem Rauch‹ (um das typische Beispiel aus einer Einleitung zur Semiotik zu benutzen) kann gewöhnlich durch den Wechsel des Standpunkts beantwortet werden. Dieser Wechsel der Perspektive mit dem Ziel, neue Einsichten in die Giftigkeit der herabstürzenden Raketen-

---

5   Ganz offensichtlich sollte das in Altai so betitelte *Geptil* eher als eine Mischung von *Geptil* (Asymmetrisches Dimethylhydrazin) und seinen Transformationsprodukten bezeichnet werden.

6   ›Indexe‹ werden oft vereinfachend definiert als Auswirkung der Ursachen für welche sie stehen. Bezeichnenderweise werden die sichtbaren Raketenteile von meinen Informanten in einer homologen Argumentation als unsichtbare Ursachen für bestimmte Effekte verantwortlich gemacht.

teile zu erhalten, liegt jedoch jenseits der Möglichkeiten meiner Informanten, da für sie eine chemische Analyse praktisch nicht erreichbar ist.[7]

Abwesende Raketen: Raketenschrott und öffentliche Gesundheit

Nach Charles S. Pierce und den meisten Vertretern seiner zeichentheoretischen Schule bildet die Kausalität der Zeichen in der Definition eines Index die semiotische Brücke, die eine ›Repräsentation‹ mit der eigentlichen Welt verbindet. Andere Autoren widersprechen diesem Konzept. Obgleich sie nicht die absolute Trennung zwischen Repräsentation und Welt verlangen, bestehen sie doch darauf, dass diese Abgrenzung nicht an erster Stelle stehen sollte.[8]

Meinem eher begrenzten Verständnis der theoretischen Debatte zufolge gibt es in öffentlichen Gesundheitsdebatten im Allgemeinen, sowie in der Epidemiologie im Speziellen keinen Grund für ein solches Umdenken. Die Betrachtung von Repräsentationen als Teil der Welt steht deutlich im Fokus. Um beispielsweise die Ausbreitung von HIV/AIDS auf einer praktischen Ebene zu verstehen, sollte die Trennung von Welt und Repräsentation, Natur und Gesellschaft etc. kein Problem darstellen. Ohne klare Antworten auf die Fragen, wie sich der Virus vermehrt, in welcher Umwelt er überlebt, welche Vorstellungen die Menschen zu den Themen Sexualverhalten und moralischen Werten u. a. besitzen, kann keine öffentliche AIDS-Gesundheitsstudie angefertigt werden.

Meine Überraschung war daher groß, als ich die ersten, schon lang erwarteten wissenschaftlichen Artikel zum Thema der herabstürzenden Raketenteile im Altai in einem internationalen Wissenschaftsmagazin las. Es handelte sich hierbei um zwei ähnliche Beiträge, die vom fast gleichen Kollektiv an Autoren verfasst worden waren. Die Autoren standen unter der Leitung von Spezialisten der *London School of Hygiene and Tropical Medicine*, und die Artikel wurden im »Health, Risk & Society« – Magazin im Jahr 2010 veröffentlicht (Profeta/Goncharova u. a. 2010; Profeta/Rechel u. a. 2010).

Beide Artikel präsentierten Untersuchungen, die im Rahmen eines Treffens mit Vertretern der Gesellschaft im Altai angeregt wurde, bei dem diese ihre Sorgen bezüglich der Gefahren der herabstürzenden Raketen zum Ausdruck brachten (sowohl durch direkte Auswirkungen, als auch die Kontamination) (Profeta/Goncharova u. a. 2010, 194). Allerdings adressieren die Studien ausschließlich das Thema ›der Wahrnehmung von Risiko und Gefahr‹. Falls ein Einwohner der Zone 327 diese Artikel jemals lesen würde (was allerdings sehr unwahrscheinlich ist), so würde er dadurch Folgendes lernen: Er/Sie ist misstrauisch gegenüber den offiziellen Informationen bezüglich möglicher Schäden, welche durch Rest-

---

7   Mit ›nicht in der Lage sein‹ meine ich natürlich nicht, dass meine Informanten intellektuell ungeeignet sind.

8   Diverse Denkansätze dazu beispielsweise von Kohn 2013; Henare u. a. 2006; Latour 1993; Rorty/Rorty 1991.

bestände der Raketen ausgelöst werden könnten. (Etwas, das er oder sie bereits ganz genau weiß, und das er oder sie – unabhängig von der hier bereits dargelegten Unmöglichkeit, die Umweltverschmutzung selbst zu prüfen – mit seinen oder ihren eigenen Augen in Echtzeit betrachten kann. M. E. war dieses Misstrauen der erste Grund, weswegen die Menschen überhaupt ihre Bedenken gegenüber den Experten der *London School of Hygiene and Tropical Medicine* geäußert haben). Weiter wird in diesen Artikeln argumentiert, dass das Problem im Prozess der kommunizierten Informationen beim Abschuss der Rakete liege. In dieser Szenerie haben viele Probleme der Menschen in der Region ihre Wurzeln in der allgemeinen sozialen und wirtschaftlichen Situation; der Abschuss der Rakete wird lediglich zur Projektionsfläche ihrer Sorgen (Profeta/Goncharova u. a. 2010, 207–8).

Mit anderen Worten: Bewohner dieser Region werden durch die Artikel informiert, dass die verbreitete Not, ausgelöst durch allgemeine sozioökonomische Probleme, Armut und Alkoholismus, die eigentliche Grundlage ihrer Sorge sei. Der Raketenmüll diene demnach lediglich als ein Mittel, um dieser Not Gehör zu verschaffen. Darüber hinaus verstärkt die Information über die Raketen die Not in einer spezifischen Weise. »Menschen, die glauben, es sei wichtig, über Informationen bezüglich der Umwelt zu verfügen, erhalten diese Informationen aus offiziellen Quellen. Sie sind unzufrieden mit diesen Information und neigen eher dazu, besorgt über den Abschuss der Rakete zu sein und entsprechende Symptome zu entwickeln« (Profeta/Goncharova u. a. 2010, 205).

In gewisser Weise würden die Einwohner dieser Absturzzonen vom Artikel lernen, wie inkompetent die PR-Abteilung der Raumfahrtbehörde ist. Basierend auf den Aussagen der russischen Spezialisten von der Raumfahrtbehörde würde der Einwohner darüber informiert, dass er oder sie an ›Raketophobie‹ leidet. Während die russischen Studien derartige Diagnosen aus den vermeintlich negativen Ergebnissen der Untersuchungen zur Umweltverschmutzung ziehen, ist der Mittelpunkt dieser zwei Artikel doch differenzierter zu betrachten. Durch die Fokussierung auf das ›Erkennen von Risiken und Gefahren‹ werden reale Raketentrümmer, die Möglichkeit einer tatsächlichen Verschmutzung durch *Geptil* und ihre Auswirkungen außer Acht gelassen. Sämtliche Informationen über *Geptil* stehen eingerahmt am Rand des Artikels in einer kleinen Box. Es wirkt so, als würde dieser Themenbereich in Klammern gesetzt werden. In diesen Arbeiten wird ›Raketophobie‹ völlig abgelöst vom Raketenmüll diskutiert.[9]

Vermutlich sind die Einwohner der betroffenen Regionen tief enttäuscht über die Ergebnisse der beiden Artikel. Es gab keine unabhängigen Proben und keine sich daraus erschließenden toxikologischen, oder epidemiologischen Analysen. Ohne Zweifel gab es bei den in den betroffenen Gegenden lebenden Menschen

---

9   Das entspricht in etwa dem Vorgehen der Anhänger des Psychologen Lacan, die krankhafte Eifersucht als etwas betrachten, das unabhängig vom eigentlichen Befund einer Täuschung durch seinen Partner gilt (siehe Žižek 2006).

Hoffnungen auf eine solche Analyse, da sie selbst ja außerstande sind, die notwendigen Messungen der giftigen Substanzen durchzuführen.

Selbst ein Ethnologe wie ich muss beim Lesen solcher Studien in Bedrängnis geraten. Nicht allein dadurch, dass die Studie meinen Vorstellungen von einem öffentlichen Gesundheitssystem als Fachgebiet widerspricht, sondern vielmehr weil diese Studie (und damit die Fachleute im Gesundheitssystem) sich als nicht resistent gegenüber dem Übel des ›Repräsentationalismus‹ erwiesen hat. Dieses Übel ist bei Ethnologen leider weit verbreitet. Denn mit unserem ausschließlichen Fokus auf die menschliche Repräsentation von Sachverhalten erscheint die Position, die wir traditionell innehaben, nämlich ›Gespräch an Gespräch‹ und ›Diskurs an Diskurs‹ zu knüpfen, um auf dieser Grundlage eine Ethnografie zu verfassen, einfach nur eine Anwendung von Bakhtin's bekannter Terminologie (siehe Vrhel 1991).

Im kürzlich erschienen Buch »Not Quite Shamans« von Morten Pedersen (2011) wird sehr gut beschrieben, was der Autor mit ›symbolisch funktionalistischer Analytik‹ in postkolonialen Studien von Magie in Afrika meint. Er zeigt, wie okkulte Phänomene, z. B. Geister, von Anthropologen durchweg als Teile der realen Welt oder als Bausteine zur Konstruktion von Sinn beschrieben werden können:

»Whether rubrized as ›witchcraft‹, ›sorcery‹, or ›shamanism‹, [they] are collective representations – or to use a more fashionable term, social imaginaries – within a neo-Marxist (and indeed neo-Durkheimian) model of social production, where some cultural-ideational stuff is metaphorically projected onto some political-economic stuff, or vice versa, in ways that are always in, or against, the interests of the powers that be« (Pedersen 2011, 33–4).

Dieses Zitat beschreibt etwas sehr Ausschlaggebendes: Dass Letzte, was ein Anthropologe an okkulten Phänomenen verstehen will, ist die Art und Weise, wie sein Informant oder seine Informantin sie versteht, das heißt als okkultes Phänomen (siehe Gell 1999, 161). Seit Jahrzehnten hat die Ethnologie als Disziplin etliche Modelle entwickelt, um aufzuzeigen, dass alles das, was Informanten über Okkultes aussagen, vor Ort zwar Wert besitzt, aber eher als Repräsentation für etwas Anderes steht. Aus den zwei Artikeln über die Raketenabstürze im Altai lässt sich dieselbe Kategorisierung herauslesen. In diesen Studien sprechen Forscher des öffentlichen Gesundheitswesens in einem weltklugen Ton über soziale Metaphorik. Die Angst vor Raketen symbolisiert dabei den Ausdruck von Gefahr und harten Konditionen des Lebens in der sibirischen Peripherie im schmerzvollen Prozess sozioökonomischen Wandels. Die Materialität der Raketen befindet sich hierbei fernab der Analysen. Hätten die Autoren also von ›bösen Geistern‹ gesprochen (anstelle von Raketenteilen), so wären ihre Analysen essentiell dieselben gewesen.

Einladung an die Rakete: Auf dem Weg zu einer symmetrischen Anthropologie der Raumfahrtindustrie

Auf der Grundlage der bisherigen Gedanken soll nun die Kernfrage dieses Beitrags bearbeitet werden: Wie kann ich eine bessere Ethnografie erstellen, die den Raketenmüll (sichtbar oder unsichtbar) mit einbezieht, gleichzeitig eine Ethnografie der Raumfahrtindustrie hervorbringt und die Sorgen meiner Informanten rücksichtsvoller behandelt?

Eine offensichtliche Möglichkeit, von der ich erwartet hatte, sie würde ausreichend sein, ist die Studie zum öffentlichen Gesundheitswesen. Sammeln und analysieren Sie Raketenmüll, Erdboden, Wasser, Luft, menschliches und tierisches Gewebe, erheben Sie Daten von Krankheitsvorfällen im Vergleich zur schon vorhandenen Studie über das wahrgenommene Risiko, verursacht durch den Abfall der Raketen! Ich würde die Idee einer derartigen Ethnografie überhaupt nicht abstoßend finden, so wie es manche Ethnologen möglicherweise tun. De facto bin ich jedoch als Sozialanthropologe der britischen Tradition zu unterqualifiziert, um solche eine Studie durchzuführen. Allerdings kann niemand qualifiziert genug sein, um eine so multidisziplinäre Studie durchzuführen. Die spezielle Kompetenz für das Forschungsfeld ›öffentliche Gesundheit‹ basiert auf der Bereitstellung einer epistemologischen und methodologischen Plattform für eine Zusammenarbeit diverser Disziplinen und Themenfelder. Die Ausrichtung der zwei erwähnten Artikel verfehlt diese Kompetenz in mehrerer Hinsicht, wie ich nun kurz erläutere.

Für einen Anthropologen zu Beginn des 21. Jahrhunderts erscheint es viel naheliegender dem ›Ding zu folgen‹, wie George Marcus es einst fasste (Marcus 1995; siehe auch Appadurai 1986). Das hieße also, eine *multi-sited* Ethnografie der zweiten Stufe der Proton-Rakete durchzuführen: Design, Produktion, Start, teilweise Sicherung der Abfälle, lokale Weiternutzung und Sorgen usw. Diese Annäherung ist das Standardwerkzeug für dingorientierte oder zumindest angeblich dingorientierte Methoden in der Ethnologie (Olsen 2007; Woolgar/Lezaun 2013). In diesem Feld fühle ich mich besser qualifiziert. Aber auch diese Annäherung enthält – ungeachtet der theoretischen Zweifel – enorme Probleme; Probleme, die auch ein an der Epidemiologie orientierter Ansatz hätte. Diese Probleme könnten in den Augen des geneigten Lesers auch die Mitarbeiter der *London School of Hygiene and Tropical Medicine* rehabilitieren, die mir hoffentlich verzeihen werden, dass ich sie hier als Strohmänner für meine Kritik benutzt habe. Wenn man die zwei Artikel liest, sollte man verstanden haben, dass das Thema hoch sensibel ist und die Möglichkeiten der Datenerhebung, gelinde gesagt, begrenzt sind. Es ist nahezu unmöglich, dem ›Ding zu folgen‹, wenn es sich bei dem Ding um ein Raketenteil handelt, und zudem noch um ein Teil einer russischen Rakete. Eine systematische Forschung ist zurzeit nicht möglich, selbst wenn sich durch den politischen Wandel in den frühen 1990er Jahren einiges geändert haben mag und die Geheimhaltung wenigstens temporär etwas gemildert werden konnte.

Bedeutet dies folglich, das Anliegen dieses Sammelbands, nämlich Dinge oder Nicht-Menschliches in die Anthropologie zu bringen, ist in diesem Falle überhaupt nicht zu realisieren? Ich würde anstelle dessen vielmehr ein anderes Verständnis vorschlagen: Die hier geschilderten Probleme eines Zugangs betonen die fundamentalen Auswirkungen des *material turn* in den Sozialwissenschaften. Woolgar und Lezaun haben darauf hingewiesen: »Exploring how objects are ›enacted in practices‹ implies, first, a refusal to draw on ›context‹ as an explanatory or descriptive tool« (Woolgar/Lezaun 2013, 323). Statt das Geheimnisvolle als Kontext zu nehmen, sollte es als Eigenschaft des fraglichen Dings betrachtet werden und damit auch der Komplex und die erweitere Umgebung des Objekts.[10] Wie Eduardo Kohn erklärt, »Taking nonhumans more seriously makes it impossible to confine our anthropological inquiries to an epistemological concern for how it is that humans, at some particular time or in some particular place, go about making sense of them.« Anthropologie jenseits des Menschen, resümiert Kohn an gleicher Stelle, ist zwangsläufig ontologischer Natur (Kohn 2013, 10).

Der Schritt weg vom ›Repräsentationalismus‹ und hin zur ›Ontologie‹, ermöglicht durch eine höhere Aufmerksamkeit für das Nichtmenschliche oder auch durch ›das Denken durch Dinge‹ (Henare u. a. 2006), ist ein großes Thema der aktuellen Debatten sowohl in der Ethnologie als auch in der Philosophie und in den Sozialwissenschaften[11]. Mein Ziel ist es hierbei, auf solche Debatten eher auf eine implizite Art zuzugreifen, indem ich Wege finde, meine Daten in einer nichtrepräsentationalistischen Art und Weise zu bearbeiten.

Ich möchte nahelegen, dass ein spezielles, eher verstecktes Merkmal der beiden oben genannten Artikel über das öffentliche Gesundheitswesen eine interessante Inspiration liefert. Dies könnte sozusagen ein Punkt des Aufbruchs für die Anthropologie der Raumfahrt sein, wie ich sie mir vorstelle. Wie schon zuvor erwähnt, ist die Archäologie für meine Informanten mindestens genauso problematisch wie die Raumfahrtindustrie. Während Raketenmüll angeblich *Geptil* freisetzt, so setzen archäologische Ausgrabungen vermeintlich böse Geister frei (Broz 2011). Relevant daran sind die Effekte dieser chemischen und okkulten Ursachen, denn sie sind für meine Informanten sehr ähnlich. Sie beinhalten Krankheit, Selbstmord oder etwas allgemeiner gesagt den Tod. Lokale Bedenken bezüglich der Archäologie sind so offenkundig, dass sie von Forschern kaum übersehen werden können (siehe als Beispiel Halemba 2008; Maslov 2006; Plets u. a. 2013). Die Spezialisten für das öffentliche Gesundheitswesen haben sehr wahrscheinlich öfters Menschen angetroffen, die auch ihre Bedenken gegenüber der Archäologie zum Ausdruck gebracht haben. Allerdings registrierten diese Spezialisten nur die lokalen Ängste bezüglich des Raketenmülls. Dies erscheint auf den ersten Blick als logisch, da der gegebene Fokus auf öffentlicher Gesundheit als Forschungsfeld liegt. Es ist aber sehr viel weniger logisch, wenn

---

10 Peter Galison (2004) lehrt uns, dass Verschwiegenheit ein sehr viel mehr verbreitetes Merkmal sei, als man denken mag.
11 Beispiele lassen sich hier finden in Bessire/Bond 2014; Carrithers u. a. 2010; Henare u. a. 2006; Heywood 2012; Paleček/Risjord 2013.

man die schlussendliche Argumentation der Studie berücksichtigt. Sie sagt ja im Kern aus, dass es lediglich um Auffassungen und Wahrnehmung geht. Paradoxerweise richtete das Team der Spezialisten seine Aufmerksamkeit nicht hinreichend auf Raketenteile und *Geptil*, da diese Dinge auf methodologischer Ebene in der Studie keine Rolle spielten. Andererseits könnte man aber auch sagen, Raketenteile und *Geptil* hätten in der Studie zu viel Aufmerksamkeit erhalten, weil sie ja (ohne nähere Kenntnis ihrer Eigenschaften) einen Ausgangspunkt der Untersuchung darstellen.

Traditionellerweise haben Ethnologen für ihren Teil ebenfalls versucht, eine asymmetrische Beschreibung zu liefern, allerdings auf eine spiegelverkehrte Art und Weise. Gebilde, die okkult oder magisch schienen, wie etwa Geister, haben auf Ethnologen oftmals anziehend gewirkt, nur um dann in einem zweiten Schritt ›wegerklärt‹ zu werden. Sie wurden aus der ethnologischen Analyse herausgehalten, indem sie lediglich als Repräsentationen verstanden wurden. Genau wie die Forscher des Gesundheitswesens haben auch Ethnologen zugleich zu viel und zu wenig Aufmerksamkeit gegenüber solchen Umständen aufgebracht.

Derartig unreflektierte Asymmetrien in der Methodologie sind fragwürdig, da sie Beschränkungen des Denkens bewirken, wie John Law (2004, 103) betont. Ich bin davon überzeugt, dass der Weg, solche Fallen zu umgehen, die Anwendung einer methodologischen Symmetrie sein sollte, wie es auch schon durch soziologische und archäologische Studien vorgeschlagen wurde.[12] Ein hervorragendes Beispiel für eine solche symmetrische, analytische Studie könnte realisiert werden, indem Raketenmüll und die damit verbundene Umweltverschmutzung durch *Geptil* im Altai zusammen mit den durch archäologische Arbeiten freigesetzten bösen Geistern untersucht werden. Wenn beide Bereiche wirklich gleich behandelt würden, so könnten die jeweiligen Gemeinsamkeiten und Unterschiede nicht bloß als Anfangspunkt der Analyse gesehen, sondern stattdessen als Mittelpunkt der Analyse etabliert werden. Es sollte trotzdem vermerkt werden, dass leider eine solche detaillierte symmetrische Analyse der durch die Raumfahrtindustrie verursachten *Geptil*-Verschmutzung und der durch die Archäologie freigesetzten bösen Geister jenseits der Möglichkeiten dieses Beitrags liegt. Im knappen Rahmen dieses Textes kann ich lediglich einige mögliche Merkmale einer solchen Vorgehensweise andeuten und hoffe, damit ihre Nützlichkeit zu demonstrieren.

Ontologien: Von »Was ist?« zu »Wie ist?«

Der grundlegende und unausgesprochene Ausgangspunkt sowohl der Studien zur durch Raketenteile bedingten Verschmutzung als auch der durch archäologische Ausgrabungen bewirkten Freisetzung bösartiger Geister ist aus westlicher und repräsentationaler Sicht die unterstellte ontologische Ungleichheit zwi-

---

12 Shanks 2007; Konopásek/Paleček 2011; Pels 1996; Latour 1993.

schen den beiden Phänomenen. In dieser Sicht ist die Verseuchung durch *Geptil* möglicherweise real, auch wenn darüber zurzeit aufgrund der strikten Regeln der Geheimhaltung nichts Genaues bekannt ist. Sich im Fall von *Geptil* auf die Vorstellungen von Wirkungen des Giftes zu beschränken, kann eigentlich nur durch genau diesen Umstand der Geheimhaltung erklärt werden. Im Gegensatz dazu werden böse Geister im Altai grundsätzlich als ›nichtreal‹ angesehen. Geister kann man nur untersuchen, indem man ihre Repräsentationen betrachtet. Dies gilt nicht aufgrund irgendwelcher spezifischen Kontexte (wie der Geheimhaltung), sondern ganz allgemein, weil es an Geistern nichts Anderes zu untersuchen gibt. Die Standarduntersuchung der Ethnologen zu Geistern ist es immer, sie auf ihre Kontexte zu reduzieren. Es ist das Anliegen und Versprechen der sogenannten ›symmetrischen‹ Methodologie, die ontologische Ungleichheit zu überwinden.

Im Kontext der Kulturen der Bevölkerung des Altai sind sowohl das *Geptil* als auch die bösen Geister unsichtbar. Sie sind nichtwahrnehmbar, was meine Informanten wie schon erwähnt, besonders nervös machte. Das Problem der ›Nicht-Wahrnehmbarkeit‹ scheint auch in besonderer Weise mit dem Status dieser Phänomene in der westlichen Wissenschaft verbunden. Wir können vermuten, dass die potenzielle Wahrnehmung von Spuren des *Geptil* im Altai als ein ›Aufspüren‹ zu bezeichnen wäre. Zahlreiche Experten, Spezialinstrumente und Laboratorien wären dafür erforderlich. Die damit vereinten Anstrengungen könnten zum Aufspüren einer Substanz führen, deren ›Dasein‹ für ein wissendes Subjekt schon angenommen wird. Dieses ›wissende Subjekt‹, der Wissenschaftler, trägt die volle Verantwortung, eine analytische Position zu entwickeln und zugleich über ein angemessenes Regelsystem der Wahrnehmbarkeit zu verfügen.[13] Dieses ›System der Wahrnehmbarkeit‹ ist natürlich reproduzierbar, es kann also zu jedem Zeitpunkt in der Zukunft von anderen Personen und mit anderen Geräten noch einmal erzeugt werden. Im Gegensatz zu diesen Regeln ist die Wahrnehmbarkeit der bösen Geister sehr viel schwerer zu replizieren. Diese Wahrnehmbarkeit beschränkt sich voll und ganz auf eine bestimmte Person, jemanden mit einem besonderen Sinn dafür. Solche Personen werden lokal als *kam* (Schamane) oder öfters auch als *biler kizhi* (wissende Person) bezeichnet. Manchmal wird diese Fähigkeit zur Wahrnehmung auch ganz gewöhnlichen Personen (*bilbez kizhi*) durch bestimmte Umstände (Ort, Zeit) auferlegt, mitunter auch gegen den Willen dieser Personen.[14] Die Regeln der Wahrnehmbarkeit liegen im Fall der bösen Geister (im weiteren Sinne) außerhalb der Handlungsmöglichkeiten des

13 Ich umschreibe hier Delaplaces »Regime der Sichtbarkeit« (2009).
14 Es scheint eine deutliche Parallele zwischen der plötzlichen Begegnung und dem Herbeirufen einer wissenden Person zu geben. Solche Begegnungen sind oftmals außerhalb der willentlichen Beeinflussung durch eine *biler kizhi* und oftmals auch nicht erwünscht. In der Begrifflichkeit, die ich hier ausdrücklich nicht verwenden möchte, würde man das als ›schamanistische Krankheit‹ bezeichnen.

wissenden Subjektes. Das ist einer der Gründe, warum die im Mittelpunkt wissenschaftlicher Fakten liegende Replizierbarkeit unmöglich zu erreichen ist.[15]

Eine repräsentationalistische Beschreibung versteht epistemologische Regeln der Wahrnehmung/des Aufspürens/des Sehens und des Wissens als etwas Festgelegtes. Diese Regeln wirken nur in einer Richtung, bzgl. dessen was da ist, also in Bezug auf das untersuchte Objekt. Während die Existenz einer chemischen Substanz durch eigene Gesetze des Aufspürens mit bestimmten Techniken möglich ist, kann ein nichtexistenter Geist ein solches ›Aufspüren‹ gar nicht erst ermöglichen. Wahrnehmungen werden als unverbindliche, phantasmagorische Ereignisse; als etwas, das ›nicht real sein kann‹ oder als ein kulturell definierter, geteilter Glaube klassifiziert.

Im Gegensatz dazu würde ein nichtrepräsentationalistischer, ontologischer Zugriff die untersuchten Phänomene als wechselseitig (nicht nur in eine Richtung) mit den Praktiken des ›Wissen-über‹ verbunden auffassen. Die vereinfachende »ja-oder-nein?« Frage eines repräsentationalistischen Verständnisses würde ersetzt durch ein »wie?« oder durch ein »bis zu welchem Grad?«. Wenn die Vielzahl von ›Techniken des Wissens‹ in Betracht gezogen wird, dann führt der nichtrepräsentationalistische Zugriff zu dem Konzept einer Vielheit von Objekten (Law/Singleton 2005, 334), oder ›von vielen Weltsichten‹ hin zu vielen Welten (Henare u. a. 2006).

Man stelle sich den Fall einer akuten Vergiftung mit *Geptil* vor (etwa in der Fabrik, in der dieses *Geptil* hergestellt wird) und einen Fall eines durch die langandauernde Exposition mit *Geptil* verursachten Krebsleidens. Dies sind zwei Beispiele ernsthafter Gesundheitsprobleme, die jedes durch viele und ganz unterschiedliche Symptome gekennzeichnet sind. Was wird man tun, um in jedem einzelnen Fall Geptil als Ursache zu identifizieren? Wie die Wissenschaftsforschung gezeigt hat, würden in jedem Fall umfangreiche medizinische, toxikologische, epidemiologische Bemühungen mit entsprechenden Praktiken, wie dem Nehmen von Proben, der Durchführung von Analysen etc. unternommen. In dem speziellen Fall dieses Beispiels wäre zudem eine politische Unterstützung erforderlich, um das Prinzip der absoluten Geheimhaltung zu durchbrechen. Wo immer es produziert und in die Raketen eingefüllt wird, kann *Geptil* als ein massenhaft vorkommendes Gift mit fischigem Geruch und mit weitgehend sofortiger Wirkung gelten. In diesem Zusammenhang wird es mit den theoretisch verfügbaren Methoden leicht zu identifizieren sein, die allerdings in der Praxis nicht angewendet werden können. Selbst wenn es gesichert wäre, dass *Geptil* die Gesundheitsbeschwerden verursacht hat, würde eine solche Information hinter den Schranken der militärischen Geheimhaltung verschlossen bleiben. In den ausgedehnten Abwurfzonen sind die Regeln der Geheimhaltung viel schwächer, aber doch immer noch stark genug, um zu verhindern, dass die Existenz von

---

15 Interessanterweise liegt die Fähigkeit, etwas wahrzunehmen, außerhalb der Handlungsmöglichkeiten des Einzelnen, wohingegen das, was diese Person sieht, vom wissenschaftlich-positivistische Standpunkt aus ›subjektiv‹ gilt.

Geptil in sehr viel geringerer Konzentration vorliegt. *Geptil* als eine Ursache für Gesundheitsprobleme zu identifizieren oder gar für einen Todesfall verantwortlich zu machen, würde langfristige Studien mit unterschiedlichen Methoden erforderlich machen, die ein breites Spektrum unterschiedlicher Landstriche und Bevölkerungen mit einbeziehen müsste.

Auch wenn eine solche Studie mit Erfolg durchgeführt werden könnte, würde *Geptil* je nach seinem Kontext immer wieder anders angesprochen und eingeordnet werden. Aus Sicht der Wissenschaftsforschung würde man sagen, es bedürfe einer »Arbeit der Koordination« (Mol 2002, 66), um ›*Geptil* als Gift‹ mit ›*Geptil* als Karzinogen‹ gleichzusetzen. Statt eine übereinstimmende Sichtweise zu erzeugen, also eine Definition des schon zuvor existierenden *Geptil*, das dann in zwei unterschiedlichen Kontexten auftaucht, würde die nichtrepräsentationalistische Theorie von einer Vielheit von *Geptil* sprechen, welche durch eine ›ontologische Choreografie‹ (Cussins 1996) verschiedener Phänomene in verschiedenen Kontexten zu einer Einheit geworden sei. Wie uns die Wissenschafts- und Technikforschung (STS) weiter informiert: »Processes of singularization are always fragile achievements – when they are achieved at all« (Woolgar/Lezaun 2013, 325). In den allermeisten Fällen können die Merkmale des *Geptil* nicht im Kontext der Abwurfzonen etabliert werden. Die Ursachen sind komplex: Während zum Beispiel die Regeln der Geheimhaltung deutlich gegen die Etablierung eines einheitlichen *Geptil* in den verschiedenen Kontexten wirken, hat das öffentliche Misstrauen gegen die russischen Behörden eine entgegengesetzte Wirkung, indem es nämlich die Möglichkeit einer Verbindung immer wieder benennt. Die ›Unveränderlichkeit‹ von *Geptil* (so wie es Latour 1987 vorgeschlagen hat) quer über alle seine Erscheinungsformen hinweg bleibt aber trotz allem ein wichtiger, um nicht zu sagen, ein entscheidender Punkt der ›ontologischen Choreografie‹.

Im Fall der bösen Geister im Altai ist die Situation grundlegend anders. Man stelle sich einen Selbstmord auf der einen Seite und einen durch Krebs verursachten Tod auf der anderen Seite vor. Diese beiden Beispiele unterschiedlicher Todesarten sind im Kontext des Altai oft ganz ähnlich dem Handeln böser Geister zugeordnet. Anstelle von technisch-wissenschaftlichen Netzwerken dienen im Fall der Geister Gespräche mit Verwandten, Freunden und Nachbarn dazu, diese zu identifizieren. Ein Verdachtsfall wird weiter abgesichert durch *biler ulus* (wissende Personen). Geschichten, die man mir im Altai erzählte, gleichen sich in vieler Hinsicht, genauso, wie der Begriff, mit dem man sich auf die bösen Geister bezog (*körmos*), immer wieder auftauchte. Dennoch zielen die Erscheinungen nicht auf eine ›Unveränderlichkeit‹ im Sinne von Latour ab. *Körmos* kann eigentlich jede denkbare Form in einer endlosen Kette von Metamorphosen einnehmen. Wahrnehmungen wie auch Verkörperungen sind oft partiell, fragmentiert oder auch in sich widersprüchlich, so wie zum Beispiel, wenn es an der Haustür klingelt aber niemand dort ist.[16]

---

16 Viele Berichte über Begegnungen mit solchen ›Wesenheiten‹, die ich im Altai sammelte ähneln sehr deutlich der Beobachtung von Delaplace and Empson, die vermu-

Körmos für einen Tod verantwortlich zu machen, sollte nicht als Festschreibung des Handelns einer klar definierten Wesenseinheit verstanden werden. Oft wird auch der Plural verwendet, *körmostör,* und noch öfter sogar eine euphemistische Umschreibung, indem man es einfach ›das Ding‹, *neme,* nennt. Im Fall von *Geptil* beruhen die Befürchtungen auf etwas, das man eigentlich wissen könnte, aber nur umständehalber nicht weiß, im Fall der bösen Geister geht es hingegen um etwas, das man in Teilen kennt, aber von dem man niemals ein umfassendes Verständnis erlangen wird. Böse Geister werden in jedem Kontext durch die Personen, die aus verschiedenen Gründen dazu die Fähigkeit haben, wieder anders und unterschiedlich wahrgenommen. Die komplexe und für sich wandelbare Erscheinung interferiert dabei mit dem Bereich des Okkulten (siehe oben, Halemba 2006, 150).

Ich möchte hier nicht behaupten, dass die Unterschiede zwischen bösen Geistern und *Geptil* eine Frage des öffentlichen Konsenses darüber sind. Wissenschaftler würden dem in der Regel deutlich widersprechen, und auch die *biler ulus* (wissende Personen) würden in manchen Fällen widersprechen. Was ich herausstellen möchte, ist die Tatsache, dass die (unweigerlich nur zum Teil artikulierte und nur temporäre) Auffassung der Wissenschaftler über *Geptil* diese Substanz zumindest potenziell als eine *black box* erscheinen lässt. *Geptil* als *black box* ist eine Abstraktion der erwähnten ›ontologischen Choreografie‹, die ja seine Qualitäten erst hervortreten ließ und dazu führte, dass man an seine ›Unveränderlichkeit‹ trotz des Auftretens in ganz verschiedenen Kontexten glaubt. Auch Wissenschaftler, die *Geptil* nicht in dieser Rolle sehen, würden grundsätzlich zustimmen dass eine Substanz die vermuteten Eigenschaften haben könnte. Für die bösen Geister im Altai gilt dies nicht.

Im Vokabular des Repräsentationalismus beschrieben, wäre der Unterschied folgender: Technisch-wissenschaftliche Netzwerke erzeugen Regeln der Wahrnehmbarkeit, durch die unterschiedliche Phänomene öffentlich sichtbar werden. Es geht dabei um einfache Regeln der Wahrnehmbarkeit, denen ein einziges ›unveränderliches‹ Geptil zugrunde liegt. Erst in der Folge kann man Phänomene als Effekte oder Manifestationen dieser gefährlichen Substanzen erkennen. Wandelbare Wahrnehmbarkeit, so wie sie von den *biler ulus* (wissende Personen) erklärt wird, kann ebenfalls unterschiedliche Phänomene als Effekte der bösen Geister erklären. Letzteres geschieht allerdings ohne die zugrundeliegende Annahme einer ›Unveränderlichkeit‹ der Geister. Dabei geht es nicht nur um die unterschiedlichen Geschichten der *biler ulus,* auch die Geister selbst werden präsentiert als etwas, dass sich beständig ändert.

Die Vielzahl der Effekte im Regelsystem der Wahrnehmbarkeit wird nicht ersetzt durch die Einzigartigkeit der Ursache, so wie es bei *Geptil* der Fall ist, sondern durch eine weitere Vielzahl. Deshalb erscheinen die Geister des Altai

---

teten, dass Begegnungen mit unsichtbaren Dingen, in ihrem Fall in der Mongolei, durch unvollständige und zeitlich unterbrochene Sinneserfahrungen zustande kommen. »*[They are] only felt by one single sense at a time: e.g. frying smells with no one seen frying or bell rings with no bell in sight*« (Delaplace/Empson 2007, 209).

als radikal anders als das *Geptil*. Es sind nicht ›schlecht dokumentierte Fakten‹, die nicht erlauben, eine ›Unveränderlichkeit‹ zu definieren, sondern diese Geister sind grundlegend veränderlich. Sie könnten auch als veränderliche, mobile Wesen bezeichnet werden. Es sind mithin Anti-Fakten.[17]

Im Vokabular des Nicht-Repräsentationalismus kann man sagen, der Moment der Auflösung oder Überwindung der unterschiedlichen Erscheinungsformen von Geptil ist die Erkenntnis des einheitlichen Grundcharakters der Substanz; im Fall der bösen Geister ist es das Fortbestehen von Vielheit. Die Arbeit der Koordination, die ›ontologische Choreografie‹ der Erscheinungsformen von *Geptil* ist ganz anders als die der Erscheinungsformen der bösen Geister. Diese unterschiedlichen Ontologien auf empirischer Grundlage auszuarbeiten, ist die Aufgabe einer Ethnografie, die darauf verzichtet, die ontologische Unvergleichbarkeit als Ausgangspunkt zu wählen.

Schluss

Eine symmetrische Ethnologie der Raumfahrtindustrie, so wie ich sie in dem Beitrag vorgeschlagen habe, könnte im Kontext des Altai ein lokal hoch relevantes, wenn auch delikates und gefährliches Thema erleuchten. Zudem könnte es gleichzeitig einen Raum der Reflexion eröffnen darüber, was ich als ›Sackgasse‹ einer Ethnografie der übernatürlichen Phänomene betrachte, und was von Pedersen (2011) als eine symbolisch-funktionalistische Analyse bezeichnet wurde. Die von mir hier vorgeschlagene Perspektive auf die von *Geptil* kontaminierten Raketenteile und die spirituell gefährlichen, archäologischen Befunde ist so ausgelegt, dass die beiden Phänomene sich wechselseitig erhellen. Wenn ich vorschlage, diese in einer symmetrischen Art und Weise zu behandeln, so bedeutet dies nicht, sie seien gleichartig. Das dominante Verständnis, das ich gerne überwinden möchte, bezieht sich nicht auf die Unterschiedlichkeit von *Geptil* und bösen Geistern. Mein Anliegen ist es vielmehr, das zweifelhafte Verständnis bezüglich ihrer Unvergleichbarkeit zu überwinden. In diesem Sinne möchte ich ›Unterschiede aus Unvergleichbarkeit‹ herausarbeiten, und nicht Gleichheit aus Unterschiedlichkeit (Morris 1997, xiii; zitiert nach Chakrabarty 2000, 263).

Der doppelte Beitrag zu zwei sehr verschiedenen Feldern der Ethnologie, Religion und Technik-Anthropologie, kann dazu beitragen, einen Standpunkt zu erreichen, den die Ethnologie m. E. immer angestrebt hat: Umweltvergiftung durch Raketenschrott zu untersuchen, ohne deshalb organische Chemie zu betreiben, genauso, wie durch Archäologie an die Oberfläche gebrachte böse Geister zu betrachten, ohne das Fach zu einer Theologie zu machen. Die zentrale Leis-

---

17 Man beachte, dass nicht alle als veränderliche mobile Wesen zu kennzeichnenden Dinge gleichzeitig ›Anti-Fakten‹ mit scheinbar zweifelhafter Ontologie darstellen. Flüssige Dinge, wie zum Beispiel die durch die Analyse von De Laet und Mol (2000) berühmt gewordene Wasserpumpe, sind veränderlich; dennoch braucht man ihre Existenz nicht zu hinterfragen.

tung einer solchen Ethnografie ist ein ernsthaftes und problemorientiertes Aufgreifen der Sorgen unserer Informanten, ohne deshalb unkritisch ihre Positionen einzunehmen.[18]

Literatur

1,1-DIMETHYLHYDRAZINE – National Library of Medicine HSDB Database n.d., Hazardous Substances Data Bank. [Verfügbar unter: http://toxnet.nlm.nih. gov/cgi-bin/sis/search/f?./temp/~RDWldg:1 (Zugriff: 27. April 2011)].

Appadurai 1986: A. Appadurai (Hrsg.), The Social Life of Things: Commodities in Cultural Perspective. Cambridge: Cambridge University Press 1986.

Babies in Siberian Space Scare 2003. [Verfügbar unter: http://news.bbc.co.uk/2/hi/ europe/3251480.stm (Zugriff: 1. Juli 2011)].

Bessire/Bond 2014: L. Bessire/D. Bond, Ontological Anthropology and the Deferral of Critique. American Ethnologist 41, 2014, 440–56.

Broz 2007: L. Broz, Pastoral Perspectivism: A View from Altai. Inner Asia 9, 2007, 291–310.

Broz 2009a: Ders., Conversion to Religion? Negotiating Continuity and Discontinuity in Contemporary Altai. In: M. Pelkmans, Conversion After Socialism: Disruptions, Modernisms and Technologies of Faith in the Former Soviet Union. Oxford: Berghahn Books 2009, 17–37.

Broz 2009b: Ders., Substance, Conduct, and History: ›Altaian-ness‹ in the Twenty-First Century. Sibirica 8, 2009, 43–70.

Callon 1998: M. Callon, An Essey on Framing and Overflowing: Economic Externalities Revisited by Sociology. In: M. Callon (Hrsg.), The Laws of the Markets. Oxford, Malden: Blackwell Publishers 1998, 244–69.

Carlsen u. a. 2007: L. Carlsen/O. Kenesova/S. Batyrbekova, A Preliminary Assessment of the Potential Environmental and Human Health Impact of Unsymmetrical Dimethylhydrazine as a Result of Space Activities. Chemosphere 67, 2007, 1108–16.

Carlsen u. a. 2009: L. Carlsen/B. N. Kenessov/S. Y. Batyrbekova, A QSAR/QSTR Study on the Human Health Impact of the Rocket Fuel 1,1-Dimethyl Hydrazine and Its transformation productsMulticriteria hazard ranking based on partial order Methodologies. Environmental Toxicology and Pharmacology 27, 2009, 415–23.

Carrithers u. a. 2010: M. Carrithers/M. Candea/K. Sykes/M. Holbraad, Ontology Is Just Another Word for Culture: Motion Tabled at the 2008 Meeting of the Group for Debates in Anthropological Theory, University of Manchester. Critique of Anthropology 30, 2010, 152–200.

Chakrabarty 2000: D. Chakrabarty, Provincializing Europe: Postcolonial Thought and Historical Difference. Princeton, N. J.: Princeton University Press 2000.

---

18 Ich räume ein, dass der damit verbundene ethische Gewinn durchaus asymmetrischer Natur ist, da es die menschlichen Akteure in den Mittelunkt stellt (siehe den Beitrag von Petursdottir in idem Band).

Cussins 1996: C. Cussins, Ontological Choreography: Agency Through Objectification in Infertility Clinics. Social Studies of Science 26, 1996, 575–610.

Dalal u. a. 1989: S. R. Dalal/E. B. Fowlkes/B. Hoadley, Risk Analysis of the Space Shuttle: Pre-Challenger Prediction of Failure. Journal of the American Statistical Association 84, 1989, 945–57.

Delaplace 2009: G. Delaplace, L'Invention des Morts. Sépultures, Fantômes et Photographie en Mongolie Contemporaine. Nanterre: Centre d'Études Mongoles et Sibériennes 2009.

Delaplace/Empson 2007: G. Delaplace/R. Empson, The Little Human and The Daughter-in-law: Invisibles as Seen Through the Eyes of Different Kinds of People. Inner Asia 9, 2007, 197–214.

Galison 2004: P. Galison, Removing Knowledge. Critical Inquiry 31, 2004, 229–43.

Gavrilov 2005: V. Gavrilov, Altai ofitsial'no stal ›kosmicheskoi svalkoi‹ (Altai officialy became a ›space junkyard‹. Novye Izvestiia, 16. Dezember 2005 [Verfügbar unter: http://www.newizv.ru/news/2005-12-16/37312/ (Zugriff: 4. März 2010)].

Gell 1999: A. Gell, The Art of Anthropology: Essays and Diagrams. Oxford: Berg Publishers 1999.

Gorman 2014: A. Gorman, The Anthropocene in the Solar System. Journal of Contemporary Archeology 1, 1, 2014, 87–91.

Gorman/O'Leary 2013: A. Gorman/B. L. O'Leary, The Archaeology of Space Exploration. In: A. Piccini/R. Harrison/P. Graves-Brown (Hrsg.), The Oxford Handbook of the Archaeology of the Contemporary World. Oxford: Open University Press 2013, 409–24.

Granovetter 1985: M. Granovetter, Economic Action and Social Structure: The Problem of Embeddedness. American Journal of Sociology 91, 1985, 481–510.

Halemba 2006: A. Halemba, The Telengits of Southern Siberia: Landscape, Religion and Knowledge in Motion. London: Routledge 2006.

Halemba 2008: Dies., ›What does it feel like when your religion moves under your feet?‹ Religion, Earthquakes and National Unity in the Republic of Altai, Russian Federation. Zeitschrift fur Ethnologie 133, 2008, 283–99.

Henare u. a. 2006: A. Henare/M. Holbraad/S. Wastell, Introduction: Thinking Through Things. In: A. Henare/M. Holbraad/A. Wastell (Hrsg.), Thinking Through Things: Theorising Artefacts Ethnographically. London – New York: Routledge 2006, 1–31.

Heywood 2012: P. Heywood, Anthropology and What There Is: Reflections on ›Ontology‹. Cambridge Anthropology 30, 2012, 143–51.

IARC 1999: Re-Evaluation of Some Organic Chemicals, Hydrazine and Hydrogen Peroxide. IARC Monographs on the Evaluation of Carcinogenic Risks to Humans 71. Lyon: IARC and WHO 1999.

Kohn 2013: E. Kohn, How Forests Think Toward an Anthropology Beyond the Human. Berkeley: University of California Press 2013.

De Laet/Mol 2000: M. De Laet/A. Mol, The Zimbabwe Bush Pump. Social Studies of Science 30, 2000, 225–63.

Latour 1987: B. Latour, Science in Action: How to Follow Scientists and Engineers Through Society. Cambridge, MA: Harvard University Press 1987.

Latour 1993: Ders., We Have Never Been Modern. Cambridge, MA: Harvard University Press 1993.

Latour 2004: Ders., Politics of Nature: How to Bring the Sciences into Democracy. Cambridge, MA: Harvard University Press 2004.

Law 2004: J. Law, After Method. London: Routledge 2004.

Law/Singleton 2005: J. Law/V. Singleton, Object Lessons. Organization 12, 2005, 331–55.

Lupandin/Denisovskii 2000: V. Lupandin/G. Denisovskii, Kuda padaiut rossiiskie rakety. Mechta liubogo shpiona – zavesti znakomstvo sredi altaiskikh traktoristov (Where Do Russian Rockets Fall. Dream of Every Spy – to Make a Friend Among Altaian Tractor-Drivers.) Novaia Gazeta, 27. November 2000 [Verfügbar unter: http://2000.novayagazeta.ru/nomer/2000/67n/n67n-s00.shtml (Zugriff: 8. März 2010)].

Marcus 1995: G. Marcus, Ethnography in/of the World System: The Emergence of Multi-Sited Ethnography. Annual Review of Anthropology 24, 1995, 95–117.

Maslov 2006: D. V. Maslov, Prichiny zamletriasenia 2003 goda v Kosh Agachskom raione Respubliki Altai glazami Altaitsev., vol. 1. In: Polevye issledovania studentov RGGU etnologiya, fllkloristika, lingvistika. Moscow: PGGU 2003.

Mol 2002: A. Mol, The Body Multiple: Ontology in Medical Practice. Durham – London: Duke University Press Books 2002.

Morris 1997: M. Morris, Foreword. In: Naoki Sakai, Translation and Subjectivity: On ›Japan‹ and Cultural Nationalism. Minneapolis: University of Minnesota Press 1997.

Olsen 2007: B. Olsen, Keeping Things at Arm's Lengt: A Genealogy of Asymmetry. World Archaeology 39, 2007, 579–88.

Paleček/Risjord 2013: M. Paleček/M. Risjord, Relativism and the Ontological Turn Within Anthropology. Philosophy of the Social Sciences 43, 2013, 3–23.

Pedersen 2011: M. A. Pedersen, Not Quite Shamans: Spirit Worlds and Political Lives in Northern Mongolia. Ithaca, NY: Cornell University Press 2011.

Pels 1996: D. Pels, The Politics of Symmetry. Social Studies of Science 26, 1996, 277–304.

Plets u. a. 2013: G. Plets/N. Konstantinov/V. Soenov/E. Robinson, Repatriation, Doxa, and Contested Heritages. Anthropology & Archeology of Eurasia 52, 2013, 73–98.

Polos'mak/O'Rear 1994: N. V. Polos'mak/C. O'Rear, A Mummy Unearthed From the Pastures of Heaven. National Geographic Magazine, October 1994, 80–103.

Profeta/Goncharova u. a. 2010: B. Profeta/N. Goncharova/I. Kolyado/Y. Robertus/M. McKee, Danger From Above? A Quantitative Study of Perceptions of Hazards From Falling Rockets in the Altai Region of Siberia. Health, Risk & Society 12, 2010, 193–210.

Profeta/Rechel u. a. 2010: B. Profeta/B. Rechel/S. Moshennikova/I. Kolyado/Y. Robertus/M. McKee, Perceptions of Risk in the Post-Soviet World: A Qualitative Study of Responses to Falling Rockets in the Altai Region of Siberia. Health, Risk & Society 12, 2010, 409–24.

Redfield 2000: P. Redfield, Space in the Tropics: From Convicts to Rockets in French Guiana. Berkeley, CA: University of California Press 2000.

Redfield 2002: Ders., The Half-Life of Empire in Outer Space. Social Studies of Science 32, 2002, 791–825.

Rorty/Rorty 1991: R. Rorty/R. Rorty, Objectivity, Relativism, and Truth. Philosophical Papers 1. Cambridge, New York: Cambridge University Press 1991.

Salmond 2014: A. J. M. Salmond, Transforming Translations (part 2): Addressing Ontological Alterity. HAU: Journal of Ethnographic Theory 4, 2014, 155–87.

Sayes 2014: E. Sayes, Actor–Network Theory and Methodology. Just What Does It Mean to Say that Nonhumans Have Agency? Social Studies of Science 44, 2014, 134–49.

Shanks 2007: M. Shanks, Symmetrical Archaeology. World Archaeology 39, 2007, 589–96.

SPIEGEL MOBIL: Russland setzt ›Sojus‹-Starts vorerst aus 2011. [Verfügbar unter: http://ml.spiegel.de/article.do?id=782353 (Zugriff: 11. August 2014)].

Stöckelová 2004: T. Stöckelová, Příroda v Národním parku Šumava. Vesmír 83, 2004, 86–95.

Third-Stage Engine Glitch Causes Proton-M Accident 2014. [Verfügbar unter: http://voiceofrussia.com/news/2014_05_16/Third-stage-engine-glitch-causes-Proton-M-accident-Roscosmos-7490/ (Zugriff: 16. Mai 2014)].

Vrhel 1991: F. Vrhel, Bachtinovské inspirace v postmoderní etnografii. Studia Ethnographica/Studia Ethnologica – Acta Universitatis Carolinae – Philosophica et Historica 7, 1991, 99–114.

Woolgar/Lezaun 2013: S. Woolgar/J. Lezaun, The Wrong Bin Bag: A Turn to Ontology in Science and Technology Studies? Social Studies of Science 43, 2013, 321–40.

Žižek 2006: S. Žižek, The Iraq War – Where Is the True Danger. In: R. Butler/ S. Stephens (Hrsg.), The Universal Exception. London: Continuum 2006, 289–303.

Роспотребнадзор в очередной раз заявил, что следов гептила на Алтае не обнаружено 2013. [Verfügbar unter: http://www.gorno-altaisk.info/news/26526 (Zugriff: 18. November 2013)]

Þóra Pétursdóttir

Die Sorge für Verfallendes:
Theoretisierung von materiellem Kulturerbe*

Zusammenfassung: Das derzeit wachsende Interesse an Ruinen und Verfall zeigt sich beispielsweise am Genre der Ruinenfotografie, dem Urban Explorer-Trend zur Entdeckung der Städte und im akademischen Rahmen auch in der Entwicklung von Forschungsgebieten wie der Archäologie der Gegenwart. Ungeachtet dessen genießen Ruinen moderner Gebäude und materielle Prozesse wie Verfall immer noch wenig Aufmerksamkeit in Konzeptionen von kulturellem Erbe und dessen Pflege. Während die jüngsten Entwicklungen innerhalb der Geistes- und Gesellschaftswissenschaften als ›turn to things‹, die Zuwendung zu den Dingen, und Materialität beschrieben werden, scheint zudem eine gegensätzliche ›immaterielle‹ Neuorientierung bezüglich des Kulturerbes zu beobachten zu sein. Gleichzeitig erleben die Heritage Studies kritische Neubewertungen mit der Forderung nach neuen und alternativen Konzeptionen von kulturellem Erbe und Praktiken der Denkmalpflege. Diese Arbeit befasst sich mit den Optionen des aktuellen Interesses an Ruinen und Verfall, den Voraussetzungen, dieses anzuerkennen, und der Frage, inwiefern es die vorherrschenden Konzeptionen von Kulturerbe verändern könnte.

Abstract: There is a growing interest in modern ruins and ruination, apparent for example in the genre of ruin photography, in the rise of Urban Explorer movements and, within academia, also in the development of research fields as archaeology of the recent past. This notwithstanding, modern ruins and material processes like ruination still enjoy little sympathy within heritage notions and practices. Moreover, while recent developments within the humanities and social sciences have been described as a ›turn to things‹ and materiality an opposite ›intangible‹ turn rather appears to characterize the heritage arena. Simultaneously however, heritage studies are undergoing critical reconsideration where need for new and alternative heritage notions and practices are expressed. This chapter considers the possibilities and prerequisites for taking seriously the current interest in ruins and ruination and how this might alter dominating notions of heritage. That is, how caring for things in ruin and, thus, *tangible* aspects and *material* processes like ruination and decay, may urge alterative perspectives of heritage value and management?

Schlüsselbegriffe/Keywords: Ruinen moderner Gebäude, Dinge, materielles Erbe, Erinnern, Ästhetik, Ethik/modern ruins, things, tangible heritage, memory, aesthetics, ethics

---

* Übersetzt von Vanessa Schmidt (17.02.2015).
Danksagung: Ich danke Philipp Stockhammer und Hans Peter Hahn für die Einladung zu ihrem Workshop Lost in Things und dafür, zu diesem Sammelband beitragen zu dürfen. Ich danke ihnen auch für ihre Hilfe und die wertvollen Anmerkungen zu meinem Manuskript. Darüber hinaus bin ich Kristján Mímisson zu Dank verpflichtet, der die deutsche Übersetzung gelesen und kommentiert hat.

Einleitung

In jüngster Zeit wächst das Interesse an den Ruinen und dem Zerfall moderner Gebäude. Diese ›moderne Ruinenlust‹[1] (DeSilvey/Edensor 2012) zeigt sich beispielsweise in der steigenden Beliebtheit des Genres der Ruinenfotografie, in der weltweiten Urban-Explorer-Bewegung und in verschiedensten Ruinen-Foren im Internet. Man könnte auch meinen, dass der aktuelle Aufschwung der Archäologie der Gegenwart, einem auf Ruinen moderner Gebäude und ihren Verfall gerichteten akademischen Forschungsgebiet, die Affinität zu genau demselben Phänomen widerspiegelt – die Liebe zu Ruinen. Auch wenn sie sicherlich ein weder unumstrittenes noch einheitliches Phänomen ist, so habe ich diese ›Ruinenlust‹ auch in meinen aktuellen archäologischen Erforschungen von Ruinen moderner Gebäude im Norden Islands angetroffen und erfahren. Die Untersuchungen konzentrierten sich auf die großflächigen und feststehenden Überreste zweier Heringsverarbeitungsfabriken, die in den 1930er Jahren in der nordwestlichen Peripherie Islands gegründet, deren Betrieb aber schon in den 1950er Jahren wieder eingestellt wurde (Abb. 1 und 3). Die wachsende Fischindustrie, nicht zuletzt die Heringsindustrie, führte in der ersten Hälfte des 20. Jahrhunderts zu einem wichtigen Schub in Islands Modernisierungsprozess.[2] Die Blütezeit der Heringsindustrie von den frühen 1900er Jahren bis in die 1960er Jahre und auch der Hering selbst sind daher ein wichtiger Teil der neueren Geschichte und der gegenwärtigen Identität des Landes, was sowohl in wissenschaftlichen Arbeiten als auch in literarischen Werken deutlich abgebildet wird.

Wie es vielen Geistern unserer Vergangenheit widerfährt, haben die verfallenden Heringsfabriken – trotz ihrer offensichtlichen historischen Signifikanz – bisher wenig wissenschaftliche Aufmerksamkeit genossen und sind von den Denkmalbehörden weitestgehend ignoriert worden. Da sie aufgrund ihres jungen Alters und ihrer handfesten Charakteristika – ihre Unvollständigkeit, das ungewöhnliche Baumaterial (Beton) und ihre fortschreitende Verwahrlosung – von der Aufnahme auf Kulturerbelisten ausgeschlossen werden, bleiben die Ruinen mehr oder weniger wertlos und wirken dabei in den traditionellen Kulturerbelandschaften vollkommen fehl am Platz, als wären sie irgendwo zwischen der Geschichte und der Mülldeponie stecken geblieben. Dennoch haben diese modernen Bauten in letzter Zeit immer mehr Aufmerksamkeit und Anerkennung gewonnen, auch wenn sie sich extrem von herkömmlichen Kulturerberuinen unterscheiden. Es scheint, als seien sie Denkmäler einer ›inoffiziellen‹ Kulturerbestätte und verliehen ihrem ›vernachlässigten‹ Zustand auf diese Weise ein wenig Ironie (Abb. 2).

---

1 ›contemporary Ruinenlust‹ (DeSilvey/Edensor 2012).
2 Siehe hierfür z.B. Jónsson 1984; Jónsson 2004; Sigurðsson u. a. 2007.

Abb. 1:   Verfallende Heringsfabrik, Eyri am Ingólfsfjörður, NW-Island (© Inga Malene Bruun).

Während ich in den verlassenen Heringsfabriken arbeitete und mit den Menschen sprach, die sie tatsächlich besuchten, empfand ich die Liebe, die die Besucher oft für die verfallenen Gebäude – und damit für den Prozess des Verfallens selbst – zeigten, als sehr motivierend. Neben dem Wissen über und dem Interesse an der Vergangenheit und dem historischen Stellenwert der Stätte und der Gebäude scheinen viele der Bewunderer nämlich vor allem von den Dingen selbst und ihrem aktuellen Stand des Verfalls fasziniert zu sein (Pétursdóttir 2013). Manche Besucher sagten sogar, dass sie das Gelände sogar schon seit Jahren regelmäßig aufsuchten, da sie das »unruhige und immer andere Aussehen« bewunderten. Obwohl einige Besucher für den Erhalt und den Schutz des Geländes argumentierten – d. h. ähnlich der allgemeinen Auffassung davon, was ein Denkmal ist oder was es sein sollte – waren auch viele gegenteiliger Meinung. Der Wert der Stätte schien in der *Ruine* selbst zu liegen, in ihrer tatsächlichen Gegenwart, und in der Tatsache, dass sie nicht erhalten oder ihr Verfall gestoppt wird, sondern dass sie etwas Dynamisches und Verwirrendes ist. Diese Einstellung sieht den Zerfall oder den natürlichen Alterungsprozess der Dinge (van de Wetering 1996) nicht als den Inbegriff von Verlust an, sondern vielmehr als einen generativen Prozess, der Teil ihrer Biografie ist (Ouzman 2006).

Abb. 2:   Besucher an der Heringsfabrik in Eyri (© Þóra Pétursdóttir).

Diese Anschauungen können leicht als ›Nostalgie‹ oder ›Ruinenromantik‹ verurteilt oder missachtet werden, und werden damit als reaktionäre, irreführende und akademisch nichtrelevante Ansichten der Vergangenheit und unseres kulturellen Erbes angesehen (Smith/Waterton 2009, 49–51). Trotzdem wäre interessant zu prüfen, inwiefern die aktuelle ›Ruinenlust‹ als eine aufrichtige Wertschätzung der fraglichen Dinge ernst genommen werden könnte. Außerdem wäre zu prüfen, wie diese Bewertung den vorherrschenden Kulturerbebegriff beeinflussen könnte. Wie kann also die Sorge für zerfallende Dinge andere Sichtweisen auf den Wert des kulturellen Erbes und die Denkmalpflege vorantreiben?

Ziel meiner Arbeit mit den verlassenen Heringsfabriken war es, eine Antwort auf diese Frage zu finden, und nicht ihre ›Rettung‹, die durch ihre Aufnahme in konventionelle Denkmalschutzprozesse erreicht würde. Ich habe mich eher auf die Frage konzentriert, ob etwas von ihren Charakteristika, ihrem Reiz oder Wert tatsächlich durch solche Prozesse verloren gehen kann. Und ob es möglich ist, dass die Ruinen selbst und ihr dynamisches Dasein die Quelle ihres eigenen Wertes als kulturelles Erbe und ihrer Bedeutung sein könnten. Daraus folgt auch die Frage, ob die Dinge selbst, ihre sehr handfesten Aspekte und die materiellen Prozesse wie der Verfall eine bedeutendere Rolle in ihrer eigenen Einrichtung als Kulturerbestätte spielen könnten als bei konventionellen Denkmälern.

Kulturelles Erbe und Dinge – eine zwiespältige Beziehung

Sicherlich werden Programme zur Sorge und Erhaltung des kulturellen Erbes als Herausforderung für konventionelle, moderne Werte- und Pflegesysteme angesehen, da sie sich teilweise, oder sogar überwiegend, auf verfallene Dinge konzentrieren – Dinge, die aus bestimmten Gründen verlassen und ausgemustert und dadurch von anderen/vergangenen Wertesystemen ausgeschlossen wurden. In diesem Sinne kann Denkmalpflege auch als Kultivierung einer demokratischen und inklusiven Haltung gegenüber den Dingen gesehen werden. Nichtsdestoweniger ist kulturelles Erbe nie eine allumfassende Kategorie gewesen, nie eine *Demokratie der Dinge*. Trotz der voranschreitenden ›Demokratisierung‹, die sich in den Bemühungen auch die Interessen und Belange marginalisierter Andersartiger einzubeziehen widerspiegelt, ist eine ähnliche Sorge für scheinbar nebensächliche oder verfremdete Dinge kaum verbreitet. Abgesehen von allgemeinen Alterspräferenzen hat der Denkmalschutz natürlich eigene Kategorien für die Bewertung und Differenzierung, die sowohl selektiv sind, als auch eine bestimmte kurative Sorge und ästhetische Seinsart für die wenigen ausgewählten Stätten vorschreiben. Die speziellen kosmetischen Veränderungen und das materielle Taktieren, die normalerweise den Prozess für die Anerkennung eines Kulturguts als Kulturerbe begleiten, zeigen eindeutig das zugrundeliegende Paradox der Denkmalpflege, d. h. die Sorge für *Ruinen*, aber die Abneigung gegenüber dem *Verfall*.

Die *Heritage Studies* erleben eine Blütezeit, nicht nur der neue Zweig *Critical Heritage Studies* (CHS). In einem vorläufigen Programm, das für den Konferenzauftakt der *Association of Critical Heritage Studies* (ACHS) 2012 in Göteborg entworfen wurde, erklären Campbell und Smith, dass die »Heritage Studies von Grund auf neu aufgebaut werden müssen«[3] und weiter, dass sie »die ›rücksichtslose Kritik aller existierenden Dinge‹ benötigen«[4] (ACHS, Programm 2012). Damit stellen sie traditionelle Vorgehensweisen des Denkmalschutzes und Auffassungen über den Kulturerbebegriff in Frage, um die Sichtweisen auf diese Andersartigen, die durch konventionelle Konzeptionen und Pflegepraktiken des Kulturerbes marginalisiert werden, in den Mittelpunkt zu rücken (ebd.). Die Tatsache, dass diese erste Konferenz fast 500 Teilnehmer anzog und ursprünglich mehr als 560 Abstracts eingereicht wurden (Smith 2012, 533) zeigt deutlich, wie wichtig es ist, diese Frage zu stellen, und wie groß der Bedarf an kritischen Neuüberlegungen zum kulturellen Erbe als Konzept und Handlung im Allgemeinen ist. Dennoch scheint nicht eindeutig klar zu sein, was eine *kritische* Herangehensweise genau umfassen sollte (siehe z. B. Winter 2013, Waterton/Watson 2013). In ihrer ACHS-Programmschrift regen Campbell und Smith die Wissenschaftler dazu an, auf ihre vorgeschlagenen Verbindungsstellen für kritisch-

---

3   »heritage studies needs to be rebuilt from the ground up« (ACHS, 2012).
4   »requires the ›ruthless criticism of everything existing‹« (ebd.).

innovative Vorgehensweisen und Auffassungen über Denkmalschutz zu reagieren und sie in Frage zu stellen (siehe auch Smith 2012).

Im Rahmen der ersten ACHS-Konferenz wurde besonders hervorgehoben, dass die Beiträge »auf einen aktiven Schritt weg von der auf Denkmalstätten und Artefakten basierenden traditionellen Kulturerbedefinition gestützt werden sollen«.[5] Sie sollten eher eine »Interdisziplinarität [fördern], die aus den Sozialwissenschaften, den wissenschaftlichen Traditionen, den Naturwissenschaften und Bereichen wie den angewandten und darstellenden Künsten stammt«.[6] Auch wenn es weder in diesem Ausschnitt noch in der ACHS-Programmschrift explizit erwähnt wurde, so kann man zwischen den Zeilen vieler Arbeiten, die in jüngster Zeit im Rahmen der CHS veröffentlicht wurden, lesen, dass *Kulturerbe* von *Stätten* und *Dingen* – wenn auch in einem ›traditionellen‹ Verständnis – getrennt werden sollte. Meines Erachtens sollte dies zudem angesichts der Verbindung zwischen der Entwicklung eines Konzepts der Critical Heritage Studies und der vorangegangenen (und auch derzeitigen) Betonung des *immateriellen* Erbes als kritischer und korrigierender Schritt in theoretischen und praktischen Konzeptionen von Kulturerbe betrachtet werden (Pétursdóttir 2013). Das schließt die aktuelle Akzentuierung von Kulturerbe als Verb ein, demnach das Verständnis von kulturellem Erbe als *Prozess* und nicht als *Ding*. (siehe z. B. Harvey 2001; Smith 2006).

In einer anderen Arbeit (Pétursdóttir 2013) habe ich bereits diskutiert, dass, obwohl immateriellem Kulturerbe zunächst gleichwertige und integrierende Eigenschaften hinsichtlich der materiellen Aspekte zugesprochen wurden, der Großteil des jüngsten Diskurses über immaterielles Kulturerbe doch eher einen Unterschied zwischen immateriellem und materiellem Kulturerbe unterstützt (siehe Bouchenaki 2003; Munjeri 2004). Außerdem wird das Konzept der ›Immaterialität‹ als die grundlegend definierende Eigenschaft allen Kulturerbes gefördert, d. h. dass Kulturerbe als ein Erlebnis oder Prozess des Erinnerns verstanden werden soll, wobei »die Stätten selbst kulturelle Mittel zur Erleichterung dieses Prozesses, aber nicht zwangsläufig unabdingbar dafür sind«,[7] so Laurajane Smith (Smith 2006, 44). Diese Behauptung lässt wenig Raum für materielle Aspekte und Affordanzen der in den Kulturerbeprozess eingebundenen oder als Kulturerbe definierten Dinge. Kulturerbe erscheint eher als ein Prozess, in dem Dinge und Stätten in die Darstellung formloser sozialer Werte eingebunden sind, selbst jedoch keinen Einfluss auf diesen Prozess haben. Die Aussage, alles Kulturerbe sei immateriell,[8] spiegelt diese Einstellung wider, genau wie die

---

5   »should be underpinned by an active move away from site- and artifact-based definitions of heritage in a traditional sense« (ebd.).

6   »interdisciplinarity stemming from social sciences, scholarly traditions, natural science, and also areas such as artistic practices and the performing arts« (ebd.).

7   »… the sites themselves are cultural tools that can facilitate, but are not necessarily vital for, this process« (Smith 2006, 44).

8   Siehe Smith 2006, 3; Waterton/Smith 2009, 16; siehe Solli 2011 und Pétursdóttir 2013 für weitere Kritik.

Behauptung, »Erbe ist Erbe, *weil* es der Denkmalpflege und dem Pflegeprozess unterworfen ist, nicht weil es einfach ›ist‹« (Smith 2006, 3).[9] Meines Erachtens erfahren die Dinge[10] selbst und auch die Rolle der Dinge in Erlebnissen mit oder in ihrer eigenen Konstitution als kulturelles Erbe immer weniger Aufmerksamkeit und wurden in neusten Entwicklungen oder kritischen Neubetrachtungen der Heritage Studies sogar bewusst stigmatisiert.

Während die neueste theoretische Strömung in den Sozial- und Geisteswissenschaften durch das wachsende Interesse an Dingen und Materialität charakterisiert ist, zeichnet sich interessanterweise in den derzeitigen Entwicklungen innerhalb der Heritage Studies zumindest zu einem gewissen Grad ein eher gegensätzlicher Verlauf ab. Es scheint daher vollkommen deplatziert, sich für ein eher *dingorientiertes* Kulturerbe mit Hinsicht auf *materielle* Prozesse wie Verfall auszusprechen. Die Kritik der Befürworter des ›intangible turn‹, der Zuwendung zum Immateriellen, konstatiert, dass der traditionell vorherrschende Status von Denkmälern und *materieller* Kultur in der Definition von Kulturerbe den Ausschluss anderer Perspektiven oder Herangehensweisen zum Verständnis von kulturellem Erbe riskiert. Diese Kritik ist legitim und verständlich. Dennoch ist es fraglich, inwiefern es inklusiver wäre zu behaupten, alles Kulturerbe sei immateriell. Was wäre denn nach dieser Ansicht das Schicksal andersartiger Dinge wie der verfallenden Heringsverarbeitungsfabrik? Und wie würde diese Ansicht *andere* Konzepte des Wertes von Kulturerbe einschließen – als wertvolle materielle Prozesse des Zerfalls und des Verfallens?

Kulturerbe und Denkmalpflege dieses kulturellen Erbes, wie wir sie heute kennen und wie sie in offiziellen Erklärungen definiert werden, können auf die *Ancient Monuments Protection Acts* aus dem 19. Jahrhundert sowie auf ›Programme‹ des Nationalismus, der Romantik und des Historizismus, die diese frühen Initiativen unterstützten, zurückgeführt werden. Damit ist Kulturerbe wohl ein Resultat der Moderne und soll mit Traditionen und Vergangenem brechen. Im Wesentlichen ist es genau das, was das ganze Projekt des Denkmalschutzes und der Denkmalpflege antreibt: Die Idee ist, dass das Vergangene *zu Ende* ist und wir sicherstellen müssen, dass einige wohlüberlegt ausgewählte Elemente dieser Vergangenheit gepflegt werden, um sie nicht für immer zu verlieren.

Blättert man durch die Welterbekonvention, die Richtlinien und Gesetze, erkennt man tatsächlich einen Schwerpunkt auf physischen oder materiellen As-

---

9 »… heritage is heritage *because* it is subjected to the management and preservation/ conservation process, not because it simply ›is‹« (Smith 2006, 3).

10 In diesem Artikel bezieht sich ›Dinge‹ auf materielles Erbe, als Artefakte, Ruinen, Stätten oder andere physische Strukturen. Es ist wichtig festzuhalten, dass diese Arbeit zeigen soll, dass materielles und immaterielles eng miteinander verflochten sind und in wechselseitiger Beziehung stehen. In diesem Kontext umfasst der Begriff ›Ding‹ demnach auch eine immaterielle Affordanz, eine Aura, die sich auf die Vergangenheit und Biografie der Dinge beziehen kann, aber auch auf weniger einfach zu erfassenden Affordanzen, die freigesetzt und erlebt werden können durch eine Beschäftigung mit ihrem materiellen Dasein.

pekten von kulturellem Erbe. Das UNESCO-Übereinkommen zum Schutz des Kultur- und Naturerbes der Welt (1972) definiert Kulturerbe als *Denkmäler, Ensembles* (Gruppen einzelner oder miteinander verbundener Gebäude) und *Stätten*. Die meisten nationalen oder regionalen Definitionen stimmen damit überein. Liest man aber die Beweggründe – globale und nationale – für die Verwaltung und den Schutz dieses materiellen Erbes, wird klar, dass diese generell nicht auf der Materialität oder den Dingen selbst beruhen. Und auch wenn das Gegenteil behauptet wird, so ist die *Quelle des Werts* in diesem ›traditionellen‹ oder vorherrschenden Diskurs über Kulturerbe, genauso wie im Diskurs über immaterielles Erbe, den Dingen oder Stätten selten *angeboren*. Sie stützt sich vielmehr auf die menschliche Wahrnehmung, Erfahrung oder (emotionale) Bindung und wird durch die Konzepte von Geschichte und Identität sowie dem Zusammengehörigkeitsgefühl gefiltert (Pétursdóttir 2013). Derselbe immaterielle Fokus zeigt sich in allgemeinen archäologischen Ethikkodexen, in denen der Schwerpunkt konsequent auf das Kulturerbe als Interesse der Menschen und des universalen Menschenrechts auf historische Verwurzelung und Identität (Hamilakis 2007; Scarre/Scarre 2006) oder, allgemeiner, als ein wissenschaftliches, sozio-politisches und wirtschaftliches Mittel gelegt wird. Keiner der Kodexe und kaum ein wissenschaftlicher Text über Ethik in der Archäologie beschreibt diese Verantwortung als eine mit den Dingen selbst verbundene ethische Angelegenheit – sie sind lediglich die Mittel oder »kulturellen Werkzeuge«[11] (Smith 2006, 44), eingesetzt um eine moralische Lösung zu erreichen.

Auch wenn man mit der Kritik sympathisiert, die zu Einführung des immateriellen Erbes geführt hat, ist es sinnvoll, die Neuartigkeit und den Gewinn der Behauptungen, *alles Kulturerbe sei immateriell*, zu hinterfragen. Solche Behauptungen können wohl kaum für einen Paradigmenwechsel verantwortlich gemacht werden, drücken aber aus – und verstärken –, was schon immer der dem Kulturerbediskurs zugrundeliegende, wenn auch selten genau artikulierte Beweggrund war: Dinge allein, *qua* Dinge, wurden nie wirklich als Quelle des Wertes angesehen. Die Definitionen von kulturellem Erbe wurden sogar nicht als zu dingorientiert, sondern eher als zu wenig materialisiert und Konzepte von materiellem Erbe als zu wenig theoretisch kritisiert. So wurde es zur Tradition, Dinge auf den Status einer Begleiterscheinung angeblich immaterieller kultureller und sozialer Prozesse zu reduzieren.

Kulturerbe ist »… unser Vermächtnis aus der Vergangenheit, es ist das, womit wir heute leben und was *wir* zukünftigen Generationen *weitergeben* werden«[12], so die UNESCO (UNESCO, meine Hervorhebungen). Selten wird allerdings bedacht, dass die Dinge oder das kulturelle Erbe weitergeben werden, ob wir sie nun pflegen oder nicht, und trotz Abweichungen ihrer Lebenserwartung ist ihr Alterungsprozess zudem durch einen gewissen Egalitarismus gekenn-

---

11 »cultural tools« (Smith 2006, 44).
12 »… our legacy from the past, what we live with today, and what *we pass on* to future generations« (UNESCO n. d., my emphasis).

zeichnet, d. h. dass durch die Beständigkeit ihres Materials immer auch die unerwünschten, unzeitgemäßen und veralteten Dinge überleben (Olsen 2010, 166 f.; siehe auch Lowenthal 1998). Man könnte behaupten, dass die Kategorie ›Kulturerbe‹ nicht endlos weiter wachsen kann. Dennoch können solche vernunftgeleiteten Beweggründe die eingesetzten effektiven Bewertungssysteme und die Tatsache, dass manche Dinge einfach die zur Anerkennung als Kulturerbe relevanten Anforderungen nicht erfüllen, kaschieren. Auch wenn Anderes behauptet wird, war es für Dinge und Stätten nie wirklich ausreichend, einfach nur zu *sein*, um offiziell als kulturelles Erbe anerkannt zu werden – Dinge müssen ganz speziell *sein*. Das ›Ruinenerbe‹ sollte möglichst ansprechend, attraktiv und sorgfältig ausgewählt sein, um *unseren* Ansprüchen und Erwartungen zu entsprechen. Es sollte das richtige Alter haben, bereits zerfallen, aber trotzdem hygienisch sein und keine Arbeit machen und dabei den Besuchern eine ordentliche Stätte bieten, die frei ist von irrelevantem Material, Pflanzen, Tieren, Müll oder kontinuierlichen Störungen (Edensor 2005).

Betrachten wir also die Beweggründe hinter dieser bestimmten Pflege der Dinge, ist es erneut fraglich, ob es wirklich die Dinge und Stätten selbst sowie ihre *materielle* Integrität oder ihr ›Dingsein‹ sind, die wertgeschätzt werden und für die gesorgt wird. Oder ob sie in einer Art *gepflegt* werden, die *für uns* vorzeigbar ist, für unser eigenes Wohl. Da Wissenschaftler, die sich mit kulturellem Erbe beschäftigen, ein Verständnis des Kulturerbes als *Prozess* fördern (z. B. Harvey 2001; Smith 2006), bezog es sich bisher kaum auf materielle Aspekte oder integrierte diese. Die traditionelle Idee drückt eher aus, dass Dinge oder Stätten, wenn sie zu kulturellem Erbe werden, mit Hilfe von Pflege vor den natürlichen *materiellen Prozessen* ›gerettet‹ und in steife Artefakte verwandelt werden sollen, denen dann ein *immaterieller* Wert zugesprochen werden darf.

In diesem Sinne erscheint das allgemein anerkannte Verständnis, »Erbe ist Erbe, *weil* es der Denkmalpflege und dem Pflegeprozess unterworfen ist«[13] (Smith 2006, 3), vernünftig. Die Anerkennung als Kulturerbe ist also ein grundlegender Prozess, in dem Dinge eher zu Kulturerbe *gemacht* werden (ebd.; siehe auch Carman 2010), als dass sie als solches gepflegt werden. Anders als Befürworter des ›intangible turn‹, sehe ich allerdings diese ›Pflegeethik‹ weder als Zeichen eines physisch fundierten Konzepts des Wertes noch als zu Material-/dingorientiertes Kulturerbe. Es zeigt vielmehr eine tiefe *materielle Intoleranz*, die ziemlich offensichtlich auf gewissen subjektiven, ästhetischen Werten beruht, und die außerdem eine Wertschätzung der *materiellen* Prozesse wie Verfall vollkommen irrational und nicht mit den momentan vorherrschenden Konzepten von kulturellem Erbe vereinbar erscheinen lässt.

---

13 »...heritage is heritage *because* it is subjected to the management and preservation/conservation process...« (Smith 2006, 3).

Abb. 3:   Die Ruinen der Heringsfabrik in Djúpavík, NW-Island (© Þóra Pétursdóttir).

Ansatz für ein dingoorientiertes Erbe

Wie können wir diese aktuelle ›Ruinenlust‹, das Interesse und die Wertschätzung, die die Menschen für Ruinen moderner Gebäude wie die verfallende Heringsfabriken zeigen, ernst nehmen? Wie schaffen wir einen Raum für Ruinen und Verfall? Ist das überhaupt möglich? Oder nützlich für uns? Basierend auf den oben angeführten Untersuchungen glaube ich fest, dass Diskurse über Kulturerbe von eher dingorientierten Perspektiven profitieren könnten. Man sollte sich also nicht von Fragen über das Immaterielle abwenden, sondern eine Position vertreten, die die den Dingen eigenen Affordanzen und somit die wechselseitige Bedeutung von materiellen und immateriellen Aspekten in den Vordergrund rückt. Ausgehend von den aktuellen Entwicklungen der Heritage Studies und dem Ruf nach neuen und kritischen Perspektiven scheint es außerdem an der Zeit zu sein, das Schicksal von Dingen, Materialität und Materialprozessen in Konzeptionen und Pflegepraktiken von kulturellem Erbe zu überdenken. Kulturelles Erbe basiert letztendlich auf der Auseinandersetzung mit dem Nicht-Menschlichen, mit den Dingen und mit den Mensch-Ding-Beziehungen – eine inhärente Spannung, die – außer in einem eher ableugnenden Diskurs von den Befürwortern des immateriellen Erbes – bisher kaum hinterfragt wurde. Es kann demnach behauptet werden, dass das Forschungsgebiet ›Kulturerbe‹ bereits das Potenzial umfasst, anzuerkennen, dass ein Wert auch in wirklich *lebhaften* Dingen liegen kann (Bennett 2010), dass die Prozesse bei der *Heritageisation* (Harvey 2001), der

›Kulturerbewerdung‹, sowohl materielle als auch immaterielle Prozesse umfassen und dass das Anhalten des Verfallens nicht immer der einzige Lösungsweg ist. Diese Perspektive erfordert allerdings ein Überdenken vieler zentraler Themen des Kulturerbediskurses.

Im Folgenden möchte ich daher mögliche Bedingungen und Möglichkeiten eines mehr dingorientierten Kulturerbeansatzes reflektieren, indem ich drei Themen diskutiere, die schon seit langem essentiell für den Kulturerbediskurs sind: Ethik, Ästhetik und Erinnern.

Ethik des kulturellen Erbes

Viele Gründe sprechen dafür, die Neuüberlegungen des Kulturerbebegriffs mit der Ethik zu beginnen. Zum einen sind ethische Fragen schon lange Teil des Diskurses über kulturelles Erbe und wohl die meistdiskutierten Fragen der Heritage Studies. Laut Benso, mit Bezugnahme auf Levinas, kann zum anderen durch Ethik das ›Andersartige‹ ins philosophische Interesse rücken, denn dem ›Andersartigen‹ – ob nun menschlich oder nichtmenschlich – zu begegnen, wird unvermeidbar eine Frage der Ethik sein (Benso 2000). Die Ethik sollte daher die Basis für ein mehr dingorientiertes Kulturerbe legen.

Die Art und Weise, in der ethische Fragen innerhalb des Kulturerbediskurses ausgedrückt und diskutiert wurden, beschäftigt sich fast ausschließlich mit einem oder beiden der folgenden Punkte: erstens Ansprüche auf die Vergangenheit, d. h. Fragen nach den Eigentümern der Vergangenheit, nach ihrer Repatriierung und Interpretation; zweitens Probleme der Verwaltung, d. h. Fragen nach unserer Definition und der Pflege unseres Kulturguts mit Bezug auf vergangene, gegenwärtige und zukünftige Generationen. Gemeinsam haben all diese Punkte ihren Bezug auf die *Menschenrechte*, egal ob als universelle Konzeption oder auf einen speziellen Fall bezogen.

Letzteres ist natürlich keine Überraschung. Wie oben gezeigt, war die Ethik des Kulturerbes und des Denkmalschutzes, trotz gegenteiliger Anschuldigungen, nie eine Ethik der Dinge und Materialität. Der moderne ethische Diskurs basiert überdies traditionell auf einer klaren ontologischen Unterscheidung zwischen den Naturgesetzen und Gesellschaftsverträgen (Poole 1991), also zwischen den Menschen und den Dingen. Im Allgemeinen geht es bei Ethik demnach um Menschen und *andere Menschen*, aber keineswegs um nichtmenschliche Wesen. Ihr Ziel ist es zudem, die Integrität eines *Subjekts* zu sichern und mit allen möglichen Mitteln gegen das Schicksal der *Objektifizierung* zu verteidigen. Da mittlerweile auch Tiere (oder zumindest andere Säugetiere) und Tierrechte von der Ethik bedacht werden, mag es weithergeholt und sogar ethisch falsch erscheinen, auch Dinge nach ethischen Gesichtspunkten zu betrachten und so die humanistische Unmöglichkeit, Menschen und Dinge gleichzustellen, zu implizieren. Das ist allerdings nicht der Fall. Eine Ethik der Dinge[14] kann nicht darauf abzielen, Unterschiede zwischen verschiedenen Einheiten, wie Menschen und Nicht-Menschen, zu reduzieren, sondern vielmehr die Wertschätzung verschiedener Einheiten *in ihrer Unterschiedlichkeit* zu unterstreichen. Dies kann beispielsweise durch das Zugeständnis einer Bewertung der Dinge geschehen, die nicht auf Grundlage ihrer Domestizierung oder der Aufhebung ihres Dingseins erfolgt (Pétursdóttir 2012), die aber die Dinge in ihrer Andersartigkeit respektiert, wie zum Beispiel im Verfallen.

An diesem Punkt wird allerdings der traditionelle Referent der Ethik des Kulturerbes, die Menschen*rechte*, zum Problem. Auch wenn es vielleicht möglich wäre, von *Dingrechten* (Ouzman 2006, 275; Pétursdóttir 2013) zu sprechen – beispielsweise das Recht eines Dings, aus dem Zwang menschlicher zweckmäßiger Beziehungen (z. B. Pflege und Schutz) gelöst zu werden, und ihr Recht, in Ruhe und ohne Wert- und Bedeutungsverlust zu verfallen –, so erzeugt der eigentliche Akt der Zuerkennung von Rechten sofort eine hierarchische Ordnung (Domanska 2006). Mit anderen Worten heißt das, dass es fraglich ist, ob die etablierte Gleichstellung von Ethik und Rechten im Kulturerbediskurs überhaupt hilfreich ist bei dem Versuch, Ethik auf die Dinge auszuweiten, oder ob eher ein radikaleres Umdenken nötig ist. Es kann daher von Nutzen sein, ein weiteres Gebiet in den Diskurs einzubeziehen, in dem aktuell genauso revolutionäre Neuüberlegungen angestellt werden, nämlich das Konzept der Handlungsmacht der Dinge.

Als die Handlungsmacht der Dinge als neue Option und neues analytisches Konzept eingeführt wurde (siehe Latour 1987, 2005; Gell 1998; Law 1991), trotzte sie den Vergleichen der traditionellen Wissenschaften genauso, wie es die Ethik der Dinge heute tut. Mit der Entwicklung der Idee wandelte sich aber auch unsere Vorstellung von der Handlungsmacht unabänderlich. Die grundlegende Idee vorangegangener Konzeptionen von Handlungsmacht – die *Intentionalität* – wurde verdrängt und mehr oder weniger redundant oder zumindest nicht mehr obligatorisch und stattdessen durch Konzepte von Beziehungen, Netzwerken und zusammenwirkenden Kräften ersetzt (siehe Latour 2005). Handlungsmacht, *nach den Dingen*, war also nicht mehr das, was sie vorher war. Offensichtlich ist der Grund hierfür, dass das Konzept der ›Intentionalität‹ die Handlungsmacht der Dinge nicht voranbrachte – eher im Gegenteil. Es ist also möglich, dass Ding*rechte* einen ähnlichen Dämpfer in Bezug auf eine weitergefasste Ethik verursachen. Wir sollten demnach nicht erwarten, dass der Ethikbegriff unbedingt der gleiche ist, nachdem auch die Dinge in ihn einbezogen wurden. Es ist wohl wahrscheinlicher, dass die Konzeption von ›Recht‹, die für einen anthropozentrischen Ethikdiskurs essentiell war und ist, beispielsweise hinsichtlich des Kulturerbes, verändert und durch etwas anderes ersetzt werden muss. Womit sie ersetzt werden sollte, muss natürlich noch diskutiert werden, aber möglicherweise wäre die Konzeption von *Sorge*, im Sinne von Achtsamkeit (siehe Puig de la Bellacase

---

14 Siehe Benso 2000; Latour 2002; Introna 2009, 2014; Olsen 2012.

2011), passend, d. h. eine Sorge für das ›Andere‹, das ›Andersartige‹, was vor allem eine Sorge für Unterschiedlichkeiten, für Andersartigkeiten und für Inkommensurabilität implizieren würde.

Mit Hinsicht auf Dinge als Kulturerbe würde das auch implizieren, nicht nur für sie in ihrer Position als Mittel – und damit als Teil *unseres* Handlungsplans –, sondern auch für ihre eigenen Affordanzen und Beiträge zum Prozess der Kulturerbewerdung zu sorgen. Folglich muss man für die Dinge als *Dinge*, die ›Dingqualitäten‹, die sie besitzen, und auch die materiellen Prozesse – ihre unvermeidbare Zertrümmerung und ihr Verfall sowie ihre gleichzeitige Widerstandsfähigkeit – sorgen. Dementsprechend müssen wir erwägen, wie sich die Dinge abseits unserer Gerichtsbarkeit *füreinander sorgen*, wie der Boden die Dinge ›umschließt‹, wie Wasser sie ›erhält‹, wie Beton die Eindrücke der Konstruktionen ›konserviert‹, wie der Verfall neue Perspektiven und ›versteckte‹ Dinge preisgeben und erzeugen kann (Edensor 2005; DeSilvey 2006). Meines Erachtens würde diese Art des Umdenkens auch dabei helfen, den Kulturerbediskurs von der widersprüchlichen und abwertenden Metapher zu befreien, die Denkmalpflege unentwegt mit Verlust und Erinnerung mit Vergessen (für Kritik siehe Harrison 2013) vergleicht. Dieses Umdenken würde stattdessen den Weg für einen weitergefassten politischen und intensiven Kulturerbediskurs bereiten, in dem der Kulturerbebegriff nicht mehr in seiner Nische der *geschützten* Dinge gesichert ist, sondern der die zur Erhaltung ausgewählten Dinge auch im Kontext derjenigen Dinge sieht, die nicht ausgewählt wurden, *die aber dennoch überleben werden.*

Tatsächlich wurden jüngst auch Ideen der Co-Abhängigkeit und gemeinsamer Ökologie im Bereich des Kulturerbes und der Denkmalpflege aufgegriffen, allerdings vor allem bezüglich unmittelbarer und strategischer Reaktionen auf die derzeitigen globalen Bedrohungen (siehe Colette 2007; Kaslegard 2010; für Kritik siehe Solli 2011). Bisher geschah die Integration von ökologischeren Ideen jedoch nur als Antwort auf Vergleiche des Denkmalschutzes mit Risiko und Rettung und man bemühte sich eher weniger darum, die lange Zeit gültigen Grundlagen offizieller und allgemeiner Konzeptionen von Kulturerbe tatsächlich radikal zu überdenken. Kulturerbe bleibt also ein Begriff, den wir als etwas *vom Menschen* Konstruiertes und Wertgeschätztes verstehen. Ergiebiger für eine kritische und wirklich ökologische und damit ethische Perspektive wäre es, über die widersprüchlichen Vergleiche hinauszugehen und sich einer nichtanthropozentrischen und ›flachen‹ Ethik zuzuwenden, in der *individuelle* Rechte durch *gegenseitige* Sorge ersetzt werden.

Ästhetik des Kulturerbes

Das bringt mich zu einem zweiten (und verwandten) Thema, das, mit dem Ziel eines mehr dingorientierten Kulturerbebegriffs, ein Umdenken benötigt: die Ästhetik des Kulturerbes. Wenn auch nicht so explizit wie Ethik, so ist auch Äs-

thetik ein Konzept, das Teil der Geschichte des Kulturerbediskurses ist. Die
Auswahl und die Anerkennung von Stätten als Kulturerbe und der eigentliche
Prozess der Denkmalpflege und Veredelung als Teil ihres Schutzes werden relativ offensichtlich von sehr speziellen ästhetischen, auf modernen westlichen Gesichtspunkten beruhenden Ideen beeinflusst. Die Liebe für Ruinen auf der einen
Seite und die Intoleranz gegenüber dem Verfall auf der anderen Seite ist vielleicht das auffälligste Beispiel dafür. Die Betonung des Denkmalschutzes, der
Restaurierung und der Vorbeugung von Verfall deckt nicht nur subjektive Vorlie-
ben, sondern die tatsächlichen *materiellen* ästhetischen Präferenzen auf, auf die
sich die gesamte Idee und die Praktiken des Denkmalschutzes stützen.

Ein weiteres auffälliges Beispiel für die moderne ästhetische Präferenz, die
das westliche Kulturerbe prägt, ist der Drang zur Kategorisierung: die Unterscheidung durch den Gesetzgeber zwischen Natur- und Kulturerbe, zwischen natürlichen und kulturellen Landschaften, und in neuster Zeit zwischen materiellem
und immateriellem Erbe. In einem ›Latour'schen‹ Sinn wäre dies ein Beispiel
unseres Streben, unsere Welt zu veredeln (Latour 1993), um unsere außergewöhnliche Stellung in dieser Welt zu hervorzuheben.

Anders als Ethik war die Ästhetik bisher zwar kein zentraler Diskussions-
punkt in den Heritage Studies oder dem Kulturerbediskurs, aber in den Debatten speziell über Denkmalpflege und -schutz von ›Kunstwerken‹ (siehe Patrik
1986). Wenngleich die moderne Philosophie Ästhetik in die Sparte des Kunst-
vollen, Guten, Schönen und ›Zivilisierten‹ steckt, so ist ihre ursprüngliche Bedeutung, sowohl etymologisch als auch philosophisch,[15] eine ganz andere als die
vermenschlichte und derzeitig kanonisierte Bedeutung. Das Konzept stammt von
den beiden griechischen Wörtern ›*aisthiticos*‹ und ›*aisthisis*‹; erstes bezieht sich
auf »das, was durch Gefühle wahrgenommen wird«, letzteres auf »das sinnliche Erlebnis der Wahrnehmung« (Buck-Morss 1993, 125; siehe auch z. B. Bale
2009). Nach Baumgarten, dem ersten, der Ästhetik als philosophisches Konzept
ansah, bezog sie sich nicht auf die Darstellung, sondern auf die Realität selbst
und deren unmittelbare körperliche Erfahrung (ebd.; Bale 2009). Als solches
kann die ästhetische Erfahrung als ein »Diskurs über den Körper«[16] (Eagleton
1990, 13) oder als eine Erkenntnis »… ›außerhalb‹ des Geistes, eine prälinguisti-
sche Begegnung mit der Welt, die daher sowohl vor Einsetzen der Logik als auch
der Bedeutung stattfindet«[17], verstanden werden (Buck-Morss 1993, 125) – eine
Art ›Präsenzeffekt‹ (Gumbrecht 2004). Diese archaische Form der ästhetischen
Erfahrung wurde jedoch im modernen Interesse mehr oder weniger ignoriert, da
der Fokus vor allem auf dem stets tiefergreifenden kulturellen Bändigen oder der
Verfeinerung dieser primitiven sinnlichen Wahrnehmung liegt – und das Konzept

---

15   Das Konzept wurde von dem deutschen Philosophen Alexander Gottlieb Baumgar-
     ten in seinem unvollendetem Manuskript »Aesthetica« (1750–1758) eingeführt (siehe
     Bale 2009).
16   »discourse of the body« (Eagleton 1990, 13).
17   »… ›out front‹ of the mind, encountering the world prelinguistically, hence prior not
     only to logic but to meaning as well« (Buck-Morss 1993, 125).

daher immer mehr an alleinige Eigenschaften wie *willkommen* oder *schön* gebunden wird.

Passend dazu bevorzugten Kulturerbedefinitionen oder -konventionen immer eine *schöne* oder angenehme Ästhetik, eine kartesianische Ästhetik der distanzierten Betrachtung – sogar des Außergewöhnlichen – gegenüber der Ästhetik einer physischen Verbindung mit dem Verfallenen und Realen (Eagleton 1990; Jameson 2009). Laut Jameson (2009, 584 ff.), der sich auf Kants Aussage über das desinteressierte und unbetroffene Subjekt bezieht, ist diese Konzeption von Ästhetik eher »eine Einklammerung der Realität«[18], in der der Beobachter eher in einer »passiv-betrachtenden Distanz zur Realität«[19] (ebd. 594) positioniert wird, als in die Realität ›geworfen‹ zu werden, wie es beispielsweise von Heidegger (1962) erörtert wird. Tatsächlich werden die Menschen primär ermutigt, sich mit Kulturerbe insofern auseinanderzusetzen, als dass sie die tiefere historische/ kontextuelle Bedeutung der Dinge und Stätten verstehen sollen. Die Bedingungen dieser Auseinandersetzung werden somit vor allem so gelenkt, dass sie der Bedeutung möglichst angemessen dienen oder sie zumindest nicht stören. Mit anderen Worten kann man sagen, dass Dinge ästhetisch gedämpft oder kontrollierbar gemacht werden – zurückhaltend, kontrolliert und daran gehindert, sich uns in ihrem wahren materiellen Wesen zu offenbaren. Verfall wertzuschätzen passt demnach nicht zur aktuellen Ästhetik von Kulturerbe und Denkmalpflege.

Im Wesentlichen wird kulturelles Erbe als etwas Positives, etwas Gutes und ästhetisch Ansprechendes verstanden. Unheimliches oder *schlechtes* kulturelles Erbe ähnelt eher einem konzeptuellen Widerspruch. Mit Rückbezug auf die Ethik werfen Argumente für einen inklusiveren Kulturerbebegriff nicht nur die Frage auf, wie wir Dinge im Verfall bewerten, sondern sprechen auch *ethische* Probleme an hinsichtlich ›schlechter‹ Dinge und der Thematik, ob wir unsere Demokratie auf Technologien des Terrors, auf Kriegsruinen, Industriebrachen, Atommüll oder Demonstrationen erschöpfter natürlicher Ressourcen ausweiten wollen oder nicht. Ethik (wie auch Ästhetik) behandelt aber weder nur ›gut‹ oder ›schlecht‹ noch abstrakte Prinzipien. Es geht auch nicht darum, den ›richtigen‹ Schritt zu machen, sondern eher darum, aufmerksam gegenüber der »... Realität selbst, ihrer Greifbarkeit und der Tiefe der Dinge«[20] (Benso 2000, 131) zu sein. Eine Ethik der Dinge handelt also nicht davon, das *Daseinsrecht* der Dinge anzuerkennen, sondern *Dinge ernst zu nehmen* – in ihrer Andersartigkeit – und dass nicht nur, weil es moralisch korrekt wäre, vielmehr weil wir ihre moralische Dimension nicht leugnen können, wenn wir ihre Handlungsmacht, Langlebigkeit und Kraft anerkennen. Als berechtigter Teil unserer »Gesellschaft der Monster«[21] (Law 1991) sind die Dinge niemals nur harmlose Gegenstände oder einfache Mittel zum Erreichen unserer Ziele. Wir beziehen sie ein und belegen sie mit un-

---

18 »a bracketing of reality« (Jameson 2009, 584 ff.).
19 »a passive-contemplative distance from reality« (ebd. 594).
20 »... reality itself, its concreteness, the gravity of things« (Benso 2000, 131).
21 »society of monsters« (Law 1991).

seren Werten und Bedeutungen. Letztendlich sind die Dinge aber selbstständig, da sie uns erdulden und uns überdauern werden (Latour 2002, 2012).

Aus diesem Grund können Dinge natürlich bestimmte Bedeutungen oder Werte symbolisieren, schlussendlich repräsentieren sie sich aber selbst – sie stehen in einem *»Unmittelbarkeit*sverhältnis, nicht in einem Vermittlungsverhältnis«[22] (Armstrong 1971, 26; meine Hervorhebungen). Ihr ultimativer Referenzrahmen ist ihr konkretes Dasein – ihr Dingsein. Dieser ›Präsenzeffekt‹ (Grumbrecht 2004) ist daher weder auf unsere Vorstellung noch auf unsere Interpretation beschränkt, bezieht sich aber auch auf eine den Dingen und ihrer Dynamik inhärente ästhetische Kraft. Ich bin der Meinung, dass dies in keinster Weise eine *bedeutungslose Präsenz* ist, obwohl sie sich von den konventionellen Vorstellungen von *Bedeutung* unterscheidet. Im Gegenteil, es ist eine Bedeutung, die der Logik oder der Konzeptualisierung vorangeht, die in einer Begegnung *gefühlt* werden muss und der man keinen *Sinn zuschreiben* muss.

Das Beruhigende ist, dass gut gepflegte und richtig kuratierte Kulturerbestätten ihren Besuchern durch die Einschränkung der Kontakt- und Interpretationsmöglichkeiten eine Ästhetik und epistemologische Sicherheit bieten (Edensor 2005, 313). Die Dinge werden uns unter unseren eigenen Voraussetzungen und auf eine Weise präsentiert, die uns weder herausfordert noch unsere Aufmerksamkeit für die Dinge selbst oder die an der Kulturerbe*werdung* beteiligten Prozesse benötigt. Bei verfallenden Dingen gibt es diese Sicherheit nicht und sie konfrontiert uns auf eine anspruchsvolle und plagende Art, die, wie ich bei meiner Arbeit mit Ruinen moderner Gebäude registriert habe, für die Bewunderer von Ruinen der Gegenwart und ›inoffizieller Kulturerbestätten‹ eine sehr willkommene Herausforderung darstellt. Damit soll natürlich nicht verneint werden, dass Kulturerbe teilweise immateriell ist und als Prozess verstanden werden sollte; eher soll das Problem unterstrichen werden, dass in diesem Prozess nur die immateriellen Aspekte von Wert sind. Solche Behauptungen beschränken und helfen unserem Verständnis von Kulturerbe oder ›Heritageisation‹ (Harvey 2001), der Kulturerbewerdung, kaum. Außerdem ist es durchaus möglich, dass die Wertschätzung von Ruinen eben als *Ruinen* und das gelegentliche Ausstellen von verfallenden Museumsobjekten positiv zu unserem Verständnis der Dinge, ihrer Zeitlichkeit und ihres Seins beitragen (Ouzman 2006, 270), und dass der Wert eines Kulturguts manchmal nicht am besten durch herkömmliche Denkmalpflege erhalten wird, sondern durch diesen Prozess erst recht erschöpft werden kann.

---

22 »… stands in the relationship of *immediacy*, not of mediation« (Armstrong 1971, 26; my emphasis).

Kulturerbe und Erinnern

Zu guter Letzt ist das Erinnern ein Thema, das einiger Neubewertungen bedarf, um den Kulturerbebegriff dingorientierter zu gestalten und den Verfall zu begrüßen. Wie die anderen beiden Themen ist auch das Erinnern ein zentraler Gegenstand des modernen Kulturerbedikurses: Die Erhaltung des kulturelle Erbes wird als Voraussetzung für das *Erinnern* angesehen; Letzteres wird wiederum als Schlüssel unserer historischen Verwurzelung, Identität und Wohlergehens in der Zukunft verstanden. Es gibt allerdings einige Probleme mit der Art und Weise, mit der das Prinzip der Erinnerung allgemeinhin in den Geistes- und Sozialwissenschaften formuliert wird – nicht zuletzt mit Bezug auf kulturelles Erbe. Aus Gründen der Übersichtlichkeit können diese Probleme in die beiden folgenden Annahmen geordnet werden: *Erstens* sei Erinnern, und damit auch Kulturerbe, ein kognitives und subjektives Phänomen. *Zweitens*, der ersten Implikation folgend, sei Erinnern, und damit auch Kulturerbe, ein bewusster und beabsichtigter menschlicher Prozess zum Gedenken der Vergangenheit und somit eine freiwillige, vollständig kontrollierte und sozusagen optionale Angelegenheit.

Während diese Tendenzen schon lange Teil des Kulturerbediskurses sind, werden sie doch durch die Zuwendung zum Immateriellen in den Heritage Studies immer deutlicher. Erkennbar ist das beispielsweise in der Aussage, jedes Kulturerbe sei immateriell, und den daraus folgenden Behauptungen, dass, obwohl Dinge den Kulturerbeprozess *vereinfachen* könnten, sie für den Prozess selbst in keinster Weise notwendig oder konstruktiv seien (siehe Smith 2006, 44). Diese Tendenzen zeigen sich auch deutlich in der *Angst zu vergessen*, die den gesamten Kulturerbediskurs beeinflusst (siehe Harrison 2013, 166 ff.), veranschaulicht durch die ständige Gegenüberstellung von Erinnern/Erhalten und Vergessen/Verlust.

Diese Vorstellungen passen gut zum Diskurs und dem theoretischen Rahmen, der die Studien zum Thema Erinnern in den Geistes- und Sozialwissenschaften dominiert. Auf der Idee des Traditionsbruchs beruhend gehen diese theoretischen Systeme meist davon aus, dass die Vergangenheit nicht zugänglich ist, solange sie nicht *freiwillig zugänglich gemacht* wird (z. B. durch die Einrichtung eines Kulturerbes). Auch wenn sie sich damit beschäftigen, wie Erinnern in Objekte, Stätten oder Orte kristallisiert – und dabei Erinnerungsorte des kollektiven Gedächtnis erzeugt, wie es Pierre Nora (1996) nennt –, werden sie selbst selten als entscheidender Teil des Erinnerungsaktes gesehen. Trotz der Materialität anerkannter Denkmäler oder Orte, ist das zentrale Thema doch das vergangene Ereignis – ob real oder erfunden – und der *Wille,* sich durch die daraus folgenden Verkörperungen (z. B. offizielle Kulturerbedefinitionen oder Denkmalpflege) daran zu erinnern. Überdies unterstützen solche Konzeptionen die konventionelle Nebeneinanderstellung von Erinnern und Vergessen und die damit einhergehende Vorstellung von kulturellem Erbe als nichterneuerbare, knappe und sich sogar verringernde Ressource (für Kritik siehe Holtorf 2005; Brattli 2009), deren

Authentizität und Nachhaltigkeit durch Denkmalpflege, gesetzlichen Schutz und Restaurierung gesichert werden muss.

Eine dingorientiertere Konzeption von Kulturerbe würde uns helfen, über solche Vergleiche hinaus zu denken, da sie ein Konzept des Erinnerns fördert, das nicht nur als ein Fall von freiwilligem, subjektivem Gedenken und Rückbesinnung (und daher ausnahmslos *immateriell*) angesehen werden würde, sondern auch, mit Bezug auf z. B. Bergson (2004) und Benjamin (1999), als eine unvermeidbare Konsequenz unserer Beschäftigung mit den Dingen (und demnach auch *materiell*). Mit anderen Worten, und ohne abwerten zu wollen, dass Dinge selbstverständlich bewusst als Mittel des Gedenkens genutzt werden können, würde eine dingorientierte Kulturerbeperspektive unterstreichen, wie alle Dinge – mit Hilfe ihrer Langlebigkeit und ihres ›wilden‹ Wesens (z. B. im Zuge des Verfalls, Pétursdóttir 2014) – *unfreiwilliges* und spontanes Erinnern ermöglichen (siehe z. B. DeSilvey 2006; Benjamin 1999; Bergson 2004). Es würde auch hervorgehoben werden, dass sie zu einer Form des ästhetischen Erinnerns führen, die sowohl gewohnheitsgemäß als auch kognitiv unvermeidbar durch die Form, in der sie unser Leben bestimmen, impliziert wird. Es ist ein *materielles* Erinnern, das größtenteils außerhalb unserer Kontrolle liegt, uns aber durch die ständige Beschäftigung mit den Dingen bewilligt oder sogar aufgezwungen wird – in einer Welt der unvermeidbar *gegenwärtigen Vergangenheiten*.

Meines Erachtens ist diese Konzeption von Erinnern für das Umdenken des Kulturerbebegriffs extrem wichtig. Sie ist wichtig, weil sie die mangelnde Logik in der Unterscheidung zwischen immateriellem und materiellem Kulturerbe unterstreicht und stattdessen den hohen Stellenwert des Verständnises' des kulturellen Erbes und der Praktiken der Denkmalpflege hervorhebt. Auch wenn das Kulturerbeprojekt lange Zeit mit Erlösung und Rettung verglichen wurde, beruht es doch auf der (meist unausgesprochenen) Bedingung, dass die Vergangenheit weder vergangen noch verloren ist, sondern fortbesteht und sich zusammenfügt (Olsen 2010, 2013) – *die Dinge überdauern uns*. Dementsprechend dürfen Dinge nicht einfach als Mittel zur Erfüllung unserer Ziele betrachtet werden. Wir können sie einbeziehen und ihnen Werte und Bedeutungen zuschreiben, aber diese Zuschreibungen sind erfolgreich und auch unvorhersehbar, weil die Dinge teilweise selbstständig sind und weil sie andauern (siehe Latour 2002, 2012) – und daher quasi unfreiwillig *wieder* in unsere neue Gegenwart integriert werden. Sie dehnen unsere Ideen und Intentionen, führen sie aber in ungeahnten Formen aus.

In anderen Worten heißt das, dass unser Vermächtnis – unser kulturelles Erbe – an die Zukunft nicht optional ist. Es ist nichts, was wir entscheiden oder in irgendeiner Art und Weise *auswählen*, um, wie es manchmal impliziert wird, angemessene und *sinnvolle* Vergangenheiten für die Zukunft zu *produzieren* (siehe Harrison 2013, 7). Die Strategien des Erinnerns, wie sie im heutigen Kulturerbediskurs verfolgt werden, sind diesem Aspekt allerdings nicht zuträglich, da sie in den Vergleich von Erinnern/Erhalten gegen Vergessen/Verlust eingeengt sind. Prozesse des Verfallens werden gemeinhin als Gründe für Verlust und Zerstörung verstanden und damit als schädlich für das Erinnern eingestuft. Natürlich beeinflussen diese Prozesse auch die mnemonische Fähigkeit der Dinge, aber nicht unbedingt oder immer negativ. Der Verfall kann auch als eine Form der Enthüllung und der Entdeckung oder Erzeugung neuer und anderer Erinnerungen gesehen werden (DeSilvey 2006). Verlassenheit, Verfall und Verwesung bringen konventionelle und funktionierende Mensch-Ding-/Ding-Ding-Beziehungen zum Stillstand und können Dinge in ihrer unbändigen Art enthüllen, die von der menschlichen Zensur und Ordnung gelöst ist. Der Verfall ist daher auch eine Art der Selbstausgrabung, die die Schichten verschiedener Erinnerungen offenbart. Manchmal sind das Erinnerungen und Bedeutungen, die erst dann erfasst werden können, wenn sie nicht mehr in ihre zurückgezogene und sinnvolle Realität versunken sind (Olsen 2013; Pétursdóttir/Olsen 2014).

Wichtig zu bedenken ist, dass sich die Dinge durch ihr Altern auch aktualisieren und ihre eigentliche Form zurückrufen, in der sie (und wir) erinnern. Dadurch dass sie zerbrochen, kaputt und ungeordnet sind, weichen sie den einzigartigen Eigenschaften der Erinnerung nicht aus, sondern gedenken ihnen und feiern sie, inklusive ihrer Unvollständigkeit, ihrer ›irrationalen‹ Verflechtung, Nichtlinearität und engen Verbindung zum Vergessen. Verfallende Dinge rufen in aller Klarheit die Tatsache hervor, dass Erinnern »durch das Vergessen geformt wird genauso wie die Konturen der Küste vom Meer modelliert werden«[23] (Augé 2004, 20); dass Erinnern nicht so sehr von der zurückgelassenen Vollständigkeit der Dinge abhängt, als vielmehr von ihren sorgfältig geformten und rauen Konturen, von ihren abgenutzten Oberflächen, ihren Narben und Mängeln. Kurzgesagt: Erinnern kann bisweilen durch Verfallen ›erhalten‹ werden.

Zusammenfassung

Die Critical Heritage Studies erfahren derzeit einen Zuwachs und auch ein kritisches Umdenken des Kulturerbebegriffs ist schon in vollem Gange (z. B. Waterton/Watson 2013; Winter 2013). Die Zuwendung zum Immateriellen in den Heritage Studies kann als Teil dieser Entwicklung verstanden werden. Dennoch ist es entscheidend, dass, auch wenn die Immaterialität ein wichtiger Aspekt des kulturellen Erbes ist, ihre Relevanz nicht als etwas der Materialität Gegenüberstehendes dargestellt und so riskiert wird, die Rolle der Dinge im Kulturerbeprozess zu untergraben. Das würde nur die traditionell widersprüchliche Position der Dinge im Kulturerbediskurs und den Kulturerbedefinitionen verstärken. Die Art und Weise, in der Ruinen moderner Gebäude und die materiellen Prozesse des Verfallens Aufmerksamkeit gewinnen, sowohl öffentlich als auch akademisch, kann als Anzeichen für den Bedarf an einem kritischen Umdenken der Rolle der Dinge und der Materialität in Kulturerbeprozessen interpretiert werden, genauso wie für einen Bedarf, die Möglichkeiten verschiedener Kulturerbekonzeptionen zu reflektieren, in denen das Verfallen und die Tragweite der Biografien

---

23 »crafted by oblivion as the outlines of the shore are created by the sea« (Augé 2004, 20).

der Dinge nicht als zwangsläufig negativ betrachtet werden, sondern auch als generative Prozesse des Werdens – der *Kulturerbewerdung*.

Literatur

Armstrong 1971: R. P. Armstrong, The Affecting Presence: An Essay in Humanistic Anthropology. Urbana: University of Illinois Press 1971.

Augé 2004: M. Augé, Oblivion. Minneapolis: University of Minnesota Press 2004.

Bale 2009: K. Bale, Estetikk: En innføring. Oslo: Pax Forlag 2009.

Benjamin 1999: W. Benjamin, The Arcades Project. Cambridge, MA: Belknap Press 1999.

Bennett 2010: J. Bennett, Vibrant Matter: A Political Economy of Things. Durham, NC: Duke University Press 2010.

Benso 2000: S. Benso, The Face of Things: A Different Side of Ethics. Albany: State University of New York Press 2000.

Bergson 2004: H. Bergson, Matter and Memory. New York: Courier Dover Publications 2004.

Bouchenaki 2003: M. Bouchenaki, The Interdependency of the Tangible and Intangible Cultural Heritage. Keynote Address, 14th ICOMOS General Assembly and International Symposium: Place, Memory, Meaning: Preserving Intangible Values in Monuments and Sites, 27–31 October, Victoria Falls, Zimbabwe. [Verfügbar unter: http://openarchive.icomos.org/468/1/2_-_Allocution_Bou chenaki.pdf (Zugriff: November 2011)].

Brattli 2009: T. Brattli, Managing the Archaeological World Cultural Heritage: Consensus or Rhetoric? Norwegian Archaeological Review 42, 1, 2009, 24–39.

Buck-Morss 1993: S. Buck-Morss, Aesthetics and Anaesthetics: Walter Benjamin's Artwork Essay Reconsidered. New Formations 20, 1993, 123–43.

Campbell/Smith 2012: G. Campbell/L. Smith, Association of Critical Heritage Studies Manifesto. [Verfügbar unter: http://criticalheritagestudies.org.preview.bine ro.se/site-admin/site-content/about-achs (Zugang: September 2014)].

Carman 2010: J. Carman, Promotion to Heritage: How Museum Objects are Made. In: S. Pettersson/M. Hagedorn-Saupe/T. Jyrkkiö/A. Weij (Hrsg.), Encouraging Collections Mobility – A Way Forward for Museums in Europe. Helsinki: Finnish National Gallery 2010, 74–85.

Colette 2007: A. Colette (Hrsg.), Climate Change and World Heritage. Report on Predicting and Managing the Impacts of Climate Change on World Heritage and Strategy to Assist States Parties to Implement Appropriate Management Responses. Paris: UNESCO World Heritage Centre 2007.

DeSilvey 2006: C. DeSilvey, Observed Decay: Telling Stories with Mutable Things. Journal of Material Culture 11, 2006, 318–38.

DeSilvey/Edensor 2012: Dies./T. Edensor, Reckoning with Ruins. Progress in Human Geography. (Online erschienen am 27. November 2012). [Verfügbar unter: http://intl-phg.sagepub.com/content/early/2012/11/27/0309132512462271.full. pdf+html (Zugriff: 12. März 2013)].

Domanska 2006: E. Domanska, The Return to Things. Archaeologia Polona 44, 2006, 171–85.

Eagleton 1990: T. Eagleton, The Ideology of the Aesthetic. Oxford: Blackwell 1990.

Edensor 2005: T. Edensor, Waste Matter. The Debris of Industrial Ruins and the Disordering of the Material World. Journal of Material Culture 10, 2005, 311–32.

Gell 1998: A. Gell, Art and Agency: An Anthropological Theory. Oxford: Oxford University Press 1998.

Gumbrecht 2004: H. U. Gumbrecht, Production of Presence: What Meaning Cannot Convey. Stanford: Stanford University Press 2004.

Hamilakis 2007: Y. Hamilakis, From Ethics to Politics. In: Y. Hamilakis/P. Duke (Hrsg.), Archaeology and Capitalism: From Ethics to Politics. Walnut Creek, CA: Left Coast Press 2007, 15–40.

Harrison 2013: R. Harrison, Heritage: Critical Approaches. London: Routledge 2013.

Harvey 2001: D. C. Harvey, Heritage Pasts and Heritage Presents: Temporality, Meaning and the Scope of Heritage Studies. International Journal of Heritage Studies 7, 4, 2001, 319–38.

Heidegger 1962: M. Heidegger, Being and Time. Malden: Blackwell Publishing 1962.

Holtorf 2005: C. Holtorf, From Stonehenge to Las Vegas. Lanham, MD: AltaMira Press 2005.

Introna 2009: L. D. Introna, Ethics and the Speaking of Things. Theory, Culture & Society 26, 4, 2009, 398–419.

Introna 2014: Ders., Ethics and Flesh: Being Touched by the Otherness of Things. In: B. Olsen/Þ. Pétursdóttir (Hrsg.), Ruin Memories: Materialities, Aesthetics and the Archaeology of the Recent Past. London: Routledge 2014, 41–61.

Jameson 2009: F. Jameson, Valences of the Dialectic. London: Verso 2009.

Jónsson 2004: G. Jónsson, The Transformation of the Icelandic Economy: Industrialisation and Economic Growth, 1870–1950. In: S. Heikkinen/J. L. van Zanden (Hrsg.), Exploring Economic Growth: Essays in Measurement and Analysis. Amsterdam: Aksant Academic Publishers 2004, 131–66.

Jónsson 1984: S. Jónsson, Sjávarútvegur Íslendinga á tuttugustu öld. Reykjavík: Hið Íslenzka Bókmenntafélag 1984.

Kaslegard 2010: A. S. Kaslegard (Hrsg.), Climate Change and Cultural Heritage in the Nordic Countries. Copenhagen: Nordic Council of Ministers 2010.

Latour 1987: B. Latour, Science in Action: How to Follow Scientists and Engineers Through Society. Cambridge, MA: Harvard University Press 1987.

Latour 1993: Ders., We Have Never Been Modern. London: Harvard University Press 1993.

Latour 2002: Ders., Morality and Technology: The End of the Means. Theory, Culture & Society 19, 5–6, 2002, 247–60.

Latour 2005: Ders., Reassembling the Social: An Introduction to Actor-Network-Theory. Oxford: Oxford University Press 2005.

Latour 2012: Ders., Love Your Monsters: Why We Must Care for Our Technologies as We Do Our Children. The Breakthrough, winter 2012. [Verfügbar unter:

<http://thebreakthrough.org/index.php/journal/past-issues/issue-2/love-your-monsters/> (Zugriff: 8. Juni 2013)].

Law 1991: J. Law, The Sociology of Monsters: Essays on Power, Technology and Domination. London: Routledge 1991.

Lowenthal 1998: D. Lowenthal, The Heritage Crusade and the Spoils of History. Cambridge: Cambridge University Press 1998.

Munjeri 2004: D. Munjeri, Tangible and Intangible Heritage: From Difference to Convergence. Museum International 56, 2004, 12–20.

Nora 1996: P. Nora, Realms of Memory: The Construction of the French Past. Vol. 1, Conflicts and Divisons. New York: Columbia University Press 1996.

Olsen 2010: B. Olsen, In Defense of Things: Archaeology and the Ontology of Objects. Lanham, MD: AltaMira Press 2010.

Olsen 2012: Ders., Symmetrical Archaeology. In: I. Hodder (Hrsg.), Archaeological Theory Today, 2nd edn. Cambridge: Polity Press 2012, 208–28.

Olsen 2013: Ders., Memory. In: P. Graves-Brown/R. Harrison/A. Piccini (Hrsg.), The Oxford Handbook of the Archaeology of the Contemporary World. Oxford: Oxford University Press 2013, 204–18.

Patrik 1986: L. E. Patrik, The Aesthetic Experience of Ruins. Husserl Studies 3, 1986, 31–55.

Pétursdóttir 2012: Þ. Pétursdóttir, Small Things Forgotten Now Included, Or What Else Do Things Deserve? International Journal of Historical Archaeology 16, 2012, 577–603.

Pétursdóttir 2013: Dies., Concrete Matters: Ruins of Modernity and the Things Called Heritage. Journal of Social Archaeology 13, 1, 2013, 31–53.

Pétursdóttir 2014: Dies., Things Out-of-Hand: The Aesthetics of Abandonment. In: B. Olsen/Þ. Pétursdóttir (Hrsg.), Ruin Memories: Materialities, Aesthetics and the Archaeology of the Recent Past. London: Routledge 2014, 335–64.

Pétursdóttir/Olsen 2014: Dies./B. Olsen, An Archaeology of Ruins. In: B. Olsen/Þ. Pétursdóttir (Hrsg.), Ruin Memories: Materialities, Aesthetics and the Archaeology of the Recent Past. London: Routledge 2014, 3–29.

Poole 1991: R. Poole, Morality and Modernity. London: Routledge 1991.

Puig de la Bellacasa 2011: M. Puig de la Bellacasa, Matters of Care in Technoscience: Assembling Neglected Things. Social Studies of Science 41, 1, 2011, 85–106.

Ouzman 2006: S. Ouzman, The Beauty of Letting Go: Fragmentary Museums and Archaeologies of Archive. In: C. Gosden/W. Edwards/R. Phillips (Hrsg.), Sensible Objects: Museums, Colonialism and the Senses. Oxford: Berg 2006, 269–301.

Scarre/Scarre 2006: C. Scarre/G. Scarre (Hrsg.), The Ethics of Archaeology: Philosophical Perspectives on Archaeological Practice. Cambridge: Cambridge University Press 2006.

Sigurðsson u. a. 2007: B. Sigurðsson/B. Sigurðsson/G. Th. Jóhannesson/H. Gíslason/H. Ragnarsson/J. Jakobsson/J. Þ. Þór/S. J. Lúðvíksson (Hrsg.), Silfur hafsins – Gull Íslands: Síldarsaga Íslendinga. Reykjavík: Nesútgáfan 2007.

Smith 2006: L. Smith, Uses of Heritage. London: Routledge 2006.

Smith 2012: Dies., Editorial. International Journal of Heritage Studies 18, 6, 2012, 533–40.

Smith/Waterton 2009: L. Smith/E. Waterton, Heritage, Communities and Archaeology. London: Duckworth 2009.

Solli 2011: B. Solli, Some Reflections on Heritage and Archaeology in the Anthropocene. Norwegian Archaeological Review 44, 1, 2011, 40–88.

UNESCO n. d. [Verfügbar unter: http://whc.unesco.org/en/about/ (Zugriff: März 2012)].

UNESCO 1972: Convention Concerning the Protection of the World Cultural and Natural Heritage. Adopted by the General Conference at its seventeenth session, Paris, 16 November 1972.

Waterton/Smith 2009: E. Waterton/L. Smith, There Is No Such Thing as Heritage. In: E. Waterton/L. Smith (Hrsg.). Taking Archaeology out of Heritage. Newcastle upon Tyne: Cambridge Scholars Publishing 2009, 10–27.

Waterton/Watson 2013: Dies./S. Watson, Framing Theory: Towards a Critical Imagination in Heritage Studies. International Journal of Heritage Studies 19, 6, 2013, 546–61.

van de Wetering 1996: E. van de Wetering, The Surface of Objects and Museum Style. In: N. Stanley Price/M. Kirby Talley Jr./A. Melucco Vaccaro (Hrsg.), Historical and Philosophical Issues on the Conservation of Cultural Heritage. Los Angeles: Getty Conservation Institute 1996, 415–21.

Winter 2013: T. Winter, Clarifying the Critical in Heritage Studies. International Journal of Heritage Studies 19, 6, 2013, 532–45.

Arnica Keßeler

Von Gendern und Dingen: Überlegungen zum Verhältnis zweier Konzepte in der Archäologie

Zusammenfassung: Der folgende Artikel befasst sich mit zwei vielgebrauchten Konzepten in der Archäologie, zum einen mit der Zuweisung von Geschlechtern zu vergangenen Subjekten und zum anderen mit der Primärfunktion von Dingen. Im Vordergrund steht hierbei der Konstruktionscharakter der Konzepte und ihrer Wahrnehmung als solche. Insgesamt soll der Artikel als Gedankenanstoß dienen, um verfestigte Kategorien zu überdenken und vergangene soziale Komponenten wie etwa Prestigewert oder Machtverhältnisse stärker mit in die Interpretation einzubeziehen. Zur Veranschaulichung wird die häufig konzeptionierte Verbindung von Geschlecht und Dingen als ›Gendermarker‹, also der Zuweisung von Geschlechtern aufgrund von Beifunden (Dingen) in Bestattungen als Beispiel herangezogen. Am Fallbeispiel von (Spinn-)Wirteln wird die Abhängigkeit des Konzepts ›Gendermarker‹ sowohl von den Geschlechts- als auch Funktionszuweisungen demonstriert und die jeweilige Rekursivität kritisiert. Dazu wird die zeitliche Spezifität sowohl der Primärfunktion von Dingen als auch der Konstruktion von Geschlecht hervorgehoben um diese Forschungskonzepte in ihrer historischen Wandelbarkeit untersuchbar zu machen.

Abstract: The following article deals with two often used notions in Archaeology: the gender determination of past subjects as well as the primary function of things. In doing so, the focus lies on the construction character of concepts and their perception as such. Overall, the article is meant as impulse to reconsider set categories and more often to include past social components like for example prestige value or power relations into the interpretation. The often conceptualized relation between gender and things as *gendermarker*, the gender allocation based on associated finds (things) in burials, is adduced as an example for illustration. By means of the case example of (spindle) whorls the dependency of the notion *gendermarker* on allocations of gender as well as function is demonstrated and the respective recursiveness criticized. That is the temporal specificity of the things' primary function and of the gender construction is emphasised in order to lay the foundation for research on these concepts in their historic changeability.

Schlüsselbegriffe/Keywords: Konstruktion, soziales und biologisches Geschlecht, Primärfunktion, Dinge/Construction, biological and social gender, primary function, things

Der vorliegende Beitrag[1] soll als Diskussionsanstoß dienen, um die Verwendung der Konzepte ›Gender‹ und ›Dinge‹ sowie deren interpretative Verbindung in der Archäologie zu überdenken und neu zu bewerten. Ich möchte daher meine Vorstellungen und Überlegungen zu beiden Konzepten darlegen und auf die (un-) mögliche Verbindung der beiden eingehen. Aufgrund der zeitlichen Gebundenheit verwendeter Konzepte in der Archäologie hinterfrage ich deren Übertragung in die Vergangenheit. Insbesondere die häufig praktizierte Verbindung von Dingen als Marker für archäologische Geschlechtsbestimmung untergräbt meiner Meinung nach den Wert beider Konzepte für die Archäologie.

Verbindet man die Begriffe Gender und Dinge, wird dies bei den meisten Leser(innen) zwar kein ernsthaftes Entsetzen hervorrufen, hinterlässt aber oftmals einen seltsamen Beigeschmack. Die Verknüpfung irritiert, ohne den Grund für die Irritation im ersten Moment benennen zu können. Gender[2] gilt als viel diskutiertes wissenschaftliches Konzept und politisch-gesellschaftliches Schlagwort rezenter Ungleichheitsdiskurse und bezieht sich auf das soziale Geschlecht des Menschen, wohingegen Dinge aus der sozialen und politisch-gesellschaftlichen Sphäre gemeinhin ausgeklammert werden.[3] Während Gender als Konzept ausschließlich auf Subjekte bezogen wird, werden Dinge zumeist als Objekte verstanden und können folglich kein Gender im eigentlichen Sinne haben. Die Begriffe Gender und Objekte befinden sich somit auf verschiedenen Ebenen und können nicht ohne weiteres verbunden oder aufeinander bezogen werden. Insbesondere die in der Moderne verankerte cartesianische Trennung von Subjekten und Objekten erscheint dabei als Hinderungsgrund, eine solche Verbindung überhaupt zu denken. Diese Dichotomie, die in der westlichen Wissenschaft eine lange Tradition aufweist, wird zugleich mit einer humanistischen Wertung verbunden, die impliziert, dass das Subjekt dem Objekt überlegen sei, da es dieses erschaffe und ebenso dessen Bedeutung und Wert kreiere (siehe Hofmann/ Schreiber 2008, 95 f.). Anhand eines kurzen Exkurses über Fetischismus möchte ich verdeutlichen, wie stark diese Trennung von Subjekten und Objekten in der westlichen Gesellschaft verankert ist.

Das Konzept des Fetischs entwickelte sich im 16.–17. Jahrhundert in den ersten Handelszentren an der westafrikanischen Küste aus den interkulturellen Kontakten der Küstenbewohner(innen) und den europäischen Kolonialist(inn)en. Als Fetische wurden zumeist magische Objekte beschrieben, die mit menschlichen Eigenschaften ausgestattet waren und wirkmächtig handeln konnten. Ausge-

---

1   Der Artikel basiert auf dem von mir gehaltenen Vortrag »The Gender of Things«, den ich während der Konferenz »Lost in Things« in Frankfurt a. M. 2013 gehalten habe.

2   Der Begriff *gender* geht auf die Verwendung durch den Psychiater John Money (1955) zurück, jedoch verwies schon Simone de Beauvoir in ihrem vielbeachteten Werk »Das andere Geschlecht« mit ihrer Kernaussage »Man kommt nicht als Frau zur Welt, man wird es« (1951 [1949], 265) auf den Konstruktionscharakter des sozialen Geschlechts. Einführend zum Genderkonzept siehe Lorber 1999.

3   Siehe aber Appadurai 1986; Winner 1980.

hend vom Pidgin-Wort *fetisso*, das Amulette beschreibt, die dessen Träger(in) als Mittler(in) im Handel auswiesen, begann der Begriff sich zu wandeln und verwies später auf Objekte, die zur Schwurvereidigung genutzt wurden (Pels 2010, 616–18; siehe Kohl 2003, 13–28). William Pietz meint dazu:

> »The alienness of African culture, in particular its resistance to ›rational‹ trade relations, was explained in terms of the African's supposed irrational propensity to personify material (and especially European technological) objects, thereby revealing a false understanding of natural causality.« (Pietz 1987, 23).

Folglich wurden alle Objekte als Fetisch bezeichnet, die nicht in die rationalen oder religiösen Wertesysteme der Europäer(innen) passte. Gerade die Eigenschaften von Objekten, die sie mit Handlungsmacht ausstatteten, überschritten die Grenzen zwischen Objekt und Subjekt (Pietz 1987, 23). Somit stellten Fetische Objekte dar, die Eigenschaften besaßen, die sie agieren ließen. Diese Eigenschaften, die normalerweise nur Subjekten vorbehalten waren, wurden somit auch ›fälschlicherweise‹ Dingen zugesprochen. Eine klar abgegrenzte Trennung von Objekten und Subjekten fand dabei nicht mehr statt. Der Transfer von menschlichen Eigenschaften auf Dinge wurde in der Folge so strikt tabuisiert, dass seine anfangs negative, magische Konnotation in einer Abnormität des Konzeptes resultierte. Die Verwendung des Begriffs Fetischismus dient auch heute noch zur Bezeichnung einer unnatürlichen oder krankhaften Beziehung zwischen Menschen und Dingen, die sich in verschiedenen Formen z. B. einem Warenfetischismus ausdrücken kann.[4]

Diese Problematik verweist auf die Angst, dass die Einzigartigkeit des Menschen aufgrund ›besonderer‹ Qualitäten verloren gehen könnte, wenn jene ›menschlichen‹ Qualitäten auch Objekten zugestanden werden. In unserer heutigen Gesellschaft wird dieser Effekt noch durch eine Angst vor der Beseelung der Maschinen und der Gefahr eines daraus folgenden Aufstands verstärkt.[5] Diese grundlegende Befürchtung wirkt der Akzeptanz entgegen, dass Dinge mehr sein könnten als nur leblose Objekte, geschaffen von uns Subjekten. Interessanter- und traurigerweise war der Umkehrschluss, Menschen auf Dinge zu reduzieren, sie zu verdinglichen, niemals ein Problem, wie im Falle der Sklaverei leicht deutlich wird. Die Trennung der Welt in Subjekte und Objekte ist, wie das Beispiel des Fetischismus zeigt, selbst ein historisches Produkt der westlichen

---

4   Zur Entwicklung des Fetischismus über Charles de Brosses, Immanuel Kant, Georg Wilhelm Friedrich Hegel, Auguste Comte, Karl Marx und Sigmund Freud, siehe Kohl 2003, 68–106.

5   So ist gerade der Aufstand der Maschinen eines der Angstszenarien moderner Popkultur. Diese Vorstellung ist jedoch nicht neu, wie Hans Peter Hahn in Bezug auf einen peruanischen Mythos und Erich Kästners »Aufstand der Dinge« (Hahn 2005, 48) ausführte. In ähnlicher Weise auch José Saramagos Roman »Der Stuhl und andere Dinge«.

Moderne und beruht auf der anthropozentrischen Hervorhebung des Menschen.[6] Um diese Trennung aufrechtzuerhalten, wird laut Bruno Latour ein enormer Aufwand an ›Reinigungsarbeit‹ (Latour 2008) betrieben.

Dennoch sind Zuschreibungen von Gendern zu Dingen[7] in unserer heutigen Gesellschaft ohne Weiteres übliche Alltagspraxen. Diese Zuschreibungen beruhen auf einer Umkehrung der Assoziation von Dingen zu menschlichen Gendern, also eine Art Sphäre an Assoziationen – eine Gendersphäre. So gibt es nicht nur Frauen- und Männerschuhe, sondern mittlerweile auch Überraschungseier und Grillwurst, die genderspezifische Markierungen tragen und die somit einer Gendersphäre durch Farbgebung bzw. Verpackungsdesign angehören.

Das Prinzip, Dinge einer Gendersphäre zuzuordnen, ist auch in der Archäologie sehr gebräuchlich. Unter der Bezeichnung ›Gendermarker‹ ist es weit verbreitete Praxis. Dabei dienen Dinge nicht etwa als Repräsentationen oder Anzeiger des Genders vergangener Menschen, sondern die interpretative Vorgehensweise erfolgt genau umgekehrt. Zunächst soll geklärt werden, was die Begriffe Sex und Gender bedeuten und wie sie hier verwendet werden. Im Anschluss wird die Verbindung zu den Dingen über das Konzept der Gendermarker in der Archäologie diskutiert.

Um die für die weitere Diskussion benötigten Grundlagen zu schaffen, werde ich folgend die Begriffe soziales und biologisches Geschlecht definieren. Um weiteren Verwirrungen vorzubeugen, werden im Folgenden nur noch die Begriffe soziales und biologisches Geschlecht im Gegensatz zu *gender* und *sex* verwendet. Der Begriff ›Gender‹ erfährt hier eine Bedeutungserweiterung und findet dann Anwendung, wenn explizit vom Zusammenspiel sozialer Aspekte wie Status, Macht oder Alter gesprochen wird.

Die in der englischen Sprache eindeutig voneinander getrennten Bezeichnungen *sex* und *gender* führen im deutschen Sprachgebrauch durch die dem Wort Geschlecht vorgestellten Adjektive biologisch und sozial zu erheblichen Verwirrungen. Neben der Verwendung des Wortes Geschlecht als Kurzform von Geschlechtsorgan impliziert der Gebrauch eines Wortes für beide Konzepte eine unbedingte Abhängigkeit voneinander, die so nicht als gegeben vorausgesetzt werden kann. Unter biologischem Geschlecht werden gemeinhin die primären Geschlechtsorgane eines Menschen verstanden. Diese Auffassung resultiert in der Annahme, dass es zwei natürliche, biologische, oder klarer biotische Geschlechter gibt, weibliche und männliche, die durch die Bestimmung der jeweils zugehörigen Merkmale erkannt werden können.[8] Diese Differenzierungskategorien des Körpers werden als gegebene Unterschiede, als natürliche Einheiten definiert und durch den Rückgriff auf die Fortpflanzungsfähigkeit untermauert.

---

6   Oder wie Bruno Latour es formulierte: »Wir sind nie modern gewesen« (Latour 2008, bes. 18–21).

7   Ich werde im Folgenden nur noch von Dingen sprechen, da sich der Terminus von der Gegenstellung von Subjekten und Objekten löst.

8   Schon die Reduktion auf wenige Merkmale zeugt von der Lückenhaftigkeit, da Kombinationen logisch ausgeschlossen sind.

Geschlechtsorgane stellen somit *ein* Merkmal dar, das zu Untergliederung in ein binäres System funktioniert, das weitere Merkmale ausschließt. Die willkürliche Auswahl, auf der die Zuschreibung beruht, lässt erkennen, dass das biologische Geschlecht ebenso ein vom Menschen geschaffenes Konstrukt ist, bzw. »einer kulturellen Norm folgt, die die Materialisierung von Körpern regiert«.[9] Daher kann das biologische Geschlecht nicht als statisch angesehen werden, besonders nicht in einer Welt, in der chirurgische und hormonelle Geschlechtsumwandlungen keine Seltenheit darstellen.

Die Grundproblematik, die sich bei der Definition des sozialen Geschlechtes und dessen Verbindung zum biologischen Geschlecht finden lässt, kommt in einer Definition von Keri Brown gut zum Ausdruck:

> »Gender is a cultural construction, a system of cultural categorisation that uses biological sex differences as a way of structuring thought and practice, but is not determined by them. A consequence of this definition is that there is a high degree of correlation between biological sex and social gender, but not always a one to one correspondence.« (Brown 1998, 35).

Die Konstruktion des sozialen Geschlechts baue, so Brown, somit zum Teil auf Aspekten einer Konstruktion eines angeblich natürlichen, biologischen und damit statischen Geschlechtes auf, sei also nur bedingt flexibel (siehe Butler 1991, 22). Als Alternative einer direkten Abhängigkeit des sozialen Geschlechts vom biologischen lässt sich Gender am besten als eine Analysekategorie verstehen, die beschreibt, wie jedes menschliche Wesen kulturelle Möglichkeiten nutzt, um Ausprägungen des sozialen Geschlechts mittels spezifischer Merkmale, wie sozialem Verhalten oder auch der Art, sich zu kleiden, zu (de-)konstruieren. Das soziale Geschlecht ist nicht gegeben, es entwickelt sich kulturell durch konstante Aushandlung mit uns selbst und unserer Umwelt (Lorber 1999).

Das soziale Geschlecht lässt sich nur zu Teilen durch das biologische Geschlecht erklären. Das Konzept des biologischen Geschlechts stellt nur *einen* Baustein in der Konstruktion des sozialen Geschlechts dar. Es gibt keine absolute Deckungsgleichheit oder direkte Abhängigkeit der beiden Konzepte voneinander. Das soziale Geschlecht einer Person muss somit nicht automatisch sein biologisches widerspiegeln und umgekehrt. Hinzukommt, dass man nicht nur von zwei sozialen Geschlechtern sprechen kann.[10] Neben der Möglichkeit, mehr als nur

---

9   Butler 1995, 23. Dieses ist laut Butler aber nicht beliebig, sondern innerhalb einer Machtdynamik angesiedelt, die wenig Raum für Freiwilligkeit lässt. In ähnlicher Weise konstituieren sich auch Effekte wie Größe und Stärke als gesellschaftliche Konstruktionen, die ihre eigene Materialität erst durch die Mächtigkeit des Diskurses hervorbringen.

10   »Selbst wenn die anatomischen Geschlechter *(sexes)* in ihrer Morphologie und biologischen Konstitution unproblematisch als binär erscheinen (was noch die Frage sein wird), gibt es keinen Grund für die Annahme, daß es ebenfalls bei zwei Geschlechtsidentitäten bleiben muß. Die Annahme einer Binarität der Geschlechtsidentitäten wird implizit darüber hinaus von dem Glauben an ein mimetisches Verhältnis zwi-

zwei biologische Geschlechter zu konstruieren, entstehen die sozialen Geschlechter durch das Zusammenspiel mehrerer Elemente wie Status, Alter und Macht einer Person. Diese variieren stark bei einzelnen Individuen und können nicht vereinheitlicht werden. Durch die unterschiedlichen Zusammensetzungen von Elementen, das Durchlaufen eines Lebenszyklus und des jeweiligen kulturellen und sozialen Status sowie der spezifisch besetzten Machtpositionen bildet jeder Mensch in seinem Leben weit mehr als ein soziales Geschlecht heraus oder greift darauf zurück. Daher nenne ich dieses Gender. Damit ergibt sich, dass Gender ein Konstrukt aus verschiedenen sozialen Aspekten des Menschen ist, das sich unter anderem aus den Bereichen des biologischen Geschlechts sowie weiterer Bereiche zusammensetzt. Das biologische Geschlecht ist damit nur ein Aspekt und nicht Grundlage der Konstruktion. Vergegenwärtigt man sich die verschiedenen Komponenten, die zu dem spezifischen Gender eines jeden Menschen führen, plakativ durch Gegensatzpaare: weiblich/männlich; hoher/niedriger Status; viel/wenig Macht; etc. lässt sich leicht ein Beispiel kreieren, in dem das biologische Geschlecht nicht die entscheidende Komponente für den ›Wert‹ des Genders stellt. So wird das Gender einer Königin (weiblich, hoher Status, viel Macht) in unserer heutigen westlichen Gesellschaft weit höher eingestuft als das eines Bauern (männlich, niedriger Status, wenig Macht). Das Zusammenspiel mehrerer nachteilig angesehener Differenzkategorien, z. B. eines geringen sozialen Status, verbunden mit Machtlosigkeit, summiert diese und überwiegt die übersteigerte Position des Männlichen im Vergleich zur Königin. Diese unter dem Begriff der Intersektionalität zusammengefasste Verknüpfung von Kategorien verdeutlicht, wie komplex die Kategorie Gender ist, die sich nicht nur auf das biologische Geschlecht reduzieren lässt.[11]

Zusammenfassend kann damit hervorgehoben werden, dass das soziale sowie biologische Geschlecht jeweils Konstrukte zur Einteilung des Menschen sind. Ihnen liegt keine natürliche Ordnung zugrunde, weder beim sozialen noch beim biologischen Geschlecht. Die bewusste Auseinandersetzung mit Geschlechtskonzepten sollte somit immer bei der Reflexion der Analysekategorien beginnen, um mögliche Fragestellungen präzisieren zu können.

Die allgemeine Sinnhaftigkeit der Konstruktion der Konzepte Sex und Gender sollen hier nicht in Frage gestellt werden, es soll lediglich darauf verwiesen werden, dass ihre Verwendung eine Reflexion des Konstruktionscharakters beinhalten sollte. So ist der Gebrauch des biologischen Geschlechts als Bestandteil des Genders (als Zusammenspiel verschiedener sozialer Aspekte) eines Menschen aufgrund der westlichen, kulturellen Prägung eine entscheidende

schen Geschlechtsidentität und Geschlecht geprägt, wobei jene dieses widerspiegelt oder anderweitig von ihm eingeschränkt wird. Wenn wir jedoch den kulturell bedingten Status der Geschlechtsidentität als radikal unabhängig vom anatomischen Geschlecht denken, wird die Geschlechtsidentität selbst zu einem freischwebenden Artefakt.« (Butler 1991, 23).

11   Siehe moderne Genderkonstrukte aus nicht westlich geprägten Gesellschaften, z. B. den Inuit; Crass 2001, 108.

moderne Kategorie, die nicht zu vernachlässigen ist. Diese verweist aber nicht ausschließlich auf ein soziales Geschlecht und kann auch nicht als statisch für die verschiedenen Perioden der Vergangenheit angenommen werden. Der Fokus sollte vielmehr auf dem Zusammenspiel der sozialen Aspekte liegen, die in ihrer Gesamtheit ein soziales Geschlecht ergeben. Die Wertesysteme innerhalb derer Menschen agieren, ebenso wie der Mensch selbst, unterliegen dabei ständiger Veränderung und können niemals als statisch begriffen werden.

Nach dieser kurzen Erläuterung der Konzepte des biologischen und sozialen Geschlechts möchte ich den Bogen wieder zu den Dingen schlagen. Die wohl am häufigsten gebrauchten Verbindungen des oben erläuterten Sex-Gender-Konzeptes und den Dingen in der Archäologie sind die sogenannten Gendermarker.[12] Diese verweisen in der Archäologie auf ein Konstrukt, in dem Dinge, wie der Name bereits sagt, Gender bzw. das soziale Geschlecht eines Menschen markieren bzw. anzeigen; es findet seine Hauptanwendung in der Gräberarchäologie.

Voraussetzung für diese Herangehensweise ist das Vorhandensein von Grabbeigaben. Dabei ist es nicht von Bedeutung, ob es sich bei der Bestattung um eine Körperbestattung oder etwa um eine Brandbestattung handelt. Demnach muss der anthropologische Körper in der Bestattung nicht fassbar sein, um die Zuweisungen vornehmen zu können. Das Prinzip funktioniert dabei auf zwei unterschiedlichen Ebenen. Zum einen (a) wird es dazu benutzt, aufgrund der Beigaben, die in einem Grab vorgefunden werden, auf das biologische Geschlecht der/des Beigesetzten zu schließen, indem soziales und biologisches Geschlecht gleichgesetzt oder zumindest angeglichen werden.[13] Werden in einem Grabkontext nicht geschlechtsspezifisch zuweisbare menschliche Überreste und Dinge gemeinsam gefunden, wird oftmals anhand der Beigaben das biologische Geschlecht sekundär bestimmt.[14] Eine gängige Praxis ist es dabei u. a., Spinnwirtel dem weiblichen und Schwerter dem männlichen Gender zuzuschreiben.[15] In der sich dahinter verbergenden Vorstellung wird davon ausgegangen, dass es geschlechtsspezifische Tätigkeiten gibt, die mit bestimmten Dingen direkt verbunden sind, da sie nur von einem Geschlecht ausgeübt wurden und daher auf dieses verweisen können. Die Grabbeigabe fungiert hierbei als Widerspiegelung eines komplexen sozialen Gefüges. Anhand eines Dings bzw. einer zugeschriebenen Tätigkeit mit dem Ding werden Schlussfolgerungen herbeigeführt, die nur einen Ausschnitt der Möglichkeiten berücksichtigen, die bei der Interpretation der Be-

---

12 In der deutschsprachigen Forschung ist ebenfalls der Begriff der ›archäologischen Geschlechtsbestimmung‹ gebräuchlich.

13 Problematisch ist hierbei, dass Bestattungen soziale Handlungen sind, also Interpretationen aufgrund der sozialen Auswahl und Anordnung der Beigaben, auch lediglich soziale Geschlechter (*gender*) feststellen, während anthropologische Untersuchungen nur biologische Geschlechter interpretieren können.

14 Siehe Hodder 1982, 195–201 zur Diskussion über soziale Rückschlüsse durch Beigaben.

15 Hierbei wird mit Kategorisierungen wie ›geschlechtsspezifisch‹ oder ›geschlechtstypisch‹ operiert, um Differenzen und Unsicherheiten der Bestimmung vorzubeugen, siehe Burmeister 2000, 32–34.

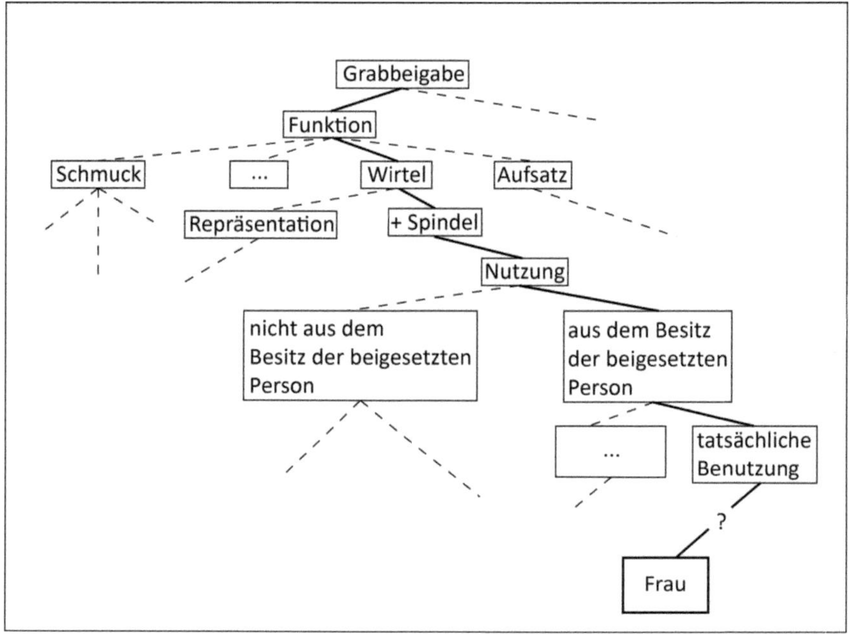

Abb. 1:   Interpretationsweg einer archäologischen Geschlechtsbestimmung am Beispiel eines Spinnwirtels (© Keßeler).

funde denkbar wären. Die Verkettung der Argumentation ist dabei willkürlich bis hin zu fragwürdig: Der Spinnwirtel ist Bestandteil der Spindel. Die Funktion einer Spindel ist das Spinnen. Die Spindel war im Besitz der/des Bestatteten. Der/die Bestattete hat damit gesponnen. Spinnen ist eine weibliche Tätigkeit. Folglich ist die Bestattete eine Frau.

Die Verbindung des Spinnens und des Geschlechts beruht dabei zumeist auf modernen westlichen Wertesystemen, in denen häusliche Tätigkeiten mit dem weiblichen Geschlecht assoziiert werden.[16] Diese Zuschreibung als Teil eines modernen weiblichen Genderkonstrukts wird als statisch betrachtet und unreflektiert in die Vergangenheit übertragen. Neben der Zuweisung eines Geschlechts kommt es in vielen Fällen durch den Fund von Spinnwirteln innerhalb eines Grabes auch zu einer Reduktion der Person auf die Tätigkeit des Spinnens, respektive auf Kriegsführung aufgrund von Waffenfunden. Ignoriert wird hierbei, dass das Ding nicht nur Anzeiger einer Tätigkeit sondern auch Anzeiger für Macht, Status und Alter sein kann. Die Möglichkeit, dass Spinnwirtel auf einen gesellschaftlichen hohen Status verweisen können oder Symbol eines hohen Al-

16   Insbesondere da es Kulturen gibt in denen die Männer die Tätigkeit des Spinnens ausüben. Z. B. Peru.

ters waren, sind ebenso zu berücksichtigen wie die Verbindung zum biologischen Geschlecht.

Ist im zweiten Fall (b) hingegen die Bestimmung der menschlichen Überreste anthropologisch fassbar, die umgebenden Beigaben aber nicht mit dem ›passenden‹ sozialen Geschlecht kongruent, wie im Fall von ›Spinnwirteln‹ und den Überresten eines männlichen Verstorbenen,[17] kommt es zur Konstruktion von oftmals wahllosen sozialen Stellungen der Bestatteten, um die Genderassoziationen der Dinge aufrecht zu erhalten.[18] Die Schlussfolgerung, dass Spinnwirtel mit dem weiblichen Geschlecht in Verbindung stehen, wird durch den Fund eines Spinnwirtels in einem Männergrab nicht hinterfragt. Vielmehr werden alternative Erklärungen in Betracht gezogen, die im vorangegangenen Fall nicht berücksichtigt wurden (siehe Abb. 1).

Zu unterscheiden ist also einerseits der Fall (a): Wenn das Knochenmaterial nicht bestimmbar oder vorhanden ist, verweisen die umgebenden Dinge klar auf das soziale Geschlecht, welches mit dem biologischen Geschlecht des/der Bestatteten gleichgesetzt wird. Die Dinge repräsentieren in diesem Fall das biologische Geschlecht des Menschen. Ihr Zeichencharakter wird dabei jedoch in Anlehnung an die Semiotik von Charles Sanders Pierce nicht nur symbolisch sondern auch indexikalisch gebraucht. Es wird also eine Relation angenommen die nicht nur formal sondern auch kausal ist (siehe Burmeister 2009, 46–50; Knappett 2010, 84–86). Im zweiten Fall (b), wenn durch das Knochenmaterial ein biologisches Geschlecht bestimmbar ist, dieses aber mit Dingen umgeben ist, die nicht auf dasselbe soziale Geschlecht wie das biologische verweisen, wird den Dingen diese Aussagekraft (die sie im ersten Fall besaßen) abgesprochen. Neben der Tatsache, dass in diesem Fall die Dinge nicht mehr für die Bestimmung des biologischen Geschlechts genutzt werden, dienen sie aber sehr wohl noch zur Bestimmung sozialer Geschlechter in der Vergangenheit.[19] Der Vollständigkeit halber soll auch noch der dritte mögliche Fall beschrieben werden, in dem

---

17 Aufschlussreich ist in dieser Hinsicht der Lexikonartikel zu Schwertanhängern und Schwertperlen im Reallexikon der Germanischen Altertumskunde. Heiko Steuer (2004, 598) formuliert hier: »Ob die Sch[wertanhänger] in den Werkstätten gleichzeitig zusammen mit dem Schwertgehänge gefertigt wurden, ob sie von einem Krieger, einem Gefolgschaftsherrn oder einem Partner verliehen oder von der ›Familie‹ oder der Frau als Talisman und Amulett übergeben und an die Schwertscheide gebunden wurden, läßt sich nicht entscheiden. Ein Sch[wertanhänger] kann die Waffenglück verheißende Morgengabe der Frau an den Mann gewesen sein. Es ist auch deshalb nicht auszuschließen, daß Schwertperlen von Frauen an Krieger übergeben wurden, da nicht selten ähnlich große Glasperlen, Glaswirtel mit Rosettenmuster, als Spinnwirtel bezeichnet, in Frauenbestattungen gefunden werden.«

18 Für Möglichkeiten der Deutungen aufgrund der Inkongruenz von archäologischen (*gender*) und anthropologischen (*sex*) Geschlechtsbestimmungen am Beispiel ur- und frühgeschichtlicher, schnurkeramischer Bestattungen siehe Civis 2008.

19 So erfahren zwei bestattete Frauen mit Messer/Dolch-Beigaben in Singen am Hohentwiel die Deutung, dass »the presence of daggers [...] indicate that these females occupied a social status that most individuals [...] did not share.« (Weglian 2001, 150).

das Knochenmaterial bestimmbar ist und die umgebenden Dinge auf das *richtige* biologische Geschlecht verweisen. Diese Kombination wird in vielen Fällen als Beleg für die Richtigkeit der Genderzuordnung benutzt, in dem darauf verwiesen wird, dass die Verbindung von Weiblichkeit und Spinnwirteln nicht frei erdacht ist.

In Übertragung von geschlechtlichen Zuschreibungen aus anderen Zeiten und Räumen oder auch Zuschreibungen aus kulturgleichen Zusammenhängen wird den Dingkategorien oder -typen ein Gender zugeordnet, welches es ermöglichen soll, anhand des Vorkommens jedes Vertreters einer solchen Dingkategorie Aussagen über das Gender der zugehörigen Person zu treffen, also deren Gender zu markieren. Die geschlechtsbezeichnenden Zuschreibungen, die Dinge erhalten, werden in den meisten Fällen nicht den Kontexten entnommen, die sie hervorbrachten, sondern entstammen modernen Konzeptionen. Die Beschreibung eines Spinnwirtels als Repräsentant eines weiblichen Genders leitet sich eher aus modernen und heutigen gesellschaftlichen Konstruktionen ab als aus einer spezifischen Vergangenheit und lässt sich nicht einfach für diese übernehmen oder gar voraussetzen. Daraus ergibt sich, dass Dinge durch unsere heutigen Zuweisungen ›Erkenntnisse‹ über die Vergangenheit hervorbringen, die durch die Gegenwart vorgegeben sind, aber nicht mit den sozialen Gegebenheiten der Vergangenheit übereinstimmen (müssen). Durch das *gendering* von Dingen und den Rückschluss auf soziale und biologische Geschlechter wird in einem Zirkelschluss unsere heutige Vorstellung übertragen, ohne zu berücksichtigen, dass Geschlecht ein historisch gewachsenes Konzept ist. Die analytisch sinnvolle Trennung der Bereiche des biologischen und sozialen Geschlechtes wird durch die Verwendung von Gendermarkern auf den Bereich des biologischen Geschlechtes reduziert und durch heutige Vorannahmen über geschlechterspezifische oder -typische Tätigkeiten untermauert. Problematisch ist dabei die Vermischung des sozialen und biologischen Geschlechts innerhalb der Argumentation. Die Dinge werden als Marker eines spezifischen Genders gedeutet, das letztendlich zur Bestimmung des biologischen Geschlechts verwendet wird (Sofaer 2006, 156).

Insgesamt stellt sich damit die Frage, wie sinnvoll ein Konzept ist, dass sich in dieser Form selbst belegt und ob sich die zugeschriebenen Gender von Dingen widerstandsfähiger darstellen als die der Menschen. Im Fall der Gräberarchäologie besteht eine Deutungshierarchie, in der Dinge immer einem spezifischen Gender angehören, das kaum veränderbar ist. Auch wenn Dinge einem Körper zugeordnet werden, dessen biologisches Geschlecht nicht dem Gender des Dings entspricht, verändert diese Gegebenheit nicht deren Deutung. Hingegen können die menschlichen Überreste keine definitiven Hinweise auf deren Gender verraten. Daraus folgt, dass innerhalb dieses archäologischen Deutungssystems Dinge immer auf ein Gender verweisen können, Menschen jedoch nicht. Nach diesem kurzen Abriss des Konzepts der Gendermarker kann m. E. dessen sinnvolle Verwendung in seiner derzeitigen Verwendung nicht mehr aufrechterhalten werden. Erstens liegt dem Konzept die Annahme zugrunde, dass das soziale Geschlecht sich aufgrund der eingeschränkten Quellenlage auf das biologische reduzieren ließe. Zweitens wird davon ausgegangen, dass aufgrund der An- oder Abwesenheit von Dingen auf das Geschlecht eines Menschen geschlossen werden könne. Dinge selbst können aber nicht auf Geschlechter verweisen. Sie können jedoch als Bestandteil eines Konstrukts sozialer Relationen gewertet werden (Sørensen 2007, 78). Das bedeutet, sie können theoretisch, insofern die sozialen Umstände erkennbar sind, als Hinweise auf in den Zeiten gebräuchliche soziale Konstruktionsprozesse der Geschlechtersphären verweisen; nicht immer jedoch auf deren Ergebnisse. Sie können aber nicht im Heute als klärendes Indiz für die Zuweisung von Geschlechtern in der Vergangenheit herangezogen werden. Wichtig hierbei ist der Punkt der zeitlichen Gebundenheit der Konzepte. Da die heutigen Geschlechterkategorien einem ständigen sozialen Wandel unterworfen sind und sich nicht als statisch darstellen lassen, kann eine Übertragung heutiger Konzepte in die Vergangenheit nicht als sinnvoll erachtet werden.[20]

Kommen wir noch einmal zurück zum exemplarischen Fall eines bestatteten Mannes mit Spinnwirtelbeigaben. Was besagt die Beigabe des Spinnwirtels über das soziale oder biologische Geschlecht des Mannes? Vielleicht war die Person leidenschaftlicher Spinner, vielleicht wurde der Wirtel von jemand anderem als Erinnerung beigefügt,[21] vielleicht ist der Wirtel durch sekundäre Verlagerungen[22] in das Grab gelangt. Es gibt viele mögliche Interpretationen, die hier zutreffen könnten. Mir geht es jedoch um die Erkenntnis, dass, solange Dinge nicht klar in einen sozialen Kontext gestellt werden können, sie keine Aussagekraft über die Geschlechter von Menschen, ob sozial oder biologisch, haben, solange man nicht den sozialen, zeitlich gebundenen Kontext kennt. Die archäologische Prämisse, dass Dinge ein soziales, respektive ein biologisches Geschlecht anzeigen können und damit Spiegel eines solchen sind, ist also so nicht haltbar. Die Dinge stellen Teile der Geschlechterkonstruktionen dar und kreieren diese aktiv mit; ohne den jeweiligen Kontext lassen sich aber keine eigenständigen gesicherten Aussagen über ihre Rolle bei diesem Konstruktionsprozess treffen (Sørensen 2007, 79). Dinge haben somit kein Geschlecht im Sinne eines menschlichen, sie lassen ohne kontextuelle Verortung auch keine Rückschlüsse auf Geschlechter zu. Sie können lediglich durch die konstruierte Zugehörigkeit zu bestimmten Bereichen als Teil dieser angesehen werden.

Die zeitliche Gebundenheit, welche entscheidend für das Verständnis von sozialen Konstruktionen ist, lässt sich nicht nur für Genderkonzepte postulieren. Sie ist für die meisten Konzepte und deren Interpretationen innerhalb der

---

20 In ähnlicher Weise thematisiert Ulrike Sommer ablehnend materielle Kultur als ›ethnische Marker‹, geht jedoch inkonsequenterweise für Geschlechtszuweisungen davon aus, dass diese möglich seien. Sie räumt jedoch in einer Fußnote ein, dass dies nur bei unbedingter Überstimmung von biologischem und sozialen Geschlecht zuträfe; Sommer 2003, 213 f., Anm. 8.

21 Zur Beteiligung verschiedenster Personen an einer Bestattung, siehe Brather 2008, 153 f.

22 Siehe Michael B. Schiffers n-transformation; Schiffer 1987.

                                    Arnica Keßeler

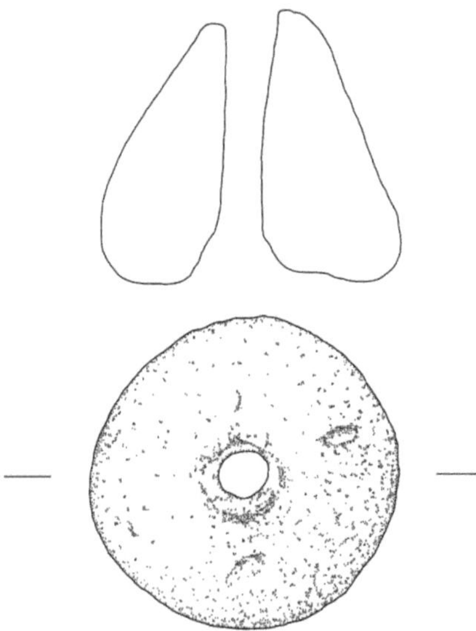

Abb. 2: Ding: Beispiel eines Spinnwirtels aus Monjukli Depe, Turkmenistan (© Pollock/Bernbeck 2011, 202, Abb. 34).

Archäologie von Bedeutung, so auch für die Dingkonzeptionen. Das Selbstverständnis, mit dem ich im obigen Text z. B. von Spinnwirteln gesprochen habe, berücksichtigt diese temporäre Gebundenheit nicht. Aus heutiger Perspektive wird die Interpretation des Dings ›Spinnwirtel‹ fast bis gar nicht hinterfragt. Die Annahme, dass es sich bei dem spezifischen Ding um einen Spinnwirtel handelt, beruht auf selektiven Entscheidungen. Ergänzend zur Darstellung des Gebrauchs von Genderkonzeptionen innerhalb der Gendermarker möchte ich daher im Folgenden zeigen, dass die Spinnwirtel (als Stellvertreter für viele weitere Dinge), die zur Bestimmung von Geschlechtern benutzt werden, ebenfalls Konstruktionsmechanismen unterliegen, die ihre Deutung beschränken. Als Basis der Interpretation dient hierbei der materielle Körper der Dinge, welcher über wahrnehmbare und differenzierbare Merkmale verfügt, aufgrund dessen ihm Eigenschaften zugeschrieben werden, die in einer Funktion münden. Die Weiterentwicklung und ›Fremdnutzung‹ von Dingen bleibt hierbei zumeist unberücksichtigt, so dass eine Einschränkung auf eine Art der Nutzung erfolgt.

Das als Beispiel gewählte Ding (Abb. 2) lässt sich für Archäolog(inn)en leicht als Spinnwirtel erkennen. Nach der Wahrnehmung des Dings erfolgt die Benennung bzw. Klassifizierung als Spinnwirtel aufgrund der bekannten Formgebung. Dabei lenkt die Benennung die Gedanken jedoch nicht in Richtung der Form sondern der Funktion. Zusätzlich denkt man oft nicht über verschiedene Funktionen nach, sondern lediglich über eine, die des Spinnens (Barber 1991; Kimbrough 2006). Dem liegt die implizite Vorstellung zugrunde, dass Dinge von

Menschen geschaffen wurden, um eine spezifische Funktion zu erfüllen; diese wird dann als Primärfunktion bezeichnet (siehe Veit 1997, 265 f.; Schreiber 2013, 65 f.). Diese Zuschreibung ist jedoch nicht exklusiv; so sind die Form sowie das Material des Dings zwar dazu geeignet als Spinnwirtel zu fungieren, sie können aber auch andere Funktionen erfüllen, wie z. B. als Schmuck oder Verschluss zu dienen (Keßeler im Druck). Die (angenommene) intendierte Herstellungsidee wirkt oftmals beschränkend auf die archäologische Auseinandersetzung mit weiteren Funktionen oder Verwendungen, die ein Ding aufweist (siehe Stockhammer 2011). Dass Benutzungen sich aber auch über die Zeit hin wandeln können, sollte ebenfalls berücksichtigt werden. Dies bedeutet wiederum, dass Dinge zu allen Zeiten für verschiedene Gebrauchsabsichten genutzt werden können und nicht durch eine modern konstruierte, intendierte Herstellungsidee auf eine Gebrauchsweise beschränkt sind. Der Körper eines Dinges[23] weist somit verschiedene Merkmale auf, von denen zumeist nur wenige als relevant zur Bestimmung der primären Funktion ausgewählt werden. Die weiteren Merkmale werden als Beiprodukte der Herstellung meistens nicht thematisiert oder als nicht von Belang für die Primärfunktion von der Untersuchung ausgeschlossen.[24] Die angenommene Primärfunktion gibt somit den intendierten Umgang mit Dingen vor. Beispielhaft kann hier für die Funktion eines Spinnwirtels die zumeist runde Form, das spezifische Gewicht und die Durchlochung angegeben werden. All diese Eigenschaften sind grundlegend für die Verwendung als Spinnwirtel, lassen sich aber auch bei anderen Dingen finden. So können die eben beschriebenen Merkmale ebenfalls auf die Beschreibung einer Perle oder eines Knaufs zutreffen (Abb. 3). Die Selektion der Merkmale und die daraus folgende Interpretation werden durch den Kontext und die beschreibende Person gelenkt, nicht jedoch durch das Vorhandensein der Merkmale an sich.

Abb. 3:   Spinnwirtel, Tonperle, Schwertknauf[25]

23 Zum Problem des Körpers von Dingen, ihrer Materialität, ihrer Wandelbarkeit und Fragmentierung siehe Chapman 2000; Ingold 2007; Miller 2010.
24 Selbstverständlich können sie für andere Fragestellungen, wie chronologische, stilistische und kulturelle Einordnung durchaus wieder herangezogen werden.
25 Kollage von A. Keßeler mit Abbildungen von www.hermann-historica.de und www.alteroemer.de.

Die für die Funktion des Spinnens irrelevanten Merkmale, wie etwaige Verzierungen, werden vernachlässigt. Die selektive Auswahl der Merkmale basiert m. E. zum Teil auf der bereits zuvor erfolgten Bezeichnung ähnlicher Dinge, welche dann zusammen eine Kategorie bilden sowie seiner angenommenen Primärfunktion und der modernen bekannten Zuschreibung der Funktion. Mehrdeutigkeiten werden durch diese Vorgehensweise bewusst vernachlässigt, da sie die bestehende interpretative Ordnung stören. Zudem ignorieren solche Interpretationen die oben bereits angesprochene zeitliche Gebundenheit von Deutungen. Die Möglichkeit, dass ein Ding zu unterschiedlichen Zeiten unterschiedlich genutzt oder auch zu einer Zeit verschieden genutzt wurde, bleibt unberücksichtigt.

Für die Verwendung von Gendermarkern in der Archäologie ergibt sich dadurch ein weiteres Problem. Falls die eine Bestattung umgebenden Dinge nicht eindeutig einer Funktion zugewiesen werden können, verlieren sie auch die Möglichkeit, Gender zu markieren. Auch wenn Kontextanalysen klar auf eine temporär gendertypische oder gar genderspezifische Verwendung von Spinnwirteln verweisen würden, wäre in vielen Fällen immer noch nicht geklärt, ob es sich bei dem Ding wirklich um einen Spinnwirtel oder – beispielsweise – nicht um einen Schwertknauf handelt. Das bedeutet, dass es methodisch sehr schwer ist, durch die Analyse der Form eines Dings auf dessen Funktion oder Bedeutung zu schließen und damit Zuweisungen zu Geschlechtern zu treffen.

Die zu Beginn aufgeworfene Frage, ob eine Verbindung der Dinge und Genderkonzepte für die Archäologie sinnvoll ist, lässt sich nicht einfach beantworten. Meiner Meinung nach sind Genderkonzepte für eine reflektierte soziale Archäologie nicht nur wichtig sondern auch essentiell notwendig, aber die derzeit praktizierte Verbindung der beiden Konzepte als ›Gendermarker‹ sehe ich als höchst problematisch an. Die analytische Trennung des Geschlechts in ein soziales und biologisches wird in der Praxis unreflektiert zumeist auf das biologische reduziert und untergräbt damit die Möglichkeiten, welche eine dezidierte Analyse eröffnen würde. Die Geschlechtsmodelle müssen als moderne Konstruktionen verstanden werden, welche als Werkzeuge zur Interpretation der Vergangenheiten dienen können. Die binäre Konstruktion des heutigen biologischen Geschlechts stellt dabei nicht die determinierende Grundlage des sozialen dar, sondern ist lediglich *ein* Bestandteil im Konstruktionsprozess des Genders. Dieses setzt sich aus verschiedenen Bereichen zusammen, wie unter anderem dem Status, der Macht und dem Alter einer Person. Hervorzuheben ist hierbei nochmals, dass die verwendeten Modelle der Moderne entstammen und keine historischen Übernahmen darstellen.

Bei der Interpretation von Dingen als Gendermarker kommt es zu einer Überdeterminierung der angenommenen Primärfunktion eines Dings. Auch hier ist hervorzuheben, dass die Einschreibung der Primärfunktion in die Dinge als Aushandlung der Bedeutungszuschreibungen sozial konstruiert ist. Die oft versuchte oder gesuchte Verbindung der Objekte zu Subjekten gelingt hier über Einbeziehung der Dinge als Konstruktionsbestandteile des sozialen Geschlechts der Menschen. Aufgrund ihrer kultur- und situationsspezifischen Bedeutungszuschreibungen können Dinge konstitutive Bestandteile des sozialen Geschlechts darstellen. Dieses Eintreten der Dinge in die menschlichen Geschlechterkonstrukte führt jedoch oftmals zu der m. E. fehlerhaften Annahme, dass Dinge umgekehrt in der Analyse indirekt als ›Gendermarker‹ auf ein jeweiliges Geschlecht verweisen können. Sie besitzen innerhalb des jeweiligen Kontextes lediglich die Aussagekraft, die ihnen im Konstruktionsprozess selbst durch die Beziehung zum sozialen Geschlecht des Menschen zugewiesen wurde; es entsteht somit ein interpretativer Zirkelschluss, in dem Konstruktionsmittel und Indikatorfunktion sich gegenseitig belegen. Bedingung für die Zuweisung ist jedoch, dass das soziale Geschlecht bereits bekannt sein muss, um eine Beteiligung des Dings am Konstruktionsprozess belegen zu können. Sollte jedoch das soziale oder biologische Geschlecht erst noch bestimmt werden, sind die Dinge dafür ungeeignet. Gleichzeitig ergibt sich noch ein weiteres Problem, das die Zuweisung erschwert. Dinge sind immer mehr als nur die Summe ihrer Merkmale, die materiell erkannt und archäologisch beschrieben werden können. Die Annahme, dass ein Ding an eine Primärfunktion gebunden ist, bleibt eine Annahme. Die Benennung als ›primär‹ erfolgt aufgrund unserer eigenen Erkenntnisprozesse und Diskurse und nicht aufgrund der tatsächlichen Nutzbarkeit der Dinge. Dinge lassen sich in den meisten Fällen für weit mehr gebrauchen als nur zu einem Zweck. Die als Primärfunktion naturalisierte Funktion sollte daher aufgedeckt und überdacht werden.

Abschließend soll die zeitliche Gebundenheit der Konzepte noch einmal hervorgehoben werden, da sie sich auf alle angesprochenen Aspekte auswirkt. Interpretationen einer Vergangenheit sind subjektive Angelegenheiten, in denen sich unsere gegenwärtigen Weltbilder und Wertvorstellungen reflektieren. Die Konzepte, die wir auf die Vergangenheit anwenden, entspringen der Moderne und lassen sich damit nicht immer übertragen. Unsere heutigen Vorstellungen, Genderkonzepte und Funktionszuweisungen müssen oder können gar nicht immer denen in der Vergangenheit entsprechen. In Untersuchungen spezifischer Materialkategorien sowie sozialer Konzepte muss der umgebende Kontext immer mit betrachtet werden, um nicht Gefahr zu laufen, heutige soziale Gegebenheiten in die Vergangenheit zu überführen. Entscheidend hierfür ist, dass heutige Konzepte zwar als Analysewerkzeug dienen können, nicht jedoch als vergangene soziale Tatsachen oder Untersuchungsobjekte verstanden werden sollten. Eine reflektierte Verbindung von Geschlechtern und Dingen innerhalb rekonstruierter Kontexte kann zu einer dienlichen Kombination beider Konzepte in der Archäologie führen und die Wechselwirkung von Dingen und Menschen sowie deren Überschneidungsgebiete sichtbarer machen. Die reflektierte Benutzung der Dinge und der Genderkonzepte ist somit eine durchaus gewinnbringende Verbindung, insofern diese den Konstruktionscharakter der unterschiedlichen Bereiche berücksichtigt. Solange aber Dingen Geschlechter aufgrund heutiger Deutungen zugewiesen werden, kann eine solche Verbindung, wie sie im Fall der Gendermarker in der Archäologie betrieben wird, nicht als sinnvoll erachtet werden. Durch die kaum diskutierte, aber oft verwendete Benutzung dieses Konzeptes, das m. E. auf irreführenden Annahmen aufbaut, wird außerdem die Komplexität der Konstruktionsprozesse von Gendern verschleiert. Dies behindert damit eine umfangreiche Diskussion innerhalb der Archäologie. Somit gilt für eine reflektierte, materiell informierte Genderarchäologie der sinnbildliche Ausspruch: Es gibt nicht nur eine Funktion von Dingen und auch nicht nur zwei Geschlechter beim Menschen.

Literatur

Appadurai 1986: A. Appadurai (Hrsg.), The Social Life of Things. Commodities in Cultural Perspective. Cambridge: Cambridge University Press 1986.

Barber 1991: E. J. W. Barber, Prehistoric Textiles. The Development of Cloth in the Neolithic and Bronze Ages with Special Reference to the Aegean. Princeton: Princeton University Press 1991.

de Beauvoir 1951: S. de Beauvoir, Das andere Geschlecht. Sitte und Sexus der Frau. Hamburg: Rowohlt 1951 [Original: Le Deuxième Sexe, Paris 1949].

Brather 2008: S. Brather, Bestattungsrituale zur Merowingerzeit – Frühmittelalterliche Reihengräber und der Umgang mit dem Tod. In: Ch. Kümmel/B. Schweizer/U. Veit (Hrsg.), Körperinszenierung – Objektsammlung – Monumentalisierung. Totenritual und Grabkult in frühen Gesellschaften. Archäologische Quellen in kulturwissenschaftlicher Perspektive. Tübinger Archäologische Taschenbücher 6. Münster – München – Berlin: Waxmann 2008, 151–77.

Brown 1998: K. A. Brown, Gender and Sex. Distinguishing the Difference with Ancient DNA. In: R. D. Whitehouse (Hrsg.), Gender & Italian Archaeology. Challenging the Stereotypes. Accordia Specialist Studies on Italy 7. London: Accordia Research Institute 1998, 35–44.

Burmeister 2000: St. Burmeister, Geschlecht, Alter und Herrschaft in der Späthallstattzeit Württembergs. Tübinger Schriften zur Ur- und Frühgeschichtlichen Archäologie 4. Münster – New York – München – Berlin: Waxmann 2000.

Burmeister 2009: Ders., ›Codierungen/Decodierungen‹. Semiotik und die archäologische Untersuchung von Statussymbolen und Prestigegütern. In: B. Hildebrandt/C. Veit (Hrsg.), Der Wert der Dinge – Güter im Prestigediskurs. ›Formen von Prestige in Kulturen des Altertums‹ Graduiertenkolleg der DFG an der Ludwig-Maximilians-Universität München. München: Utz 2009, 73–102.

Chapman 2000: J. Chapman, Fragmentation in Archaeology. People, Places and Broken Objects in the Prehistory of South Eastern Europe. London – New York: Routledge 2000.

Civis 2008: G. Civis, Gender, Alter, Herkunft? Drei Modelle zur Interpretation der sozialen Struktur des Gräberfeldes Vikletice. Ethnographisch-Archäologische Zeitschrift 49, 2008, 99–112.

Crass 2001: B. Crass, Gender and Mortuary Analysis. What Can Grave Goods Really Tell Us? In: B. Arnold/N. L. Wicker (Hrsg.), Gender and the Archaeology of Death. Walnut Creek, CA: AltaMira Press 2001.

Hahn 2005: H. P. Hahn, Materielle Kultur. Eine Einführung. Berlin: Reimer 2005.

Hodder 1982: I. Hodder, Symbols in Action. Ethnoarchaeological Studies of Material Culture. Cambridge: Cambridge University Press 1982.

Hodder 2012: Ders., Entangled. An Archaeology of the Relationships between Humans and Things. Malden, MA: Wiley-Blackwell 2012.

Hofmann/Schreiber 2008: K. Hofmann/St. Schreiber, Materielle Kultur. In: D. Mölders/S. Wolfram (Hrsg.), Schlüsselbegriffe der Prähistorischen Archäologie. Tübinger Archäologische Taschenbücher 11. Münster – München – Berlin: Waxmann 2008, 95–99.

Ingold 2007: T. Ingold, Materials against Materiality. Archaeological Dialogues 14, 2007, 1–16.

Keßeler im Druck: A. Keßeler, Affordanz, oder was Dinge können! In: K. P. Hofmann/Th. Meier/D. Mölders/St. Schreiber (Hrsg.), Massendinghaltung in der Archäologie. Der material turn und die Ur- und Frühgeschichte (im Druck).

Kimbrough 2006: Ch. K. Kimbrough, Spindle Whorls, Ethnoarchaeology, and the Study of Textile Production in Third Millennium BCE northern Mesopotamia: A Methodological Approach. Dissertation. ProQuest Dissertation and Theses. New York 2006.

Knappett 2010: C. Knappett, Communities of Things and Objects: A Spatial Perspective. In: L. Malafouris/C. Renfrew (Hrsg.), The Cognitive Life of Things: Recasting the Boundaries of the Mind. Cambridge: McDonald Institute for Archaeological Research 2010, 81–89.

Kohl 2003: K.-H. Kohl, Die Macht der Dinge. Geschichte und Theorie sakraler Objekte. München: Beck 2003.

Latour 2008: B. Latour, Wir sind nie modern gewesen. Versuch einer symmetrischen Anthropologie. Frankfurt a. M.: Suhrkamp 2008.

Lorber 1999: J. Lorber, Genderparadoxien. Opladen: Leske + Budrich 1999.

Miller 2010: D. Miller, Stuff. Cambridge – Malden, MA: Polity Press 2010.

Money 1955: J. Money, Hermaphroditism, Gender and Precocity in Hyperadrenocorticism: Psychologic Findings. Bulletin of the Johns Hopkins Hospital 96, 6, 1955, 253–64.

Pels 2010: P. Pels, Magical Things: On Fetishes, Commodities, and Computers. In: D. Hicks/M. C. Beaudry (Hrsg.), The Oxford Handbook of Material Culture Studies. Oxford: Oxford University Press 2010, 613–33.

Pietz 1987: W. Pietz, The Problem of the Fetish, II. The Origin of the Fetish. RES: Anthropology and Aesthetics 13, 1987, 23–45.

Pollock/Bernbeck 2011: S. Pollock/R. Bernbeck, Excavations at Monjukli Depe, Meana-Chaacha Region, Turkmenistan, 2010. Archäologische Mitteilungen aus Iran und Turan 43, 2011, 169–237.

Schiffer 1987: M. B. Schiffer, Formation Processes of the Archaeological Record. Albuquerque: University of New Mexico Press 1987.

Schreiber 2013: St. Schreiber, Archäologie der Aneignung. Zum Umgang mit Dingen aus kulturfremden Kontexten. Forum Kritische Archäologie 2, 2013, 48–123.

Sofaer 2006: J. Sofaer, Gender, Bioarchaeology and Human Ontogeny. In: R. Gowland/Ch. Knüsel (Hrsg.), Social Archaeology of Funerary Remains. Studies in Funerary Archaeology 1. Oxford: Oxbow Books 2006, 155–67.

Sommer 2003: U. Sommer, Materielle Kultur und Ethnizität – eine sinnlose Fragestellung? In: U. Veit/T. L. Kienlin/Ch. Kümmel/St. Schmidt (Hrsg.), Spuren und Botschaften. Interpretationen materieller Kultur. Tübinger Archäologische Taschenbücher 4. Münster – München – Berlin: Waxmann 2003, 205–23.

Sørensen 2007: M. L. S. Sørensen, Gender, Things, and Material Culture. In: S. M. Nelson (Hrsg.), Women in Antiquity. Theoretical Approaches to Gender and Archaeology. Lanham: AltaMira Press 2007, 75–105.

Steuer 2004: H. Steuer, Stichwort »Schwertanhänger«. In: H. Beck/D. Geuenich/H. Steuer, Reallexikon der Germanischen Altertumskunde Bd. 27. Berlin – New York: de Gruyter ^{2}2004, 597–601.

Stockhammer 2011: Ph. W. Stockhammer, Von der Postmoderne zum practice turn. Für ein neues Verständnis des Mensch-Ding-Verhältnisses in der Archäologie. Ethnographisch-Archäologische Zeitschrift 52, 2, 2011, 188–214.

Stockhammer 2012: Ders., Conceptualizing Cultural Hybridization in Archaeology. In: Ph. W. Stockhammer (Hrsg.), Conceptualizing Cultural Hybridization. A Transdisciplinary Approach. Berlin – Heidelberg: Springer 2012, 43–58.

Thomas 1991: N. Thomas, Entangled Objects. Exchange, Material Culture, and Colonialism in the Pacific. Cambridge, MA – London: Harvard University Press 1991.

Veit 1997: U. Veit, Zur Form und Funktion ur- und frühgeschichtlicher Gefäßkeramik. Eine semiotische Perspektive. Arch. Inf. 20, 2, 1997, 265–67.

Weglian 2001: E. Weglian, Grave Goods Do Not a Gender Make. A Case Study from Singen and Hohentwiel, Germany. In: B. Arnold/N. L. Wicker (Hrsg.), Gender and the Archaeology of Death. Walnut Creek, CA: AltaMira Press 2001, 137–55.

Winner 1980: L. Winner, Do Artifacts Have Politics? Daedalus 109, 1, 1980, 121–36.

ALESYA KRIT

Die produktive Dimension einer fragmentierten Materialität.
Zur Renovierung von im Zerfall begriffenen Häusern in Südostspanien[*]

ZUSAMMENFASSUNG: Bedeutungen von Dingen haben die Tendenz, sich im Lauf der Zeit zu verändern, sei es durch kulturelle Verschiebungen oder durch ihren alltäglichen Gebrauch. Aufgrund ihrer fragmentierten Materialität sind die Charakteristika zerfallender Objekte zudem oftmals besonders mehrdeutig. Unbestrittenerweise haben solche Objekte die Eigenschaft, buchstäblich in verschiedene Teile oder Fragmente zu zerfallen. Die Art und Weise, sich mit solchen Bruchstücken zu befassen, und die spezifischen Unterschiede gegenüber der Beschäftigung mit ›ganzen Dingen‹ ist das Thema des folgenden Kapitels. Ein Beispiel der materiellen Präsenz von Zerfall stellen die Ruinen in den ländlichen Gegenden Südostspaniens dar. Lange nachdem Spanier diese Wohnsitze erbaut und bewohnt hatten, wurden sie in den Jahren der durch den Bürgerkrieg und die Franco-Diktatur bedingten Migration verlassen. Heute prägen die Ruinen immer noch die spanische Landschaft und rufen beständig das Dilemma des Vergessens und Erinnerns der lokalen Bevölkerung hervor. Die einheimischen Einwohner haben eine schwierige Beziehung zu ihrer Vergangenheit, vor allem wenn es um die Definition ihrer eigenen Rolle im historischen Prozess geht. Gleichzeitig sind einige der neuen Bewohner dieser Häuser britische Migranten aus der Mittelschicht, die nach Spanien ziehen und dort bleiben möchten. Sie renovieren die Häuser und geben ihnen ein ›zweites Leben‹. Da die Neuankömmlinge nicht mit der Geschichte der Wohnsitze vertraut sind oder schlicht und ergreifend kein Interesse daran haben, entdecken und erleben sie die Materialität der Umgebung völlig neu. In diesem Beitrag soll deshalb auch der Prozess des Wiederaufleben-Lassens diskutiert werden, genauso wie die Effekte der fragmentierten Natur der zerfallenden Häuser, die zu neuen Aushandlungen bezüglich der Rolle des Alters und der Mobilität ihrer neuen Bewohner führen.

ABSTRACT: The meanings of objects tend to shift through time, different cultural alterations, as well as through the daily use. The nature of decaying objects, furthermore, is even more ambiguous due to their fragmented materiality. Those objects have an undeniable material characteristic of literally falling apart into different pieces or fragments. How engaging with those fragments is different to dealing with whole objects – will be addressed in the following chapter. An illustrative example of material presence of decaying houses in the rural area of south-eastern Spain will be addressed: long after those dwellings were originally built and used by Spaniards, abandoned during the years of migration, Civil War and dictatorial Franco regime,

---

[*] Übersetzt von Hans P. Hahn (17.02.2015).

they are still forming the landscape of Spanish countryside. Those ruins are usually evoking the forgetting/remembering dilemma among the locals who have very difficult relationships with their past, especially defining their own role in those continuous historical contexts. The British lifestyle migrants who move to reside in Spain full-time, on the other hand, are the new residents who get engaged with those abandoned buildings, renovate them and give those houses ›a second life‹. Since the newcomers are not familiar with the history of those dwellings, or, for that matter, interested in it, they set on a different journey of rediscovery of the material environment of those ruins. The processes of reengagement will be discussed, as well as the effect of the fragmented nature of decaying houses that contribute towards renegotiations of age roles and mobility among the new residents.

SCHLÜSSELBEGRIFFE/KEYWORDS: Ruinen, Neugestaltung, produktive Bedeutungs-änderung, Lebensstil-Migration/ruins, reorganization, productive meaning-creation, lifestyle-migration

Einleitung

Zweifellos werden Funktionen und Bedeutungen aller materiellen Dinge mit der Zeit und mit dem Gebrauch umgewandelt und neu interpretiert. Analysen verschiedener Interpretationsprozesse, die mit der Macht von Objekten einhergehen, sind der Kern der Studien über materielle Kultur. Die von den Herausgebern dieses Bandes formulierte Aufgabe, die vielfach anzutreffende Überschätzung der Dinge und die Überbewertung ihrer Bedeutungen kritisch zu evaluieren und gegebenenfalls zu korrigieren, brachte mich zu dem Vorhaben, die produktiven Eigenschaften zerfallender Gebäude in den Blick zu nehmen.

Das Beispiel von Hausruinen im ländlichen Spanien steht im Zentrum der Argumentation dieses Kapitels. Anhand von Beschreibungen der Art und Weise, wie sich die britischen Migranten mit ihren zerfallenen Häusern identifizieren, zeige ich das transformative Potenzial dieses Zerfalls. In diesem Sinne ist nicht nur die Bedeutung der Materialität verschoben, sondern die Materialität an sich. Die unzusammenhängende, zerstückelte und deshalb potenziell flexible Natur dieser Behausungen legt zunächst einmal auch eine Transformation der Bedeutungen nahe. In dieser Hinsicht verändert sich nicht nur die Materialität der Dinge (sie fallen nämlich auseinander), sondern zugleich auch die damit verbundene Bedeutung. Meine Forschungen führten zu dem Ergebnis, dass der zerfallende, fragmentierte Charakter und damit auch das Potenzial der Flexibilität einen Bedeutungswandel nahelegen. Die einzelnen Teile der Objekte mit ihren scharfen Ecken und Kanten wurden von den neuen Besitzern passend zu deren Lebensgeschichten reinterpretiert. Mit diesem Zusammenhang begründe ich meine Behauptung von der produktiven Natur einer fragmentierten Materialität.

Abb. 1: Eine ältere Hausruine, der man die zahlreichen Umbauten und Erweiterungen ansieht (© A. Krit).

In dieser Fallstudie möchte ich mich auf die zerfallenden Häuserruinen fokussieren, die schon seit Jahrzehnten die spanische Landschaft kennzeichnen. Historisch betrachtet kam es zu Beginn der 1960er Jahre zu einer existenziellen Krise in den ländlichen Regionen Spaniens. Handwerken, wie der Weberei oder der Töpferei, sowie der Landwirtschaft im Allgemeinen wurde durch die Industrialisierung der Boden entzogen. Die Agrarwirtschaft verlor auch auf nationaler Ebene an Bedeutung, weswegen es in diesem Bereich immer weniger Arbeitsplätze für die lokale Bevölkerung gab. Im südöstlichen Murcia, wo meine Forschung begann, entstanden daraufhin wie in ganz Spanien erhebliche Migrationsströme in die Städte oder ins Ausland. Die Menschen flohen aus wirtschaftlichen und politischen Gründen und ließen ihre Häuser meist voll von persönlichen Gegenständen und Möbeln zurück, die sie an ihr Leben erinnerten, von dem sie Abstand zu gewinnen versuchten. Für die zurückgebliebenen Menschen, speziell für die jüngere Generation, waren diese Behausungen nicht attraktiv. Anstatt diese alten Häuser zu beziehen, rückten neu erbaute Apartments in den Mittelpunkt der Wünsche nach einem besseren Leben.

Selbst wenn Verwandte starben, die in den älteren Teilen der Ansiedlungen gelebt hatten, wollten ihre Erben die Häuser nicht übernehmen. Gebäude wurden fallengelassen, ohne auch nur über eine Renovierung nachzudenken, weil sich der Aufwand nicht zu lohnen schien. Dabei handelte es sich aber nicht nur um eine Frage der tatsächlichen Kosten der Renovierung; es war vielmehr eine Situation, in der frühere Erwartungen überwunden und Werte verschoben wurden.

Das neue Ziel der lokalen Bevölkerung war es, ihre Kinder in modernen Häusern zu erziehen, deren Wände nicht auseinanderfielen. Man wollte perfekt geschnittene Räume mit voll isolierten Wänden und einer Zentralheizung, so dass man sich keine Sorgen mehr machen musste, dass es im Winter zu kalt werden könnte. Das Vorbild waren moderne Häuser, in denen die Kinder sorgenfrei aufwachsen und die Früchte der Zivilisation genießen könnten. Die alten Ruinen wurden dadurch zu Relikten einer scheinbar fernen Vergangenheit.

Deshalb war es durchaus überraschend, dass einige britische Migranten in den 1990er Jahren nach Murcia kamen und begannen, diese alten, zerfallenen Häuser zu kaufen. Damit engagierten sich die Briten am Prozess des Umbaus der Ruinen und definierten diese zugleich neu. Aus historischer Perspektive könnte angenommen werden, dass die Bedeutung der Häuser sich durch die Generationen hindurch verändert habe, denn es lebten verschiedene Familien dort, die die Behausungen immer wieder ihren Bedürfnissen angepasst hatten. Nachdem diese Familien ausgezogen waren, kamen andere mit unterschiedlichen kulturellen Hintergründen, und auch sie machten sich das Haus zu eigen. Aber als sich meine Forschung der Frage zuwandte, wieso die britischen Migranten überhaupt diese Ruinen kaufen wollten, stellte ich überrascht fest, wie gering die Kontinuität der Bedeutungen und ihr Transfer waren. Die verschiedenen kulturellen sowie historischen Bedeutungen, die diese Häuser jeweils verkörperten, wurden nicht ›übertragen‹, man kümmerte sich eigentlich überhaupt nicht darum. Die produktive Natur der Bedeutungen zerfallender Hausruinen bot den Briten einen hinreichenden Raum für ihre eigenen, neuen Beziehungen zu diesen Objekten. Erst aufgrund solcher Beobachtungen rückten die produktiven Aspekte der zerfallenden Häuser in den Fokus meiner Analyse.

Um dieses Kapitel entsprechend dieser Argumentation zu strukturieren, soll zunächst die Doppeldeutigkeit der zerbröckelnden Vergangenheit Spaniens erläutert werden. Dazu gehören verschiedene Techniken des Umgangs mit diesen Ruinen, die teilweise auch von Spaniern genutzt werden. Eines der Beispiele wird sich im Folgenden näher mit dem Umgang der Briten bei der Renovierungen der Häuser beschäftigen und die verschiedenen Bezüge zum Haus offenlegen, auch wenn deren Geschichte den neuen Bewohnern teilweise immer noch ein Rätsel bleibt. Daraufhin werde ich die verschiedenen Wege analysieren, wie Verbindungen zu den neuen Häusern entstanden sind. Solche Funktionen und Bedeutungen sowie Aushandlungen machen die Relevanz der fragmentierten Natur dieser zerfallenen Häuser deutlich. Weitere Beispiele von Aushandlungen über die Rolle des Alterns und die Mobilität werden die produktive Natur von zerfallenen Objekten illustrieren.

Mehrdeutigkeit der zerfallenen Vergangenheit

Die verlassenen Gebäude in der spanischen Landschaft, die dem Zerfall ausgeliefert waren, besitzen zweifellos ein gewisses Potenzial, das soziale Bewusstsein, Lebenserfahrungen, materielle Bedingungen und kulturellen Wandel in dieser Gegend verständlich zu machen. In Anthropologie und Archäologie haben sich Ruinen als gute Informationsquellen herausgestellt, nicht nur für vergangene Gesellschaften (Nowakowski 2001; Stevanovic 1997), sondern auch in neueren Kontexten, bei denen die Betroffenen teilweise noch am Leben sind (Buchli/Lucas 2001; Legendre 2001).

Verlassene Gebäude werden manchmal als Orte des Andenkens und der gemeinschaftlichen Erinnerung interpretiert, vor allem wenn dort relevante historische Ereignisse stattgefunden haben (siehe Allison 1999). Trotz der Tatsache, dass bestimmte Gebäude bewusst zerstört oder dem Verfall ausgeliefert wurden, kann nicht behauptet werden, dass dies zu einem Prozess des Vergessens führen würde. Um es mit den Worten von Alfred Gonzáles-Ruibal (2005) auszudrücken, impliziert es eher eine »complex attitude towards things, in which ideas of identity, memory, and selfhood are deeply involved – a dialectic between forgetfulness and remembrance« (Gonzáles-Ruibal 2005, 131).

Melanie Van der Hoorn (2003) beschrieb Situationen, in denen Häuser oder Gebäude in eine Vielfalt von Objekten umgewandelt wurden, die die Vergangenheit unterschiedlicher Gebäude widerspiegelten. Diese kleinen Teile wurden zu Talismanen oder Souvenirs, die überall hin transportiert werden konnten, die teilweise aber auch in den Besitz von Menschen gelangten, die ihre ganz individuelle Bedeutung mit ihnen verbanden. (Es kann sich hier auch um komplexe Strukturen handeln, wie die Berliner Mauer, oder ein kommerzielles Gebäude, wie die Zwillingstürme in New York.) Diese Praxis stellt eine neue Form des Erinnerns dar, da die Menschen die Bedeutung der Bruchstücke durch ihren persönlichen Umgang mit ihnen selbst mitbestimmen konnten. Durch die vielen verschiedenen Geschichten entstand so eine neue Sinnhaftigkeit der komplexen Geschichte der Ruinen. Die zerfallenen oder zerstörten Gebäude wurden wertvolle Vermittler zwischen der Geschichte und individuellen Erfahrungen, durch welche die Menschen den Prozess des Erinnerns und Vergessens bewältigten und sich dabei selbst definierten.

Darüber hinaus repräsentieren Hausruinen einen bestimmten Typus der zerfallenden Vergangenheit, der sich nicht nur auf die Struktur, sondern auch auf das Haus an sich bezieht, das als eine soziale Einheit betrachtet werden kann und das alltägliche Leben beeinflusste, das darin stattfand. Nach Buchli und Lucas (2001) informieren die verschiedenen zurückgelassenen Objekte innerhalb der Häuser darüber, wie das Leben dort ausgesehen haben muss. Diese Spuren verraten auch, welche sozialen Beziehungen und frühere persönliche Dramen es darin gegeben hat.

Im speziellen Falle Spaniens wurden die zerfallenen Häuser im ganzen Land zum Gegenstand verschiedener Umdeutungen und Nutzungen. Durch ihre komplizierte Geschichte wurden die Häuser ein Mittel des Nachdenkens über die vielschichtige Vergangenheit und, im zweiten Schritt, zum Gegenstand erneuter Aushandlungen über ihre Bedeutungen.

In einer Studie über die Stadt *Los Olivos* im Westen Andalusiens aus den 1980er Jahren beschreibt Jane Fishburne Collier (1997) die allgemeine Ablehnung von Erinnerungen an die Vergangenheit, weil die Mehrheit der Menschen dort in relativ ärmlichen Verhältnissen lebte. In Los Olivos und benachbarten Kleinstädten kam es zu ansteigenden Emigrantenzahlen in Richtung der größeren Städte Spaniens und Europas. Dieser Prozess begann Anfang des 20. Jahrhunderts, die Zahlen verdoppelten sich in den 1960er Jahren. Im Anschluss daran erzählten Eltern ihren Kindern nicht über ihre eigene Vergangenheit oder die ihrer Großeltern in Los Olivos, sondern nutzten die in Enzyklopädien verfügbaren Geschichten über ihre frühere Heimat. Diese Beobachtung gehört zu einem allgemeinen Trend, dem zufolge Menschen immer wieder versuchen, sich selbst neu zu definieren. Sie möchten nicht ›traditionell sein‹, sondern sie ziehen es vor, ›Traditionen zu haben‹.

Ähnliches gilt für die Migranten, die nach längerem Aufenthalt in Europa oder Amerika in ihre Heimat Galizien im nordwestlichen Spanien zurückkehrten. Sie haben eine klare Einstellung gegenüber den zerfallenden Ruinen, die einst ihre Wohnhäuser waren. In seinen Studien über das zeitgenössische Galizien hebt Alfredo Gonzáles-Ruibal (2005) die Tatsache hervor, dass die zurückgekehrten Migranten offenbar Scham im Hinblick auf ihre frühere vormoderne und bäuerliche Identität empfinden. Statt diese so als Orte der Erinnerung und der Konkretisierung positiver Gedanken bei der Rückkehr zu betrachten, wurden die Ruinen eher mit der Enttäuschung und der Wut verbunden, die sie einst repräsentiert hatten. Dennoch gaben die heimkehrenden Galizier ihre zerfallenden Wohnsitze nicht auf. Vielmehr wurden sie in den aktiven Prozess der Erinnerung an persönliche Biografien eingebunden. Manchmal wurden Reste der alten Ruinen sogar als Untergeschosse für die neuen, durch das Geld der zurückgekehrten Migranten finanzierten Villen genutzt.

Wenn diese spanischen Migranten neue Häuser in der gleichen Nachbarschaft errichten oder sogar über den alten Hausruinen bauen, wird dies als Sieg über ihre schreckliche Vergangenheit gefeiert. In diesem Sinn ist das ›Zuhause‹ kein Ort der Wiederkehr, sondern vielmehr ein gedachter Punkt, von dem aus symbolisch die Flucht gelungen ist. So werden die Ruinen zu einem wichtigen Ort, durch den diese Spanier sich selbst neu definieren. Hier könnte man der Interpretation von Gonzáles-Ruibals (2005) folgen, wenn er vom Bedürfnis nach einer zerfallenden Vergangenheit spricht, die in dieser Eigenschaft sehr produktiv ist. Die Vergangenheit wurde in der Erinnerung durch die Veränderung ihrer Materialität modifiziert.

Die zerfallenen Häuser in Spanien haben einen besonderen Charakter, da sie etwa gleichzeitig von zahlreichen Familien verlassen wurden – manchmal sogar von ganzen Dörfern – und für mehrere Generationen unberührt blieben. Manche dieser Häuser sind so der Modernisierung weitgehend entkommen und stellen bedeutende Beispiele für die traditionelle Bauweise von Häusern dar, die regional durch das Wissen über Formen und Techniken über Generationen hinweg überliefert wurde.

Dabei kommen allerdings etliche Fragen auf: Waren die britischen Neuankömmlinge in der Lage, den Zerfall der Häuser in ähnlicher Weise zu reflektieren, wie es die lokale Bevölkerung tat? Konnten sie eine Verbindung zu den Ruinen aufbauen, mit denen sie keine vorherigen historischen oder persönlichen Erinnerungen hatten? Waren sie fähig, sich mit der Tradition, die ein Hauptantrieb in der Modellierung dieser Häuser ausmacht, zu verbinden? Vermochten sie es, die Komplexität der Vergangenheit so zu umzulenken, dass sie sich selbst durch ihre neuen Häuser neu definieren konnten?

Das britische Bedürfnis nach einer zerfallenden Vergangenheit

Im Fall der Region Murcia im südöstlichen Spanien, wo Spanier aus dieser Region die Ruinen nur als Sommerrückzugsorte und Wochenendtreffpunkte für ihre Familienmitglieder nutzten, kamen ab den späten 1990er Jahren die Fremden, hauptsächlich Nordeuropäer, und kauften alte Häuser, um sie zu renovieren und dort zu wohnen. Diese Neuansiedlung ist Teil eines Phänomens, das auch ›Lebensstil-Migration‹ genannt wird: Auf der Suche nach einer besseren ›Lebensqualität‹ ziehen zigtausende Bürger des globalen Nordens in Länder mit wärmerem Klima und manchmal auch weniger stabilen Ökonomien. Mein Forschungsinteresse in diesem Kontext bezieht sich auf das Generieren von Heimat. Ich fragte mich, wie es ›Lebensstil-Migranten‹ schaffen, im regionalen Kontext ihres Migrationszieles einen Platz zu definieren, den sie ›Zuhause‹ nennen können. Weiterhin fragte ich mich, in welcher Weise sich dieser Prozess von den Strategien der Niederlassung bei bereits besser bekannten Migrantengruppen unterscheidet. Um touristische Regionen zu vermeiden, wählte ich im Jahr 2009 eine kleine Stadt im Hinterland von Murcia. Ich konzentrierte mich auf die ›Lebensstil-Migranten‹ und verbrachte in der Gegend etwas mehr als ein Jahr, im Laufe dessen ich eine ethnografische Feldstudie auf der Basis teilnehmender Beobachtung durchführte.

Die spezielle Gruppe von Personen, mit der ich arbeitete, umfasst ca. 170 britische Migranten, die das ganze Jahr über in der Region leben. Das Durchschnittalter meiner Informanten war 52, die durchschnittliche Aufenthaltsdauer betrug 5 Jahre. Diese Daten trugen zu meiner Erwartung bei, dass Murcia als Zielregion für diese Art von Migranten aus England immer noch eine sich entwickelnde Region darstelle. Die meisten meiner Informanten entstammten der Arbeiterklasse oder der Mittelklasse. Dies ist von einiger Bedeutung dafür, wie die Migranten sich ihr zukünftiges Leben vorgestellt hatten: Sie erwarteten nämlich, endlich kreditfrei als Hausbesitzer leben zu können, was ihnen in England nicht möglich gewesen wäre. Darüber hinaus gab es nicht viele Gemeinsamkeiten in den Reiseerfahrungen der Briten: Einige waren in der Armee gewesen und viel gereist, andere waren lediglich einmal im Jahr in Urlaub gefahren. Wieder andere hatten ihre Heimatstadt nie wirklich verlassen. Die persönlichen Geschichten, wie diese Leute nach Spanien gekommen waren, sind unterschiedlich: Manche waren hier im Urlaub gewesen und hatten sich in das Land verliebt, während andere im Sommer die Ferienwohnungen von Freunden besucht hatten und sich erst Jahre später dafür entschieden, ein eigenes Haus zu erwerben.

Die Mehrheit der Briten lebte in Ehepaaren; manche hatten Familien und kleine Kinder, die in die lokalen Schulen gingen. Oft arbeiten sie in Teilzeitberufen, wie z.B. als Maurer, Makler, Hausmeister oder Englischlehrer.

Diese Gruppe von Migranten lebte in der Region in unterschiedlichen Arten von Häusern. Eine davon waren die zerfallenden Häuser, in die sich so viele Briten verliebt haben. Die lokale Bevölkerung empfand diese Geschehnisse als äußerst seltsam, aber keineswegs als dumm. Dennoch wunderten die Spanier sich über das gestiegene Interesse und die damit einhergehenden, steigenden Preise für solche Häuser. Ihre Reaktionen können hauptsächlich mit ›Rührung‹ über das ernstgemeinte Interesse der Briten beschrieben werden. Entgegen meinen Erwartungen zu Beginn der Feldforschung existierten für die Briten die Gefühle des ›Wiederaufleben-Lassens der Schönheit der alten Stadt‹, der ›Verbesserung lokaler Bedingungen‹ oder des ›die Lage retten‹ nicht. Stattdessen empfanden sie ein merkwürdiges Verlangen, sich physisch mit der Rekonstruktion ihrer neuen Häuser zu verbinden, um somit etwas Persönliches für ihre Familien zu kreieren. Sie demonstrierten ihre Faszination bezüglich der ›Verkörperung‹ und des ›Etwas-Neues-Werden‹ durch den Hauskauf und die Auswahl der für die Renovierung anzuwendenden Techniken und Materialien sowie durch die Bestimmung der Funktionsweisen, wie zum Beispiel die sozialen Aspekte der Anordnung der Räume. Das im Folgenden im Detail dargelegte Beispiel von Sarah und Neil veranschaulicht, wie das Umdefinieren stattfand und wieso dabei von den produktiven Aspekten des Zerfalls gesprochen werden kann.

Ein frühpensioniertes Ehepaar Sarah (49) und Neil (56)

Sarah und Neil suchten nach einem gemeinsamen Abenteuer. Sie wollten nicht so etwas Gefährliches machen wie zum Beispiel Fallschirmspringen. Aber ein Haus in einer einzigartigen und von der Heimat ganz verschiedenen Gegend zu kaufen, schien ihnen eine Herausforderung, zu der sie bereit waren. Die ländliche Umgebung mutete ihnen wie ein verborgener Schatz an, so dass sie, eher naiv, glaubten, sie seien die einzigen Briten in der Stadt.

Schon das zweite Haus, das ihnen ein Makler zeigte, gefiel ihnen wirklich. Zugegeben, es war nicht wirklich ein Haus, sondern – zu diesem Zeitpunkt – eher eine Ruine. Das Haus war in einem solchen Zustand des Verfalls, dass eigentlich nur Sarahs Visionen im Hinblick auf das, was aus diesem Objekt werden könnte, Neil vom Wert des Vorhabens überzeugte. »Stell Dir vor« sagte sie, und er glaubte ihr. Offensichtlich konnte ihr Partner nicht sehen, wie viele Möglichkeiten das Haus für eine Umwandlung hin zu dem bot, wie sie sich ihr neues Haus vorgestellt hatten. Es hatte einen eigenen Charme, viel mehr als jedes andere Haus, das sie gesehen hatten. Es bestand eigentlich aus zwei miteinander verbundenen Häusern, weshalb sich jeder Raum auf einer anderen Ebene befand. Es war einzigartig, und das mochten sie. Zwar gab es kein Dach, keinen intakten Fußboden, keinen Strom und keine funktionierende Toilette – nichts! Aber Sarah sagte einfach »Stell Dir vor!«

Sie hatte einfach ein Gefühl für dieses Haus und sah sofort, was man daraus machen könnte, zum Beispiel indem man einige ohnehin schon teilweise eingestürzte Wände entfernte. Die Komplexität des Hauses schreckte Sarah nicht ab, im Gegenteil, sie faszinierte sie. Es war ein perfektes, weitgehend leeres Gefäß für praktisch alle Geschichten, die über ihre gemeinsame Zukunft geschrieben werden könnten.

Sarahs und Neils Haus, wie auch viele andere in diesem Teil der kleinen Stadt, hatte eine sehr komplexe Struktur mit drei Stockwerken und seine Treppen führten in unterschiedliche Richtungen wie in einem Labyrinth. Es war ein besonderes Merkmal, dass man kaum erraten konnte, in welche Richtung man als nächstes gehen sollte. Es gab viele Verbindungen mit einer oder zwei Stufen sowie Räume, die einander diagonal gegenüberlagen, so dass man sich immer wieder in eine andere Richtung wenden musste. Das machte die Fortbewegung durch das Haus zu einer besonderen, erwähnenswerten Erfahrung. Auch wenn diese Raumordnung eine fantastische Eigenschaft war, brachte sie einige Probleme für Sarah und Neil mit sich. Zum Beispiel boten manche Räume direkten Zugang zu anderen und schränkten somit die Privatheit ihrer Bewohner ein. Das Ehepaar plante, einige Räume abzuschließen, um eine komfortable Umgebung zu erzeugen. Neil hob hervor, dass er sich ein sehr individuelles Haus wünsche, zumal dieses das erste Haus sei, das sie ausgewählt hätten und an dem sie als Paar arbeiten würden. Sie waren glücklich, ein Haus mit einem so starken Charakter zu besitzen. Auch wenn dem Haus einiges Grundlegende fehlte, wie Teile des Daches oder eine Treppe, so eröffnete es doch den Raum für Interpretationen.

Indem sie das Dach erneuerten, fühlten sich Sarah und Neil, als würden sie dem Haus ein ›zweites Leben‹ geben – und zugleich eine zweite Chance, eine einzigartige Umgebung zum Leben zu bilden, in der zu leben man stolz sein kann. Auf der Rückseite des Hauses entdeckten sie eine Feuerstelle, die wohl früher dazu genutzt worden war, Abendmahlzeiten zuzubereiten, und zugleich dazu, die kleineren Räume energiesparend zu beheizen. Im Keller fanden sie zudem ein Gefäß zur Wasserverwahrung – ein riesiger Krug mit einem spitz zulaufenden Boden wie bei einer Amphore – sowie wahrscheinlich über 100 Jahre alte Keramikscherben. Ihre Inspiration für das neu zu konstruierende Haus gewannen sie aus den vielen Winkeln und Bögen einschließlich zahlreicher alter Türen, Bodenziegel und einem Bereich, den sie als ›Kapelle‹ bezeichneten. Als sie dieses zerfallende Haus erwarben, hatten sie – nicht anders als viele andere britischen Migranten – das direkte Gefühl einer neuen Fähigkeit: nämlich ihre Gegenwart zu formen und zu ändern.

Die Versuchung eines alten Hauses: Wieso eine Ruine kaufen?

Da die Briten vor ihrem Umzug noch nie in Häusern in Murcia gelebt hatten, schätzten sie nicht unmittelbar deren Strukturen. Die verstörend hohen und schmalen Fenster, die die Hitze während des Sommers draußen hielten, verbargen gleichzeitig jegliche Sicht auf die schöne Landschaft. Die britischen Migranten konnten nicht direkt eine sinnliche, körperliche Verbundenheit mit diesen Häusern erzeugen, da sie zunächst das dazu nötige Wissen und Verständnis erlangen mussten.

Interessanterweise waren die Migranten dazu bereit, ihre eigene Vergangenheit in die Geschichte des Hauses mit einzubeziehen, auch wenn sie mit dieser anfänglich noch nicht vertraut waren. Dabei spielte Kontinuität nur eine untergeordnete Rolle, da sie allgemein nur eine vage Idee davon hatten, wie das Leben der Spanier in der Region Jahrzehnte zuvor ausgesehen haben musste. Die Unfähigkeit, sich mit der Geschichte der dortigen Häuser emotional zu verbinden, lässt sich mit den eigentlichen Bestrebungen der Migranten erklären. Für viele Migranten stand nämlich Spanien als Ziel überhaupt nicht im Vordergrund. Es ging eher darum, einen speziellen und einzigartigen Ort zu finden, an dem sie ihre Beziehungen ausleben konnten, ohne dabei von anderen beobachtet zu werden.

Das geschilderte Fallbeispiel, genauso wie etliche weitere Geschichten, die ich während meiner Forschung erlebte, verkörpert ein Fehlen an Interaktion zwischen dem spanischen Umfeld und den britischen Migranten. Die Migranten bemühten sich nicht sonderlich, mit den Spaniern in ihrem Ort einen engen Kontakt zu pflegen. Da die Briten weder Wissen über das Leben der Spanier noch Interesse daran hatten, waren sie auch nicht motiviert, eine Verbindung mit der Vergangenheit aufzubauen, welche zum Beispiel die lokalen Spanier aus Los Olivos und Galizien so produktiv empfanden. Wieso wollten sie trotzdem diese Ruinen kaufen?

Da viele dieser Briten nie in der Lage gewesen wären, in Großbritannien alte, schöne Herrenhäuser zu kaufen, wurde die Möglichkeit, in diesen speziellen Häusern zu wohnen, zum Luxus, auch wenn sie in Spanien lagen. Letztendlich konnten sie, im Gegensatz zu den vielen Häusern ›von der Stange‹ in der britischen Nachbarschaft in einem besonderen Haus leben. Die einzigartigen Hausruinen wurden zum perfekten Rahmen, in den es sich lohnte, Zeit und Mühe zu investieren, um die eigenen Beziehungen zu Partnern und Familie zu stärken. Das Festlegen von Räumlichkeiten für Terrassen, auf denen Zeit während der wärmeren Wintermonate verbracht werden konnte, die Entscheidung über Wärmequellen und Licht in zuvor ungenutzten Räumen, in welchen die Familienmitglieder in Zukunft ihre Privatsphäre genießen können würden; all das waren Wege, wie die Migranten ihre gerade erst erworbenen Häuser neu aufbauen und wieder nutzen wollten. Diese Aktivitäten wiederum definierten ihre zukünftigen Beziehungen als Familien oder Paare untereinander. Im Rahmen solcher Aushandlungen stellte die Wahl einer Farbe, beispielsweise die richtige Farbnuance von Gelb für das Haus, eine spezifische, fast schon therapeutische Erfahrung für das Paar oder eine Familie dar.

Der Status als zerfallendes Haus ist dabei von besonderer Bedeutung, insofern hier dringlich Entscheidungen über die Beziehungen mit und in diesen Unterkünften zu treffen waren. Die Migranten waren entzückt und fasziniert vom Charakter der Häuser. Jedes winzige Detail brachte sie näher zu der speziellen Atmosphäre, nach der sie gesucht hatten. Dennoch beschäftigte die neuen Bewohner das Dilemma des Erinnerns und Vergessens der Spanier nicht sonderlich, da solche Erinnerungen, über die man hätte reflektieren können, für die Mehrheit der Briten nicht verfügbar waren.

Der wesentliche Aspekt für die Migranten in ihrer neuen Umgebung war deshalb die zersplitterte und unfertige Natur ihrer Häuser. Diese zerfallenen Häuser stellten eine attraktive und reichhaltige Grundlage bereit, um die neue Umgebung in verschiedener Weise zu formen. Für viele Migranten, die in Großbritannien keine Möglichkeiten gehabt hatten, die Gestaltung der Häuser, in denen sie lebten, zu beeinflussen, war die Erfahrung, Renovierungsarbeiten selbst zu bestimmen und dem Haus somit ihre persönliche Note zu geben, sehr tiefgreifend. Dies vermittelte ihnen das Gefühl, Dinge ändern zu können. Sie hatten plötzlich die Macht, ihre Gegenwart zu formen.

Die zerfallende Natur der Gebäude legte es den Migranten nahe, die Wiederherstellung rasch anzugehen. In ihrem gegenwärtigen Zustand waren die Häuser nicht bewohnbar und es war offensichtlich notwendig, Arbeiten daran vorzunehmen. Vielleicht schätzten sie auch die Produktivität, die aus der Arbeit und der Renovierung resultierte. Sie entdeckten strukturelle Defizite, die sie teilweise nutzten, um den Häusern einen neuen Wohnwert zu geben. Die investierte Zeit und Mühe für die Wiederherstellung der Häuser entspricht der Mühe und Zeit, die sie zugleich in die Beziehungen steckten, die sie mit ihrer neuen Umwelt verbinden sollten.

Viele der Migranten verstanden diesen Prozess so, dass sie dem Haus damit ›eine weitere Chance geben‹ wollten. Dabei wurden alte Balken und Nischen aufbereitet, um sie zu benutzen oder im Haus sichtbar zu machen, genauso wie die renovierten Fenster und neu verputzte Wände. Dem Haus eine zweite Chance zu geben und eine neue Partnerschaft zu bilden, stellte fundamentale Elemente der Erfahrungen der Migranten in dieser alten Stadt dar. Das transformative Potenzial der Ruinen hatte einen dramatischen Einfluss auf die neuen Bewohner; es ermöglichte Aushandlungen und Neubewertungen, die andernfalls so nicht stattgefunden hätten.

Macht des Zerfalls: Neudefinition ›des Alten‹

Der produktive Aspekt der Renovierungen spiegelte sich oft im Ehrgeiz der Migranten, auch andere wichtige Aspekte ihres Lebens neu auszuhandeln. Unter anderem ging es dabei beispielsweise um Konzepte des Alterns und der Mobilität.

Nachdem sie sich völlig an ihre neuen Projekte gebunden und sich in Spanien niedergelassen hatten, begannen viele meiner Informanten, ihre Realität auf verschiedene Weise neu zu bewerten. Viele von ihnen brachen mit dem bisherigen ›Entwurf‹ ihres Lebens und glaubten, sich nunmehr dem von ihnen angestrebten Selbstbild anzunähern. Solche Bestrebungen von Selbstrealisierung sind keine Überraschung, sie stimmen mit dem, was andere Sozialwissenschaftler wie Pifer und Bronte (1986) sowie Laslett (1996) festgestellt haben, überein. Diese Fachleute heben die größer werdende Bedeutung des sogenannten dritten Lebensabschnitts hervor. Mit der zunehmenden Lebenserwartung in den westlichen Ländern geht die radikale Revision von Einstellungen gegenüber Alterungsprozessen und Leistungen einher. Dies findet in der Regel zwischen zwei Etappen im Leben statt. Die erste Stufe ist hierbei durch Unabhängigkeit, Mündigkeit, Verantwortungsbewusstsein, Verdienst und Ersparnis charakterisiert und die zweite Stufe wird hingegen als das finale Alter beschrieben; es ist durch größere Abhängigkeit von Hilfe und der Erwartung des Lebensendes geprägt. Ältere Menschen, die sich durch die Etikettierung als ›Alte‹ erniedrigt fühlen, beginnen neue Ziele zu entwickeln. Dieser Prozess beginnt im Alter zwischen 50 und 60 Jahren, wenn statistisch gesehen noch weitere 25 Lebensjahre zu erwarten sind. Britische Migranten, die sich mit ihren neuen Projekten beschäftigen, scheinen genau diesen emotionalen Prozess zu durchlaufen. Ihr Wunsch ist es dabei, neue Erwartungen zu entwickeln, um den kommenden/verbleibenden Lebensjahren einen Sinn zu geben.

Viele Migranten betonten, dass sie sich wie neue Menschen fühlten: Sie seien nun frei, spontan, entspannt, harmonisch und manchmal sogar romantisch. Dieses Narrativ wurde zu einem roten Faden, der sich durch etliche der von mir geführten Interviews zog. Für manche Migranten war allein das Verlassen Großbritanniens eine aufregende Erfahrung, die sie sich vorher niemals erträumt hätten. Andere unternahmen recht unerwartete Schritte, indem sie beispielsweise ihren Beruf änderten oder ohne jegliche Hotelier-Erfahrungen Bed'n'Breakfast Unterkünfte in Südspanien eröffneten:

> *It's just something we wanted to do. And as we got older ... because we've always wanted to run a guest house – years and years ago, but never got off the ground ... so I suppose after retiring we came to look. We didn't come with the view to buying anyway at the time, but we did get the house big enough at the end.* (Bridget, 64)

Manche Migranten kamen nach Spanien ohne auch nur eine Vorstellung davon zu haben, was sie dort eigentlich tun wollten. Sie wussten zwar, dass sie dort arbeiten wollten, um ihr Einkommen zu sichern, aber konkrete Ideen hatten sie dabei nicht. Viele Menschen kamen an, ohne die Gegend genauer auszukundschaften. Stattdessen fühlten sie sich spontan und wollten den Moment nutzen, aktiv etwas zu erbringen:

In actual fact, I've got off the plane in Alicante, I just sort of drove, ended up somewhere. I thought, »This is quite good, nice little villages around.« Then I found this place and talked to one of the Spanish guys in the restaurant – said he got some land to sell, so I bought land from him. It was all done in the spur of the moment. Came out of the van, flew over, bought a piece of land, employed a builder – then I left it, I just left for two years. (Charles, 45)

Diese abenteuerlustige Spontanität erklärt, warum oftmals die ersten besichtigten Häuser sofort gekauft wurden, oder warum das gesamte zur Verfügung stehende Geld genutzt und in dieses eine Haus investiert wurde. Wie die Migranten sagten, setzten sie ›alles auf eine Karte‹ und handelten ›gegen jeglichen Rat und Erfahrungen‹. Auch wenn diese Spontanität im Vorfeld miteingeplant worden war – sie hatten ja das Ticket gekauft, waren nach Spanien geflogen und hatten dort in Erwägung gezogen ein Haus zu kaufen – reflektieren die logischen Erklärungen meiner Meinung nach nicht die wahre Natur dieses Handelns. Was daran relevant für viele dieser Migranten war, orientiert sich an der Idee, etwas ›Verrücktes‹ machen zu können. Es ging darum, dass sie etwas erreichen konnten – nicht nur finanziell, sondern auch psychologisch – und dass es ihnen möglich war, Grenzen zu überschreiten, die ihnen zuvor durch ihre Familien, die Medien und die britische Regierung gesetzt worden waren.

Once we made a final decision to move, we put the house on the market and sold it in 48 hours. I thought, »What do we do now?« So we came out on a 5-day viewing trip. We didn't know the area, so we looked at the map of Spain, and we knew we wanted to be down south; we didn't want it to be Torrevieja. We didn't want to go Malaga way, so we just sort of wiggled our fingers and pointed at the map and thought, »That looks interesting, we'll go and have a look there.« So we got a very basic brochure. We arrived on the Monday, met the representative and viewed on the Tuesday and put a deposit down on it on the Thursday. (Reena, 64)

Die Fähigkeit, in einer fremden Umwelt zu leben und zu überleben, eine neue Sprache zu lernen und sich zurechtzufinden, war das ersehnte Leitbild. Ein neues Leben im Ausland stellte einen großen Schritt für die meisten der Migranten dar, obwohl dabei argumentiert werden könnte, dass Spanien kein so exotischer Ort wie mancher anderer Zielort ist. Allerdings wurde innerhalb kurzer Zeit deutlich, dass das Hauptziel vieler Briten nicht die Integration in ihr neues Umfeld darstellt. Stattdessen gab es die Idee, dass ein Umzug in ein neues Land sie dazu bringen würde, neue Wege zu entdecken und in einer neuen Realität zu leben. So lebten sie in den neuen Unterkünften ihre neuen Rollen in Bezug auf Mobilität und Alterserwartungen aus, zugleich gab es ein vertieftes Engagement, das sie in die Lage versetzte, Raum und Denkweisen grundlegend zu verändern.

Viele der britischen Migranten benötigten eine Pufferzone, wo solche Ideen ausreifen können. In manchen Fällen lagen Vorstellungen, Wünsche und tatsächliche Lebensweise in Großbritannien weit auseinander, weswegen die Migranten einen Ort brauchten, an dem die Konversion stattfinden und zur Realität werden konnte. Hierbei könnte argumentiert werden, dass der fragmentarische Charakter der Objekte, in diesem speziellen Fall die Ruinen, zum Katalysator wurde und den Wandel erst ermöglichte. Indem sie ein Haus im Zustand des Zerfallens fanden, begegneten die Migranten in ihren Augen vor allem einer Anzahl von Fragmenten, die abgelöst von ihrer Herkunft ein großartiges Mosaik von Gelegenheiten eröffneten. Es ging um die Möglichkeiten einer neuen Behausung, aber auch um den neuen Lebensstil, der daraus erwachsen kann.

Fazit

Zerfallende Häuser im ländlichen Raum in Spanien haben sich als produktiv für die Illustration des transformativen Potenzials von Objekten erwiesen. Wie der hier vorgestellte spezifische Fall anschaulich gezeigt hat, sollte man bei der Analyse von Phänomenen, die einen Bruch beinhalten, einen Ortswechsel zwischen zwei Wohnorten oder eine Neubestimmung von Werten, sicherlich immer das besondere transformative Potenzial beachten. Noch wichtiger ist es aber, das Ausmaß zu erkennen, das durch die Bedingungen des Phänomens selbst bestimmt wird. Die Häuser, die die britischen Migranten renovierten und sich als Wohnsitz einrichteten, waren mehr als eine Objektivierung der Bedürfnisse der Menschen oder eine Repräsentation ihrer eigenen Vorstellung der Welt. Die bruchstückhafte Natur ihrer Materialität ist eine wesentliche, zum Teil unausweichliche physische Eigenschaft, die hier noch näher angesprochen werden muss.

Die unfertige Natur einiger Objekte, insbesondere die Ruinen der Häuser hat den potenziellen Bewohnern zahlreiche neue Perspektiven eröffnet. Indem sie die Freiheit hatten, einen eigenen Renovierungsplan sowie die Art des Vorgehens und die Zeiträume dafür genau wie die praktischen und ästhetischen Merkmale dieser Objekte festzulegen, erhielten die zukünftigen Bewohner das Gefühl, ihnen würde eine besondere Macht zuwachsen. Die fragmentierte Natur dieser Objekte war in gewisser Weise eine direkte Einladung zum Handeln; etwas, für das sich die Eigentümer der Objekte zu engagieren hatten. Mit Sicherheit besaß jedes Objekt ein derartiges transformatives Potenzial, insofern seine Eigenschaften verändert werden konnten.

Weiterhin kann man argumentieren, dass die Häuser sich im Zustand des Zerfallens befinden und folglich einen fragmentierten Status haben. Damit wird in gewisser Weise ein ontologischer Bezug zu einer Anwesenheit der Abwesenheit geschaffen: Man wird sich bewusst über das, was nicht da ist, und darüber, dass es die Möglichkeit gibt, die fehlenden Elemente zu ergänzen. Dinge im Zustand des Zerfallens verfügen nicht einfach über eine Reihe von ›Eigenschaften‹.

Sie sind vielmehr dekontextualisiert, sie lassen raue Kanten der Bedeutung zurück, entlang derer sie auch eine Neubestimmung ihrer selbst verlangen.

Wie diese Forschung gezeigt hat, ermöglicht die fragmentierte Natur des Zerfalls den neuen Besitzern der Häuser, mit ihrem bis zu diesem Zeitpunkt wiederherstellungsbedürftigen Leben zurechtzukommen. Während sie ihre Häuser renovieren, entdecken die Bewohner strukturelle Mängel und finden kreative Wege, diese zu beseitigen oder mit ihnen Frieden zu schließen und so leben zu können. Die investierte Arbeit und Zeit für die Rekonstruktion der Ruinen wird zusätzlich genutzt, um darüber nachzudenken, wie sie nun das so erwünschte neue Leben führen könnten und wie ihre neuen Rollen als ›junge Alte‹ oder ›Migranten‹ in ihrer neuen Umgebung sein würden. Die Ruinen werden erneut mit Leben gefüllt: unbekannt, anspruchsvoll und bereichernd.

Literaturverzeichnis

Allison 1999: P. Allison, The Archaeology of Household Activities: Dwelling in the Past. London – New York: Routledge 1999.

Buchli/Lucas 2001: V. Buchli/G. Lucas, The Archaeology of Alienation: A Late Twentieth-Century British Council House. In: V. Buchli/G. Lucas (Hrsg.), Archaeologies of the Contemporary Past. London: Routledge 2001, 158–68.

Fishburne Collier 1997: J. Fishburne Collier, From Duty to Desire: Remaking Families in a Spanish Village. Princeton, NJ: Princeton University Press 1997.

González-Ruibal 2005: A. González-Ruibal, The Need for a Decaying Past: An Archaeology of Oblivion in Contemporary Galicia (NW Spain), Home Cultures 2, 2, 2005, 129–52.

van der Hoorn 2003: M. van der Hoorn, Exorcizing Remains: Architectural Fragments as Intermediaries between History and Individual Experience. Journal of Material Culture 8, 2, 2003, 189–213.

Laslett 1996: P. Laslett, A Fresh Map of Life: The Emergence of the Third Age. Basingstoke: Macmillan 1996.

Legendre 2001: J.-P. Legendre, Archaeology of World War 2: The Lancaster Bomber of Fleville (Meurthe-et-Moselle, France). In: V. Buchli/G. Lucas (Hrsg.), Archaeologies of the Contemporary Past. London: Routledge 2001, 126–37.

Nowakowski 2001: J. Nowakowski, Leaving Home in the Cornish Bronze Age: Insights into Planned Abandonment Processes. In: J. Bruck (Hrsg.), Bronze Age Landscapes: Tradition and Transformation. Oxford: Oxbow 2001, 139–48.

Pifer/Bronte 1986: A. J. Pifer/L. Bronte, Our Aging Society, Paradox and Promise. London – New York: Norton and Company 1986.

Stevanovic 1997: M. Stevanovic, The Age of Clay: The Social Dynamics of House Destruction. Journal of Anthropological Archaeology 16, 1997, 334–95.

Sebastian Schellhaas/Mario Schmidt

Verwunderung und Materialität in der ethnografischen Begegnung – Wenn Luo denken wir äßen ›Maisbrei‹ und Ethnologen denken Luo ›äßen‹ Maisbrei

Zusammenfassung: Der Artikel analysiert die Verknüpfung von Essens-, Körper- und Sozialitätskonzeption bei den Luo in Westkenia. Im Vordergrund steht die irritierende ethnografische Erfahrung, dass für Luo einerseits Dinge als nicht essbar gelten, die wir als essbar verstehen (Schokoriegel, Pizza und Pasta) und andererseits Dinge als essbar gelten, die wir als nicht essbar begreifen (Geld, Wahlstimmen und Land). Auf der Suche nach einem Weg, diese Irritation fruchtbar zu machen, nimmt unsere Analyse ihren Ausgang in einer ethnografischen Skizze der Luo-Küche, um anschließend dem Vorkommen kulinarischer Idiome in verschiedenen ethnografischen Situationen nachzugehen. In der Folge reicht die Diskussion im Artikel über den Bereich des (gemeinhin) Kulinarischen hinaus und führt schließlich zur (Re-)Konstruktion einer Vorstellung von Sozialität, in der Menschen bereits vor jeder Begegnung als Teil einer korporativen Entität verstanden sind. Die Diskussion führt schließlich zu methodologischen Überlegungen zum Verhältnis von Materialität und begrifflichen Konzepten im Kontext ethnografischer Begegnung. Im Rückgriff auf die Darstellung und Diskussion ethnografischer Besonderheiten (Essens-, Körper- und Sozialitätskonzeption) schließt unsere Analyse mit dem Vorschlag eines heuristischen Prinzips: Bei jeder Begegnung mit Materialität (Essen) muss das Primat der ›Materialität‹ zunächst ausgeklammert werden. Nicht jedoch, um die Rolle der Materialität selbst anzuzweifeln, sondern um einen ethnografisch spezifischen Zugang zu ihr finden zu können.

Abstract: The article analyses the conceptual links between food, body and sociality among the Luo population in Western Kenya. Starting point for the discussion is the confusing ethnographic experience that, on the one hand, the Luo regard things as not-edible we do consider as edible (chocolate bars, pizza, pasta) and, on the other, consider some things as edible that we think cannot be eaten (money, votes, land). Trying to theoretically exploit this confusion, our analysis starts with an ethnographic outline of the Luo cuisine, followed by an examination of how culinary idioms are used in different ethnographic situations. This discussion will engender an understanding of food that extends the field of food beyond the mere edible and eventually leads to the (re)construction of a conception of sociality, in which people are considered as part of a corporative entity that has existed before any encounter. Drawing on the presentation and discussion of ethnographic peculiarities (conceptions of food, body and sociality) our analysis concludes by proposing a heuristic principle: Initially, the primacy of *materiality* has to be excluded at every encounter with materiality (food); not for the sake of questioning the role of materiality itself, but to open up the potential to approach materiality in an ethnographically sensitive way.

SCHLÜSSELBEGRIFFE/KEYWORDS: Kulinarische Ethnologie, Luo, Materialität, Ontologie, Westkenia/Anthropology of food, Luo, materiality, ontology, Western Kenya

> Once upon a time, Man's stomach led an independent life in the bush and lived on small insects roasted by the firing of the grasses, for ›Man was not created with a stomach. It was created apart from him‹. One day Man was walking in the bush and came across Stomach there and put it in its present place that it might feed there. Although when it lived by itself it was satisfied with tiny morsels of food, it is now always hungry. (E. E. Evans-Pritchard 1940, 83)

Im Laufe einer ethnologischen Feldforschung begegnet einem Vieles, dem man zunächst nicht mehr als offene Verwunderung entgegenzubringen weiß. Sei es das Gedränge am Postschalter, der Umgang mit Verpackungsmüll, der Straßenverkehr oder die Architektur. Während unseres ersten Aufenthalts in Westkenia und der Begegnung mit der Küche und Alltagskultur der Luo[1] verwunderten uns zwei Dinge ganz besonders: Einerseits galten essbare Dinge wie etwa Schokolade, Pizza und Pasta nicht als *chiemo* (›Essen‹). Andererseits schienen Entitäten zum kulinarischen Universum der Luo zu gehören, die wir gemeinhin als nicht-essbar verstehen, wie zum Beispiel Geld, Wahlstimmen und Land. Konfrontiert mit Formulierungen wie *chamo pesa* (›Geld essen‹), *chamo kura* (›Wahlstimmen essen‹) oder *chamo luwo* (›Land essen‹) versuchten wir zunächst, diese Formulierungen mit einem vermeintlich transkulturell gültigen Verständnis von ›Essen/essen‹ als den individuellen Körper nährende Substanz oder Aktivität in Einklang zu bringen. Hieraus folgerten wir, dass es sich bei Aussagen wie *ochamo pesa* (›Sie isst Geld‹) oder *ochamo luwo* (›Er isst Ackerland‹) um metaphorische Formulierungen handeln musste. Doch kann man von einem Verstehen oder einer angemessenen Übersetzung reden, wenn häufig kommunizierte und ausagierte Annahmen – in diesem Fall sowohl die Möglichkeit, Geld zu essen als auch der Glauben an die aus einer derartigen Handlung folgenden Konsequenzen – daraufhin als kontrafaktisch oder gar als irrational gelten müssen?

---

1   Nach unserem ersten gemeinsamen Aufenthalt von Februar bis April 2009 und einer Fortsetzung unserer Forschungsarbeiten im August und September desselben Jahres, kehrte Mario Schmidt 2012, 2013 und 2014 für eine Reihe von mehrwöchigen bis mehrere Monate dauernden Forschungsaufenthalten wiederholt zurück. Die meiste Zeit verbrachten wir in einem Gehöft in Kadongo, einem kleiner Marktort zwischen Kisumu und Kisi. Hinzu kamen längere Aufenthalte in Mur Malanga, Ahero und Sindo. Gemäß rhetorischer Zweckmäßigkeiten wie Verständlichkeit und Lesefluss verwenden wir den Begriff ›Luo‹ anstelle einer relativierenden Formulierung. Ein solches Vorgehen scheint uns nicht zuletzt dadurch gerechtfertigt, dass die Tatsache ›Luo zu sein‹ für viele Dholuo sprechende Kenianer eine der Säulen ihres Selbstverständnisses darstellt.

Denkbar unzufrieden mit diesem Umstand suchten wir nach Wegen, dem Komfort einer metaphorischen Interpretation ein Schnippchen zu schlagen. Wir versuchten, die weitverbreiteten ›Metaphern‹ als Tatsachenberichte und damit Geld, Wahlstimmen und Land als faktisch essbar zu begreifen. Die Frage war jedoch: Wie? Was soll das heißen, Geld essen zu können? Wie kann man diesen Worten Sinn geben? Unsere begrifflichen Konzepte schienen derartigen Aussagen einfach nicht gerecht werden zu können. Nicht zuletzt war es uns unmöglich, auch nur einen Luo auszumachen, der genüsslich an einem Geldschein knabberte. Wir mussten also unsere grundlegenden Annahmen über Körper, Essen und Geld revidieren und zurück zu den Ursachen unserer anfänglichen Verwunderung gehen, das heißt zurück zu den mit jenen Aussagen verknüpften Phänomenen, Situationen und Gegenständen aus unserer Feldforschungserfahrung.

Während klassische Arbeiten über kulinarische Lebenswelten (zum Beispiel Douglas 1972; Goody 1982; Lenz 1999; Richards 1936; 1951) untersuchen, was wie, wann, mit wem, warum und so weiter gegessen wird – also ein und dasselbe Konzept in verschiedenen Kulturen je unterschiedlich eingrenzen (Essen = *chamo*) –, musste unsere Analyse folglich zuvorderst klären, ob der Gehalt der beiden Begriffe (Essen, *chamo*) sich überhaupt deckt: Was sie also jeweils *in actu* bedeuten (*chamo* = ? = Essen). Dieser Ansatz entwickelte sich zu einem durchaus innovativen Unterfangen. Denn wie sich herausstellte, beziehen sich *chamo* und Essen zum einen nicht auf den gleichen Teilbereich des potenziell Inkorporierbaren: Während *chamo* Schokoriegel als nicht essbar markiert, schließt ›Essen‹ beispielsweise Wahlstimmen aus. Zum anderen wird *chamo* darüber hinaus in Bezug auf Situationen verwendet, die die Sozialität von Luo als Ganzes stabilisieren oder auch destabilisieren können, wie beispielsweise Momente der Aushandlung von sexuellen, ökonomischen und politischen Problemen. Wenngleich die ursprünglichen Fragen unserer Beschäftigung mit der Lebenswelt der Luo sich auf explizit Kulinarisches konzentrierten, sollte uns die kritische Auseinandersetzung mit jenen Aussagen und unserer Irritation schließlich zu einer recht deftigen, wesentlich weiter greifenden Hypothese führen: In der Lebenswelt der Luo ist Sozialität nicht durch Austausch oder Reziprozität *konstruiert* (Lévi-Strauss 1974), sondern durch die konzeptuelle Simultanität von Essen und Füttern in einem Körper *gegeben*.

Um diese Hypothese, unseren Weg dorthin und die Rolle von *chamo* in diesem Zusammenhang zu explizieren, werden wir zunächst darlegen, wie im westkenianischen Alltag kulinarischer Wert in einem konventionellen Sinn als Wert nahrhafter Gegenstände konstruiert und verstanden wird. Dies wird auf ein noch unklar bleibendes Verständnis von Essen verweisen, das jedoch bereits deutlich über die Grenzen des Essbaren und Nahrhaften hinausgeht. Eine Auseinandersetzung mit der spezifischen Körperkonzeption der Luo in den darauffolgenden Abschnitten wird es uns ermöglichen, nachzuweisen, inwiefern *chamo* mehr ist als ›Essen/essen‹, auf welche Weise es den kulinarischen Bereich überschreitet und wie es die ontologischen Grundlagen der Lebenswelt der Luo umgreift. Gerade dieser Überschreitung des Kulinarischen ist es geschuldet, dass die Auswahl der besprochenen und dargestellten ethnografischen Momente zunächst eklektisch erscheinen mag. Die Analyse von Essen als Sozialität führt uns abschließend zu Überlegungen bezüglich methodologischer Grundlagen ethnografischer Forschung.

›Without kuon, it is no food‹ – Skizze der Luo-Küche

Fragt man nach den Charakteristika der Luo-Küche, darf bei der Antwort ein Begriff nicht fehlen: Veränderung (ausführlich Schellhaas/Schmidt 2012a; 2012b). Während der letzten 450–500 Jahre immigrierten die Vorfahren der Luo aus der Bahr al-Ghazal Region an den Viktoriasee (Crazzolara 1950; Ogot 1967). Im Verlauf ihrer Wanderung gaben sie ihre nomadische Diät, die vornehmlich auf der Verarbeitung und dem Konsum von Milch (*chak*), Blut (*remo*), Fleisch (*ring'o*) und Fisch (*rech*) beruhte, auf. Stattdessen eigneten sie sich eine für weite Teile des subsaharischen Afrikas typische, auf Agrarwirtschaft basierende Ernährungsweise an, in deren Zentrum ein kohlehydrathaltiges Lebensmittel, in diesem Fall ein aus verschiedenen Getreidearten zubereiteter fester Brei (*kuon*), steht, der mit verschiedenen Beilagen (*dek*) gegessen wird.[2] Auch in Zeiten ökonomischer Krisen oder Ernteausfällen durch Dürre oder Schädlingsbefall bestehen Luo darauf, diejenigen Getreidearten anzubauen, aus denen *kuon* zubereitet werden kann: heute zumeist eine Mischung aus Mais (*bando*), Hirse (*kal*), Kassava (*mariwa*) und/oder Sorghum (*bel*). Selbst wenn andere Kohlehydratträger wie Reis (*mchele*) oder Weizenmehl (*ngano*) billiger sind, stellt der Verzicht auf *kuon* keine Alternative dar.[3] Letztlich ist jeder *wuon dala* (›Kopf des Gehöfts‹, das ist dessen männliches Oberhaupt) mit der stark normativen Erwartung konfrontiert, stets über genügend Getreide zu verfügen, um seine Familie zweimal täglich mit *kuon* versorgen zu können. Die Bezeichnung von *kuon* als *chiemo mar dala* (›Essen des Gehöfts‹, siehe auch Geissler/Prince 2010, 300) unterstreicht diese indexikalische Beziehung zwischen der Verfügbarkeit von *kuon* und der Integrität des Gehöfts.[4] *Kuon* alleine wird allerdings nicht als eine ausreichende Mahlzeit verstanden. Ohne Beilage könne man, so unsere Informanten unisono, ihn streng genommen gar nicht essen, da er im Hals stecken bliebe und allein relativ geschmacklos (*maboth*) sei. Eine Beilage (*dek*) sorgt daher nicht nur für den

---

2 *Kuon* und *dek* sind ein paradigmatisches Beispiel des ›core-fringe pattern‹ (Mintz 1992; Mintz/Schlettwein-Gsell 2001). Zur Infragestellung der vermeintlichen Simplizität afrikanischer Küchen siehe Spittler 1999.

3 Siehe Daily Nation, March 29th 2009: North Rift farmers protest at lack of markets for wheat (abgerufen: 17. April 2013, http://www.nation.co.ke/News/regional/-/1070/554444/-/738pbq/-/index.html.)

4 Siehe Mboya 1938, 27: »It was not considered a complete meal if only porridge and *nyoyo* [Eintopf aus Mais und Bohnen] were eaten for the evening meal. Such foods not taken with *ugali* [*kuon*] were taken for pleasure but not as full meals. If such food was taken as meal, it meant that there was not food and was therefore not considered a meal at all.«

Geschmack (*mamit*), sondern auch dafür, dass man überhaupt und möglichst viel *kuon* essen kann. Mögliche Beilagen sind in Milch gekochtes oder mit Öl angebratenes Blattgemüse (*alot*), Pilze (*obwolo*), Fisch, Fleisch, Hühnchen (*gweno*), Termiten (*ang'wen*) oder einfach nur geklärte Butter (*mo nyaluo*).

Zu einer gelungenen und ordentlichen Mahlzeit gehört allerdings noch mehr: Zunächst muss es sich um die angemessene Tischgesellschaft handeln. In traditionellen Haushalten speisen die Männer dabei räumlich und zeitlich getrennt von den Frauen. Zuerst bekommt die Gruppe der Männer einen großen dampfenden *kuon* und Schüsseln mit *dek* serviert, wobei die männlichen Kinder erst dann zusammen mit den Männern essen dürfen, wenn sie ›beim Essen mehr *kuon* im Mund als in der Nase haben‹. In der haptischen Wahrnehmung beim gemeinsamen Hineingreifen in ein und denselben *kuon*, aus dem man sich ein kleines Stück herausreißt, um ein *otunje*, eine kleine Aushöhlung in dem Stück *kuon*, zu formen, mit der man *dek* aufnehmen kann, manifestiert sich das in der Forschungsliteratur und von Luo selbst so häufig hervorgehobene Ideal der Egalität innerhalb der Gesellschaft der Luo. Auf die Frage nach den Qualitätsmerkmalen eines guten *kuon* wird außerdem schnell deutlich, welche Rolle die notwendige Expertise für den Kochvorgang spielt: Selbst die sonst nur selten an den Kochstellen anzutreffenden Männer erläutern im Detail, was es für einen ausgezeichneten *kuon* braucht (welche Getreide in welchen Verhältnissen, welche Hitzequelle, Feuchtigkeit, Farbe etc.). Oftmals spielen zudem Meinungen darüber eine Rolle, was gesund oder ungesund ist sowie daran gekoppelte Assoziationen: die Farbe, Konsistenz und Zusammensetzung des *kuon* können Auskunft über den Grad der Traditionalität, das Bildungslevel, die Fleißigkeit, das Vermögen oder die Männlich- bzw. Weiblichkeit des Essers liefern. Schließlich hat das *kuon*-Essen eine identitätsstiftende Wirkung, wenn etwa benachbarte Gruppen als Kartoffeln und lediglich gegrilltes Fleisch essende Barbaren bezeichnet werden oder man sich von Kikuyu abgrenzt, die am liebsten eine Mischung aus gekochten Maiskörnern und Bohnen (*githeri*, im *Dholuo nyoyo*, Fußnote 4) als Mahlzeit[5] essen – und das auch noch jeder für sich und zu jeder Zeit.

All dies verweist darauf, dass der Konsum von *kuon* und *dek* weder ein Resultat der bewussten oder unbewussten Berechnung von Nährwerten noch ein Ausdruck rein individuellen Geschmacks ist.[6] Die Zubereitung und der Verzehr von *kuon* und *dek* sind vielmehr eine performative Anerkennung zahlreicher zentraler kultureller Werte wie des patrilinearen Lineagesystems (Southall 1952; Evans-Pritchard 1949)[7], der Bedeutung von Land als *piny*, verbunden mit der

---

5   Bezeichnenderweise konstatierte einer unserer Informanten hierzu: »They add potatoes and think it is now food«.

6   Für eine allgemeine Auseinandersetzung mit diesem Verhältnis siehe Mintz/Schlettwein-Gsell 2001.

7   Die Identifizierung von *kuon* mit der minimalen exogamen Einheit selbst (*dhoudi*, sg. *dhoot*) wird nicht zuletzt in dem Glauben manifest, dass, zerbricht der *kuon* beim Servieren, ein Teilnehmer der Mahlzeit in naher Zukunft versterben wird. Zur Identifizierung siehe außerdem das von Hartmann (1928, 264–65) beschriebene Ritual

Bedeutung und Erinnerung an die Ahnen (Shipton 2009)[8], der sozialen wie raum-zeitlichen Ordnung des *dala* (Dietler/Herbich 2009), traditioneller Geschlechter-rollen und so weiter.

Ebenso wie demnach mehr gegessen als inkorporiert wird, ist nicht alles, was inkorporiert wird, Essen. Füttert man seine Familie nur mit Reis oder Nu-deln anstelle von *kuon*, füttert man sie überhaupt nicht. Mit anderen Worten: *Kuon* zu essen bekräftigt die Identität als Luo und vergewissert den Esser von der richtigen Ordnung der Welt, bzw. der Normalität des Alltags im Kontrast zu Zeiten sozialer Krisen (*kech*, ›Hunger‹). Essen und Füttern sind für Luo dem-zufolge mehr als Formen der Reproduktion individueller Körper. Es sind fun-damentale Momente der Verwirklichung von Sozialität (siehe auch Strathern 2012; Fausto/Costa 2013). Was das genau bedeutet, werden wir im Folgenden anhand der Explikation des für Luo spezifischen Körperbegriffs darstellen, das heißt mit Rekurs auf die Frage danach, wie Luo die kleinste Einheit von Sozi-alität konzeptualisieren. Wir werden sehen, dass das Problem der Sozialität für Luo nicht durch die Frage nach denjenigen Mechanismen bestimmt ist, durch die individuelle, autonome Personen im Raum des Sozialen miteinander in Bezie-hung treten können. Vielmehr existieren diese Personen als strukturgleiche Teile eines logisch prioritären Körpers oder Kontinuums, innerhalb dessen Flüsse von Essbarem kontrolliert werden.

Essen, Körper und Sozialität – Ethnografische Beobachtungen

Gewiss stellt in Westkenia niemand in Frage, dass Mutter und Kind nach der Geburt zwei distinkte Körper besitzen (*dende ariyo*). Nichtsdestoweniger wird betont, dass sie *chuny achiel* (»›ein‹ *chuny*«; manchmal auch *riwruok*, eine »Ein-heit«) seien. Wenngleich es sicher nicht gänzlich abwegig ist, unserer (westli-chen) Vorstellung des Verhältnisses von Mutter und Kind eine zumindest impli-zite Affinität zu dieser Annahme nachzusagen, zeichnet sich hier die für unsere weitere Darstellung zentrale Notwendigkeit ab, explizit zwischen Körper in ei-nem perzeptuellen und einem konzeptuellen Sinn zu unterscheiden. Der Begriff *del* (pl. *dende*) bezeichnet einen biologischen Körper, der sich durch eine be-stimmte Zusammensetzung von körperlichen Merkmalen auszeichnet: Es ist ein greifbarer Gegenstand mit Kopf (*wich*), Armen (*bende*), Beinen (*tiende*) und so weiter. *Del* bezeichnet das, was man sieht und das sind, im Falle von Mutter und Kind, zwei Körper (*del* bedeutet dementsprechend auch ›Haut‹). *Chuny* hingegen bezeichnet einerseits sowohl die Organe Leber und Herz als auch die Seele und damit gleichermaßen die biologische wie die soziale Reproduktionsfähigkeit, das

zur Feier der Geburt des ersten Kindes, bei dem die Mutter als *kuon* behandelt wird: Man bestreut sie mit Sesam (*nyim*) und reibt sie mit Ghee (*mo nyaluo*) ein. Anschlie-ßend hängt man Blattgemüse (*alot*) über ihre Schultern.

8   *Piny* ist das geografisch-territoriale Äquivalent zu *oganda*, dem exogamen Patriclan.

heißt die Fähigkeit mit sich selbst, anderen und der Welt zu interagieren.[9] *Chuny* kann darüber hinaus die Reproduktionsfähigkeit sozialer Körper im wörtlichen Sinne bezeichnen und zwar insofern, dass sich Luo darüber im Klaren sind, dass Mutter und Kind ebenso wie die Großfamilie und die Lineage aufeinander angewiesen sind und als korporative Einheit handeln. Wie sich im Folgenden zeigen wird, ist es für Luo nämlich eine – für uns zunächst kontraintuitive – Tatsache, dass nicht nur Mutter und Kind, sondern ebenso Ehepaare oder die erweiterte Großfamilie die zwei drei oder mehr *dende* umfassen, nicht zwei, drei oder mehr, sondern ein *chuny* sind (*giriwore gibet chuny achiel*, ›Sie sind ein *chuny*‹).

In Einklang mit dieser Annahme postulieren Luo in verschiedenen Situationen Kausalverbindungen zwischen der gesundheitlichen Verfassung individueller biologischer Körper (*dende*) und der Integrität sozialer Körper (*chuny*). Ein drastisches Beispiel hierfür ist *chira*, eine Krankheit, die im Zusammenhang mit der Verletzung zentraler Verhaltensregeln auftritt (*kweche*, sg. *kwer*, beispielsweise Regeln zur Essenzubereitung, Essenseinnahme und zu sexuellen Kontakten). *Chira* zeichnet sich vor allem durch zunehmenden Kraft- und Gewichtsverlust aus. Betroffene verlieren regelrecht die Fähigkeit, Gegessenes zu verarbeiten, das heißt den eigenen Körper zu füttern.[10] Verallgemeinernd formuliert: Eine drastische Verletzung der kulturellen Ordnung (*chik*) unterläuft die Integrität individueller biologischer Körper (*del*) als Teil eines umfassenderen *chuny* (Mutter–Kind, Mann–Frau, Großfamilie etc.). Aber wie ist das möglich? Wie kann die Überschreitung von Verhaltensregeln einen kausalen Effekt auf biologische Körper haben, der mit dem Bereich des sozialen Körpers, indem der Regelbruch stattgefunden hat, materiell nicht verbunden sein muss?

Obwohl uns eine derartige Annahme irritiert, stellt sie für Luo kein Problem dar. Denn auch wenn nicht jeder *chuny* ein *del* ist, ist jeder *del* immer auch ein *chuny*. Womit bereits innerhalb eines individuellen biologischen Körpers Sozialität (im Sinne von *chuny* als sozialem Körper) immer schon und grundsätzlich gegeben ist, das heißt *chuny* sind gegenüber *dende* logisch prioritär. Ein Rückgriff auf Geisslers (1998a; 1998b) aufschlussreiche Beschreibung einer ethnografischen Besonderheit kann helfen, diese abstrakte Feststellung zu veranschaulichen, um so vom ›einzelnen gesunden Menschen‹ ausgehend im weiteren Verlauf der Darstellung die Extension von *chuny* auf umfassendere soziale Körper erläutern zu können.

Während einer ethnomedizinischen Studie mit Schulkindern in Westkenia stellte Geissler eine interessante Diagnose. Anhand von Zeichnungen, auf denen die Schulkinder die Anatomie ihres eigenen Körpers dargestellt hatten, konnte er aufzeigen, dass Luo in einer Symbiose mit *njokni* (übersetzbar mit ›Würmer‹, sg. *njokla*) leben, die sich in ihrem Körper befinden. *Njokni* sind jedoch kei-

---

9   Eine Vielzahl von Phrasen spielt mit der Doppeldeutigkeit des Begriffes: *chuny cham* (Keimling einer Pflanze); *chunye lit* (verletzte *chuny* oder auch Wut), *chunye gudo* (sein Herz schlägt noch).

10   Abe 1981; Dietler/Herbich 2009, 14; Geissler/Prince 2010, 195–212; 235–37; Parkin 1978, 149–64; Whisson 1966.

nesfalls mit ihrem parasitären Pendant (*kudni*, wobei sich die Geltungsbereiche der Begriffe teils überschneiden) zu verwechseln, sondern sind für das eigene Wohlergehen absolut notwendig. Anstelle einer medizinischen Behandlung unterzogen zu werden, müssen sie daher angemessen umsorgt werden. Entscheidend ist, dass sie sich von dem ernähren, was man zu sich nimmt – was sich nicht nur auf nahrhafte Substanzen, sondern ebenso auf die Interaktion mit der (sozialen) Umwelt bezieht –,[11] womit die Tätigkeit des ›Essens‹ zugleich ein Vorgang des Fütterns an im Körper vorhandene *njokni* ist, die wiederum zugleich essen und den Körper dadurch füttern, ihm Kraft verleihen, kurzum: *Njokni* und ein biologischer Körper müssen simultan essen und füttern und bilden so die kleinste (›sozial‹ wie ›biologisch‹) reproduktive Einheit der Sozialität der Luo. Bei Krankheiten, wie im Falle von *chira*, ist dieses Verhältnis gestört: man isst, ohne zu füttern. Es überrascht daher nicht, dass in der Folge nicht nur ein gesunder und integrer Körper, sondern gleichermaßen jede Form erfolgreicher Sozialität als Simultanität von Essens und Fütterns konzeptualisiert ist.

Nichtsdestoweniger macht die Fähigkeit, sich Dinge durch Invisibilisierung und Verdauung anzueignen, den Prozess der Inkorporation von Nahrung in einen Körper (*del*) unweigerlich zu einer archetypischen Form antisozialen Verhaltens (*juok*[12]). Es ist eben eine Tatsache, dass im Unterschied zur Schwangerschaft oder zum Füttern des Säuglings durch die Mutter die bloße Inkorporation von Nahrung nicht ohne Weiteres die Simultanität von Essen und Füttern erkennen lässt. Es überrascht daher wenig, dass man auch im Bezug auf antisoziales Verhalten kulinarisches Vokabular antrifft. Ein Erlebnis von Mario Schmidt gibt hierfür ein treffendes Beispiel: Mario Schmidt gab einem Mädchen aus unserer Gastfamilie ein paar Schilling und bat sie darum, ihm vom Markt saure Milch (*chak mawach*) mitzubringen. Als sie ohne Geld und Milch zurückkam, erklärte sie, dass sie das Geld verloren habe. Später teilte ihm ein anderes Kind mit, er solle sich nicht wundern, denn *ochamo pesa* (›Sie isst Geld‹, siehe auch Lienhardt 1951). Diese Logik des Geldessens scheint auch dem vieldiskutierten Beispiel von *pesa makech* (›bitteres Geld‹) zugrunde zu liegen (Shipton 1989). Dabei handelt es sich um Geld, das durch die spezifischen Wege auf denen man es erlangt hat – beispielsweise Mord, Diebstahl, Glücksspiel, den Verkauf von familiärem Land, Cannabis, Tabak, Gold oder den das Gehöft repräsentierenden Hahn, kurzum: durch seine zweifelhafte Herkunft – bitter wird. In der Folge,

---

11 Selbstverständlich ist die Versorgung des Körpers und der Würmer mit Essen auf ein integres Verhältnis mit dem sozialen Umfeld angewiesen. Nicht nur im banalen Sinne, wie wenn man während eines Ernteausfalls auf die Hilfe von Nachbarn und Verwandten angewiesen ist, sondern auch bei der Verletzung der oben angesprochenen *kweche*. Siehe hierzu Geissler (1998a, 67): »Worms react to outside influences […]. For example, the worms are affected by hunger (*kech*) or bad food (*chiemo marach*). The latter can be rotten (*chiemo motop*), or forbidden according to food taboos (*chiema ma ji okwere*), or affected by sorcery […]«.

12 Zum Begriff *juok*, der für moralisch anrüchige und antisoziale Handlungen und Individuen verwendet wird, siehe Masolo 2010; Ogot 1961.

werden alle Dinge, die mit diesem Geld erworben werden als sozial disruptiv, antireproduktiv und gefährlich verstanden. Das einschlägigste Beispiel hierzu sind mit diesem Geld erworbene Kühe für den Brautpreis: Jegliches Scheitern der Eheschließung, eheliches Unglück, Kindssterben oder gar der Tod der Braut werden damit erklärt. *Pesa makech* ist damit Geld, das keinerlei reproduktive Eigenschaften mehr besitzt.[13] Ein Mittel, um *pesa makech* von seiner Bitterkeit zu befreien, besteht darin, es mit Speisebrei einzureiben. Genauer gesagt, handelt es sich hierbei um *ujuri*, das ist der aus dem Vormagen eines Ochsen oder dem Magen eines Ziegenbocks gewonnene und durch Magensäure halb verdaute Speisebrei, der aufgrund seines hybriden Zustands als halbgegessenes Nahrungsmittel eine ostentative Sichtbarmachung der Simultanität des Essens und Fütterns ermöglicht. Die weit verbreitete Angst vor ›bösen Blicken‹ (*wang'e juok*) ist in diesem Kontext ebenfalls aufschlussreich: Isst jemand in der Öffentlichkeit und der Blick einer *jajuok wang'* (›Person mit bösem Blick‹) trifft die essende Person, wird diese in den darauf folgenden Tagen zunehmend Schwierigkeiten haben, Essen zu verdauen. Der Magen schmerzt (*ich ludo*) und der Körper kann durch Erbrechen (*ng'ok*) und Durchfall (*diep*) Gegessenes nicht mehr bei sich behalten. Diese Symptome können nur behandelt werden, wenn das Opfer die *jajuok wang'* aufsucht und darum bittet, flüssigen Maisbrei (*nyuka*) zuzubereiten, den das Opfer anschließend trinkt. Das Problem des Essens in der Öffentlichkeit scheint letztlich in der Unklarheit darüber zu gründen, ob das Gegessene im Kontext eines angemessenen Verhältnisses, das eines der Simultanität von Essen und Füttern ist, steht.[14]

Auch wenn es zunächst scheint, dass das, was man gegessen hat, nicht weiter- oder zurück-, bzw. überhaupt gegeben werden kann,[15] löst sich dieser Eindruck auf, sobald man die naturalistische Verknüpfung von Essen und biologischem Körper aufgibt. Es verwundert infolgedessen nicht, dass kulinarisches Vokabular im Kontext gelungener Transaktionen gleichermaßen Verwendung findet. So sprechen Luo davon, dass jemand ›Land gegessen hat‹ (*osechamo luwo*) oder ›Rinder gegessen hat‹ (*osechamo dhok*), wenn er Land geerbt beziehungsweise einen Brautpreis in Form von Rindern oder andersartig entrichtet hat. In Anbetracht der logischen Priorität eines umfassenderen Körpers erscheinen transaktionale Problematiken in einem anderen Licht. So scheinen Luo, wenn sich zum Beispiel zwei Brüder während der Ernte mit verschiedenen Werkzeugen unterschiedlichen ökonomischen Wertes aushelfen, zur gleichen Zeit zu geben und zu nehmen, denn was man gibt, nimmt ein anderer Teil von einem

---

13 Dies gilt darüber hinaus nicht nur für Geld, sondern z.B. auch für geklautes (*kwalo*) Blattgemüse oder solches, welches in der Nähe eines Grabs (*liel*) oder eines verlassenen Gehöfts gesammelt wurde.

14 Ähnlichen Rechtfertigungszwängen unterliegen Personen, die plötzlich und auf unerklärliche Weise zu Reichtum gelangt sind.

15 Dies führt etwa Marcel Mauss dazu, eine Stelle aus den Veden zu zitieren, in der unbewusstes Essen mit Selbstmord gleichgesetzt wird: »Wer ohne Wissen ißt, tötet die Nahrung, und gegessen tötet sie ihn« (1990, 142).

selbst und umgekehrt, womit der Austausch von Gütern dann eher den schlichten Wechsel des Gutes von etwa der linken in die rechte Hand bedeutet.[16] Wie man sich die Kleider zurechtrückt, werden im Falle der Vererbung von Land (*chamo luwo*) oder der Zahlung eines Brautpreises (*chamo dhok*) Land und Rinder innerhalb eines Körpers (*chuny*) lediglich neu adjustiert. Dieser Beobachtung entspricht unsere Verwunderung sowohl über die Freigiebigkeit einzelner Personen als auch über die Stetigkeit und Unschuld der Geld- und Güterforderungen, die an uns gestellt wurden. Jemand anderem etwas zu geben, wurde eher als Notwendigkeit denn als moralisches Problem konzeptualisiert. Mit Rückgriff auf die logische Priorität des *chuny* scheint es in Bezug auf den Titel eines der wichtigsten Werke zur Ethnografie der Luo demnach sinnvoller, von ›entrustment is nature‹ als von ›Nature of Entrustment‹ (Shipton 2007, siehe auch Shipton 2010) zu sprechen. Denn strenggenommen macht die Frage nach der ›Nature of Entrustment‹ nur solange Sinn, wie man sich der Äquivalenz im Kontext von Transaktionsprozessen sowie Sozialität selbst als *trans*aktionalen und nicht wie in unserem Fall als *intra*aktionalen Problemen nähert.

Führt man diese Beobachtungen zusammen – einerseits die Tatsache, dass Luo zwischen *chuny* und *del* unterscheiden und dennoch jeder *del* (immer schon) ein *chuny* ist sowie andererseits die Annahme, dass innerhalb eines *chuny* simultan gegessen und gefüttert wird –, liegt der folgende Schluss nahe: Die Identität eines singulären Körpers (*del*) mit einem umfassenden *chuny* (zum Beispiel die korporativen Einheiten von Mutter und Kind, von Mann und Frau, die der Großfamilie oder die umfassendereren Einheiten wie die einer Lineage oder gar die aller Luo), gekoppelt mit ihrer strukturellen Ähnlichkeit (beide beruhen auf simultanem Füttern und Essen) erlaubt es, kausale Beziehungen zwischen diesen beiden anzunehmen. Da die Integrität eines Teils eines umfassenderen Körpers auf Prozessen des simultanen Essens und Fütterns innerhalb dieses umfassenderen Körpers basiert, resultiert die Missachtung von Regeln, die alltägliche Begegnungen mit anderen Teilen dieses Körpers strukturieren (d. i. die Verletzung von *kweche*), in der Konfusion (*nyuandruok*) eines Teils des Körpers: Ein *del* eines umfassenderen *chuny* erkrankt an *chira*.[17] In einer integeren *chuny* hingegen ist die Differenz zwischen Füttern und Essen durch die simultane Ausführung beider aufgehoben: Essen heißt, die Würmer füttern; sich um seine Familie kümmern, heißt, sich um sich selbst kümmern.

---

16 Wir rekurrieren hier auf ein Beispiel Parker Shiptons, der behauptet, dass die Brüder lediglich handelten »as though« their contributions were equal« (2007, 105).
17 Letzten Endes scheint gerade die Tatsache, dass man eins mit anderen ist, ein Kontinuum darstellt, der Grund für die Omnipräsenz kultureller Regeln (*kweche*) im Alltag zu sein (Geissler/Prince 2010, 104–105).

Gastrologische Körper, Maisbrei und Materialität – Verwunderung als *epoché*

Die Transgression des Essens und Fütterns in nichtkulinarische Sphären der Lebenswelt der Luo führt uns an eine Grenze unseres begrifflichen Horizonts und stellt uns vor die Aufgabe, unsere anfängliche Verwunderung durch konzeptuelle Arbeit fruchtbar zu machen. Während uns die Tatsache, wirklich *kuon* zu essen, keineswegs verwundert, scheint uns die Annahme, wirklich Geld und Wahlstimmen essen zu können ebenso wie die Annahme, dass Menschen als strukturgleiche Teile eines umfassenderen Körpers existieren, schlichtweg unvorstellbar. Zur Lösung dieses Problems ist die Unterscheidung von *del* und *chuny* und die logische Priorität des *chuny* sowie die damit zusammenhängende Simultanität von Essen und Füttern hilfreich, indem sie uns zwingt, die Verwendung des Begriffs *chamo* in Bezug auf Nicht-Essbares (*chamo pesa*, *chamo dhok*, *chamo luwo*) als nicht bloß abgeleiteten Sekundärgebrauch zu verstehen. Dies führt zu einer Sozialitätskonzeption, die im Gegensatz steht zu einerseits einer austauschzentrierten Konstitution von Sozialität (vor allem Melanesien, siehe Strathern 1988; Akin/ Robbins 1999) und andererseits einer Sozialität, die sich durch die Kontrolle von Substanzflüssen zwischen Körpern vollzieht (vor allem Amazonien, Vilaça 2002; Gow 1989): In der Lebenswelt der Luo ist Sozialität durch die Simultanität von Essen und Füttern in einem Körper immer als bereits *gegeben* verstanden.[18] Im Gegensatz zu jenen Sozialitätskonzeptionen ist Sozialität hier folglich nicht durch Flüsse oder Austausch von Gütern *zwischen distinkten* Körpern, sondern *innerhalb eines* Körpers bestimmt. Aufgrund seiner Verwobenheit mit Prozessen des simultanen Essens und Fütterns und der Unzulänglichkeit unseres Körperbegriffs in diesem Kontext bezeichnen wir diesen Körper als ›gastrologischen Körper‹.[19] Eine Person (*dhano*) zu sein, bedeutet also, sich darüber bewusst zu sein, lediglich als diskretes Subjekt innerhalb ein und derselben Entität zu existieren (»the same entity in discrete subjects«, Sahlins 2011, 10). Man kann demnach strenggenommen nicht individuell handeln, sondern lediglich kurzfristig vergessen oder ausklammern, dass der Andere Teil seines Selbst ist. Wenn zum Beispiel ein Ehemann sein Geld dauerhaft für Bier verschwendet, handelt er, als ob er

---

18   Letztlich scheinen die Chancen nicht schlecht zu stehen, dass es sich hierbei um eine Form der Sozialität handelt, die vielleicht auch in anderen nilotisch-sprachigen Gruppen widerhallt (Siehe hierzu Lienhardt 1975; 1987; Hutchinson 1992; Evans-Pritchard 1940; 1956; Evens 1989). So fällt es etwa auf, dass in anderen nilotischen Sprachen, so z.B. im Dinka und im Atuot (Burton 1981), der Begriff *mieeth* sowohl ›füttern‹ als auch ›essen‹ bezeichnet. In diesen Sprachen bezeichnet *cam* spezifischere Formen des Essens, zum Beispiel Fleischessen. Die negativen Konnotationen werden dann häufig durch *cam* allein getragen.

19   Bezeichnend ist, dass Luo die Ausdehnung des gastrologischen Körpers keineswegs entlang ethnischer Grenzen ziehen. Ganz im Gegenteil erlaubt die hier skizzierte Konzeptualisierung von Sozialität, dass einzelne Luo in gewissen Situationen die Grenzen über ihre eigene ethnische Gruppe hinaus ausweiten und in anderen Situationen andere Luo als Nicht-Luo brandmarken.

nicht mehr Teil des *chuny* Mann-Frau wäre, das heißt als nicht mehr teilbarer, individueller und antisozialer Alkoholiker (*jomer*).

In diesem Zusammenhang ist ein weiteres ethnografisches Detail interessant. Es verweist auf die oben erwähnte logische Priorität des *chuny* in dem erweiterten Sinne, dass in bestimmten sozialen Momenten die Existenz einer Identität, nämlich diejenige zwischen Mann und Frau, obwohl noch nicht perzeptuell nachvollziehbar, aufgrund ihrer logischen Priorität bereits kausale Auswirkungen zeigt. So begegneten uns während unserer Forschung mehrmals unverheiratete Männer (zwischen 30–35 Jahren), die zwischen dem Gehöft ihres Vaters und denen anderer Verwandter auf der Suche nach Essen hin- und herwanderten. Die Tatsache, trotz einer deutlichen Überschreitung des als angemessen erachteten Heiratsalters eines Mannes offiziell unverheiratet zu sein und folglich niemanden zu füttern bei der gleichzeitigen Undenkbarkeit dieses Zustandes,[20] führt dazu, dass man selbst nicht mehr gefüttert wird. Man wird sprichwörtlich aus der Simultanität des Essens und Fütterns in die Simultanität des Nicht-Essens und Nicht-Fütterns geworfen. Während Individualität, das Ausklammern der Identität mit einem (umfassenden) *chuny*, also das größte moralische Verfehlen ist, so ist Einsamkeit das größte ethische Unglück. Dementsprechend lässt sich *akuyo* sowohl mit ›Ich bin einsam‹ als auch mit ›Ich bin traurig‹ übersetzen. ›Gemeinsam‹ hingegen übersetzt man mit *kaachiel*, ›als ein‹.

Der Ertrag eines derartigen konzeptuell fordernden Umgangs mit der durch Alterität erzwungenen *epoché*, verstanden als vorübergehendes Einklammern jeglichen Urteils über Grundannahmen in Bezug auf die Konstitution der Wirklichkeit, besteht zunächst im Erwerb der Fähigkeit, neue Fragen an Essen, Körper und Sozialität zu stellen und ebenso alte Fragen aus einer neuen Perspektive heraus anzugreifen. So können wir nun erneut nach dem epistemologischen Status solcher Aussagen wie ›sie isst Geld‹ fragen. Interessanterweise könnte man nun sagen, dass es sich beim ›Geldessen‹ tatsächlich um eine rhetorische Figur handelt, die Prozesse des Essens vom biologischen auf den sozialen Körper projiziert. Es ist jedoch eine, die sich über die Modalität des Essens und keineswegs über das Faktum des Essens vollzieht. Also eine Redeweise, die bereits einen von unserem Essensbegriff grundlegend verschiedenen Essensbegriff auf einen anderen Gegenstandsbereich außerhalb der Sphäre dessen überträgt, was für uns zum Bereich des Kulinarischen zählt, ohne dabei jedoch den konzeptuellen Bereich des Essens der Luo zu verlassen. Es handelt sich also weniger um eine metaphorische Übertragung zwischen biologischem und sozialem Körper als um eine synekdochische Verschiebung zwischen *chuny* aus einem *del* und *chuny* aus mehreren *dende*. Die widerrechtliche Aneignung von etwas, das antisoziale „Essen", setzt schließlich voraus, in perzeptueller Hinsicht den Handlungen, die wir mit unserem Essensbegriff bezeichnen, zu ähneln. Eine Person (das Mädchen) nimmt etwas zu sich (›an sich‹) und tut so, als ob die für ein erfolgreiches Essen

---

20   Während *okendo* ›er heiratet‹ (*kendo*, ›traditionelle Feuerstelle‹) bedeutet, lässt sich *otedo* mit ›sie heiratet‹ (*tedo*, ›kochen‹) übersetzen.

notwendige Simultanität von Essen und Füttern perzeptuell schlicht nicht erfahrbar sei. Was natürlich[21] nicht immer der Fall ist, denn während man nur vermittelt sieht, ob die Würmer zurückfüttern, meint man unvermittelter zu sehen,[22] ob jemand etwas zurückgibt.

Während die vermeintliche Metapher des Geldessens sich also als eine Synekdoche erwiesen hat, zeigt sich, im Rückblick, eine Analyse des *kuon*, die bei seiner Materialität beginnt, als verkürzt. Während im ersten Falle tatsächlich lediglich eine Verschiebung innerhalb des semantischen Raumes des Kulinarischen stattfindet, verweist die Analyse des *kuon* als Materialität im Sinne eines ›essbaren Gegenstandes‹ nun, das heißt nach unserer Analyse der Sozialitätskonzeption der Luo, auch auf seinen ontologischen Mehrwert als Konzept. Es ist gerade, und dies wäre eine in einem anderen Artikel abzuarbeitende Hypothese, die materielle Vereinigung von interner Komplexität und externer Simplizität, die in der Materialität des *kuon* für den ausgebildeten Esser während der Nahrungszunahme sensorisch erfahrbar wird und so *kuon* selbst zur unverzichtbaren Metapher für Sozialität der Luo macht. Die Zusammensetzung eines *kuon* aus verschiedenen Getreidesorten, die zusammen einen einförmigen Brei ergeben, eignet sich eben sehr gut als Modell der Sozialität der Luo als einförmiger gastrologischer Körper, dessen interne Zusammensetzung letztlich unerfahrbar und kompliziert bleibt. Dies wird unter anderem durch die phänomenale Gleichheit zwischen *del* und *chuny* erreicht: Selbst wenn es in einer Situation so aussieht, dass der Einzelne als Einzelner handelt und so der Sozialität der Luo widerspricht, kann er später geltend machen, dass er lediglich die Identität mit einem seiner Teil zugunsten eines anderen Teils ausgeklammert hat (siehe ausführlich Schmidt 2014). Doch ebenso wie der sensorisch und kulinarisch geschulte Esser trotz der haptischen Gleichförmigkeit des *kuon* annäherungsweise, und dabei sehr viel besser als der Ethnograf, erkennen kann, aus welchen Getreidesorten er besteht, kann zum Beispiel ein *jaduong'* (›Luo-Ältester‹) weitaus präziser als ein pubertierender Junge einschätzen, wo die Grenzen des gastrologischen Körpers verlaufen. *Kuon* ist für Luo also nicht nur vorkonzeptuelle Materialität, sondern eignet sich aufgrund seiner spezifischen Materialität gerade dafür, als Metapher von Sozialität selbst zu dienen.

---

21 Diese Natürlichkeit begründet den ironischen oder auch, falls Politiker sich Geld oder Wahlstimmen ungerechtfertigter Weise aneignen, zynischen Beigeschmack derartiger Aussagen.

22 Die von Lienhardt in seinem Artikel »Getting your own back« analysierten nilotischen Mythen (1975), die sich in ähnlicher Form bei den Luo finden, verdeutlichen und mahnen, dass auch im öffentlichen Raum nicht immer klar sein muss, ob ein simultanes Essen und Füttern oder nur ein Essen stattgefunden hat. In diesen Mythen wird ein vermeintlicher ›Esser‹ des Eigentums anderer durch das Aufschlitzen seines Bauches zu überführen versucht. So wird einem Jungen in einem Mythos der Bauch aufgeschlitzt, um eine vermeintlich von ihm ›gegessene‹ Perle zu finden. Man findet sie jedoch einige Tage später im Magen einer Kuh; der Junge erliegt seinen Verletzungen.

Denken wir zurück an die in der Skizze der Luo-Küche erläuterte Rolle des *kuon*. Bereits der erste Teil der Überschrift jenes Abschnitts – ›Without *kuon* it is no food‹ – verweist auf die zugrundeliegende Problematik, verbleibt jedoch auf einer Ebene, die sich durch unsere Analyse als unzureichend erwiesen hat. Denn obwohl die (Luo-)Wahrnehmung einer Mahlzeit ohne *kuon* als ›nichtrichtiges Essen‹ auch in unserem eigenen konzeptuellen Raum sinnvoll und in gewisser Hinsicht verständlich ist, impliziert die konzeptuelle Disposition der Luo zugleich einen radikaleren Schluss: Dass ohne *kuon* Sozialität selbst nicht denkbar erscheint. Wenn Sozialität simultanes Essen und Füttern, also *chamo* ist und *kuon* in einem konkreten Sinne eben das einzige wirkliche Nahrungsmittel ist, dann stellt die Abwesenheit von *kuon* bei anderen ein existentielles Problem dar. Dies wird ethnografisch deutlich in der absoluten Unverständlichkeit, dass in Deutschland und anderen Weltregionen kein *kuon* zubereitet wird, ja einzelne dafür nötige Zutaten gar nicht angebaut werden: ›There is no *kuon* in your country? How do you survive?‹ *Kuon* ist demnach eher als ontologische Voraussetzung, denn als schlicht ›materielles Objekt‹ zu betrachten. Während wir also zunächst glaubten, dass Luo *lediglich* Maisbrei und keineswegs Land essen, so glauben Luo aufgrund ihrer konzeptuellen Disposition, dass wir Maisbrei essen *müssten*. Sich *kuon* allein als essbarem und somit primär materiellem Objekt und Land, Frauen und Geld allein als nichtessbaren Objekten zu nähern, richtet diese Gegenstände bereits in einer bestimmten Weise zu, die ihrer Rolle als Handlungsgrund und Wertmaßstab für die Luo selbst nicht gerecht wird. Zugleich werden damit alle Kanäle gekappt, die es den Ethnografen ermöglichen, alternative Konzeptionen von Essen und Sozialität anzuerkennen und so den anderen ernst zu nehmen (siehe programmatisch Henare u. a. 2007; Holbraad 2012).

Genau aus dem Grund, dass eine spezifische Form der Materialität als Entität mit spezifischen konzeptuellen Möglichkeiten immer schon über Materialität selbst hinaus verweist, schlagen wir in Konkordanz mit unserer Ethnografie als heuristisches Prinzip vor, das Primat der ›Materialität‹ selbst – das heißt die Annahme, dass Materialität eine kulturübergreifende Qualität sei, die das Sein einer (essbaren) Entität letztendlich oder in irgendeiner Form bevorzugt bestimmt – zunächst bei jeder Begegnung mit Materialität (Essen) auszuklammern. Dies soll jedoch nicht geschehen, um den Primat selbst anzuzweifeln, sondern einen ethnografisch spezifischen Zugang zu ihm zu finden. Denn was passiert bei einer ethnografischen Begegnung mit einem Objekt, wenn man sich dessen Materialität restlos ausliefert? Man klammert zugleich die Spezifität der ethnografischen Begegnung als einer zwischen verschiedenen Welten stattfindenden aus und hypostasiert das Objekt zu einer eigenen geschlossenen Wirklichkeit.[23] Man nähert sich *kuon* als wäre er lediglich ein aus Getreide angefertigter Speisebrei und übersieht so seine Fähigkeit im Medium seiner Materialität als intern komplex

---

23 Wir schließen jedoch keineswegs aus, dass fremde Objekte durch eine derartige Hypostasierung Ausgangspunkt einer Vielzahl von kreativen Konzeptualisierungen sein oder zu rhetorischen Kniffen genutzt werden können, siehe beispielhaft Barthes 2003 und Flusser 2011.

und extern simpel bereits als Konzept zu fungieren. Man nähert sich Essen als wäre es primär ›essbar‹ und begreift so die Frage des Zirkulierens von Essbarem im gastrologischen Körper als nur sekundär. Dies wäre jedoch zumindest in dem vorliegenden Fall eine nicht gerechtfertigte Annahme und verweist damit darauf, dass die Ethnologie nicht aufhören darf, sich selbst als eine Übersetzungswissenschaft zu verstehen, in der es darum geht, *den* Anderen und nicht *das* (scheinbar gegebene) Andere zu verstehen.

Literatur

Abe 1981: T. Abe, The Concepts of ›Chira‹ and ›Dhoch‹ among the Luo: Transition, Deviation and Misfortune. In: N. Nagashima, (Hrsg.), Themes in Socio-Cultural Ideas and Behaviour among the six Ethnic Groups of Kenya. Tokyo: Hitotsubashi University 1981, 125–40.

Akin/Robbins 1999: D. Akin/J. Robbins, An Introduction to Melanesian Currencies. Agency, Identity, and Social Reproduction. In: D. Akin/J. Robbins (Hrsg.), Money and Modernity. State and Local Currencies in Melanesia. Pittsburgh: University of Pittsburgh Press 1999, 1–40.

Barthes 2003: R. Barthes, Mythen des Alltags. Frankfurt a. M.: Suhrkamp 2003.

Burton 1981: J. W. Burton, God's Ants. A Study of Atuot Religion. St. Augustin: Anthropos 1981.

Crazzolara 1950: J. P. Crazzolara, The Lwoo. Vol. 1: Lwoo Migrations; Vol. 2: Lwoo Traditions; Vol. 3: Clans. Verona: Editrice Nigrizia 1950.

Dietler/Herbich 2009: M. Dietler/I. Herbich, Domestic Space, Social Life, and Settlement Biography: Theoretical Reflections from the Ethnography of a Rural African Landscape. In: C. Belarte (Hrsg.), L'espai domestic i l'organizacio de la societat a la protohistoria de la Mediterrania occidental (Ier milleni aC), Actes de la IV Reunio Internacional d'Arqueologia de Calafell. Barcelona: Arqueo Mediterrania 2009, 11–23.

Douglas 1972: M. Douglas, Deciphering a Meal. Daedalus 101, 1, 1972, 61–81.

Evans-Pritchard 1940: E. E., The Nuer. A Description of the Modes of Livelihood and Political Institutions of a Nilotic People. New York: Oxford University Press 1940.

Evans-Pritchard 1956: Ders., Nuer Religion. New York: Oxford University Press 1956.

Evens 1989: T. M. S. Evens, The Nuer Incest Prohibition and the Nature of Kinship: Alterlogical Reckoning. Cultural Anthropology 4, 1989, 323–46.

Fausto/Costa 2013: C. Fausto/L. Costa, Feeding (and Eating). Reflections on Strathern's »Eating (and Feeding)«. Cambridge Anthropology 31, 2013, 156–62.

Flusser 2011: V. Flusser, Dinge und Undinge: Phänomenologische Skizzen. München: Hanser 2011.

Geissler/Prince 2010: P. W. Geissler/R. J. Prince, The Land Is Dying. Contingency, Creativity and Conflict in Western Kenya. New York: Berghahn Books 2010.

Geissler 1998a: P. W. Geissler, »Worms are our life«, Part I: Understandings of Worms and the Body Among the Luo of Western Kenya. Anthropology and Medicine 5, 1998, 63–79.

Geissler 1998b: Ders., »Worms are our life«, Part II: Luo Children's Thoughts about Worms and Illness. Anthropology and Medicine 5, 1998, 133–44.

Goody 1982: J. Goody, Cooking, Cuisine and Class. A Study in Comparative Sociology. Cambridge: Cambridge University Press 1982.

Gow 1989: P. Gow, The Perverse Child: Desire in a Native Amazonian Subsistence Economy. Man 24, 1989, 567–82.

Hartmann 1928: H. Hartmann, Some Customs of the Luwo (or Nilotic Kavirondo) Living in South Kavirondo. Anthropos 23, 1928, 263–75.

Henare u. a. 2007: A. Henare/M. Holbraad/S. Wastell, Introduction. In: A. Henare/M. Holbraad/S. Wastell (Hrsg.), Thinking Through Things: Theorizing Artefacts Ethnographically. London: Routledge 2007, 1–31.

Holbraad 2012: M. Holbraad, Truth in Motion. The Recursive Anthropology of Cuban Divination. Chicago – London: University of Chicago Press 2012.

Hutchinson 1992: S. Hutchinson, The Cattle of Money and the Cattle of Girls among the Nuer, 1930–83. American Ethnologist 19, 1992, 294–316.

Lenz 1999: C. Lenz (Hrsg.), Changing Food Habits. Case Studies from Africa, South America and Europe. Amsterdam: Harwood Academic Publisher 1999.

Lévi-Strauss 1974: C. Lévi-Strauss, Einleitung in das Werk von Marcel Mauss. In: M. Mauss, Soziologie und Anthropologie I. Theorien der Magie. Soziale Morphologie. München – Wien: Hanser 1974, 7–41.

Lienhardt 1951: G. Lienhardt, Some Notions of Witchcraft among the Dinka. Africa 21, 1951, 303–18.

Lienhardt 1975: Ders., Getting Your Own Back: Themes in Nilotic Myth. In: G. Lienhardt/J. H. M. Beattie (Hrsg.), Studies in Social Anthropology. Essays in Memory of E. E. Evans-Pritchard by His Former Oxford Colleagues. Oxford: Clarendon 1975.

Lienhardt 1987: Ders., Divinity and Experience. The Religion of the Dinka. Oxford: Clarendon 1987.

Masolo 2010: D. A. Masolo, Self and Community in a Changing World. Bloomington: Indiana University Press 2010.

Mauss 1990: M. Mauss, Die Gabe. Form und Funktion des Austauschs in archaischen Gesellschaften. Frankfurt a. M.: Suhrkamp 1990.

Mboya 1938: P. Mboya, Luo Kitgi gi Timbegi. Kisumu: Anyange Press 1938.

Mintz 1992: S. Mintz, Die Zusammensetzung der Speise in frühen Agrargesellschaften. Versuch einer Konzeptualisierung. In: M. Schaffner (Hrsg.), Brot, Brei und was dazugehört. Über sozialen Sinn und physiologischen Wert der Nahrung. Zürich: Chronos 1992, 13–28.

Mintz/Schlettwein-Gsell 2001: S. Mintz/D. Schlettwein-Gsell, Food Patterns in Agrarian Societies: The Core Fringe Legume Hypothesis. Gastronomica 1, 3, 2001, 41–52.

Miruka 2001: O. Miruka, Oral Literature of the Luo. Nairobi: East African Educational Publishers 2001.

Ogot 1961: B. A. Ogot, The Concept of Jok. African Studies 29, 1961, 123–44.

Ogot 1967: Ders., History of the Southern Luo, 2 Bände. Nairobi: East African Publishing House 1967.

Parkin 1978: D. Parkin, The Cultural Definition of Political Response. Lineal Destiny among the Luo. London: Academic Press 1978.

Richards 1936: A. Richards, A Dietary Study in North-Eastern Rhodesia. Africa 9, 2, 1936, 166–96.

Richards 1951: Dies., Land, Labour and Diet in Northern Rhodesia. An Economic Study of the Bemba Tribe. London – New York – Toronto: Routledge 1951.

Sahlins 2011: M. Sahlins, What Kinship Is. Part one. Journal of the Royal Anthropological Institute 17, 2011, 2–19.

Schellhaas/Schmidt 2012a: S. Schellhaas/M. Schmidt, »Why don't they serve food?« In: S. Schellhaas (Hrsg.), Die Welt im Löffel. Bielefeld – New York: Kerber 2012, 143–47.

Schellhaas/Schmidt 2012b: Dies., »Without Kuon It Is No Food!«. Zur Aktualität des Core-Fringe-Leguminosen Models anhand von Veränderung und Stabilität in der Luo-Küche. Paideuma 58, 2012, 115–34.

Schmidt 2014: M. Schmidt, ›It Will Always Be with Us‹: Corruption as an Ontological Fact among Kenyan Luo. Global Cooperation Research Papers 7. Duisburg: Käte Hamburger Kolleg/Centre for Global Cooperation Research (KHK/GCR21) 2014.

Shipton 1989: P. Shipton, Bitter Money. Cultural Economy and Some African Meanings of Forbidden Commodities. Washington, D.C.: American Anthropological Association 1989.

Shipton 2007: Ders., The Nature of Entrustment. Intimacy, Exchange, and the Sacred in Africa. New Haven – London: Yale University Press 2007.

Shipton 2009: Ders., Mortgaging the Ancestors: Ideologies of Attachment in Africa. New Haven – London: Yale University Press 2009.

Shipton 2010: Ders., Credit between Cultures. Farmers, Financiers, and Misunderstanding in Africa. New Haven – London: Yale University Press 2010.

Southall 1952: A. W. Southall, Lineage Formation among the Luo. Oxford: Oxford University Press 1952.

Spittler 1999: G. Spittler, Praise of the Simple Meal. African and European Food Culture Compared. In: C. Lentz (Hrsg.), Changing Food Habits. Case Studies from Africa, South America and Europe. Amsterdam: Harwood Academic Publisher 1999, 27–42.

Strathern 1988: M. Strathern, The Gender of the Gift: Problems with Women and Problems with Society in Melanesia. Berkeley: University of California Press 1988.

Strathern 2012: Dies., Eating (and Feeding). Cambridge Anthropology 30, 2012, 1–14.

Vilaça 2002: A. Vilaça, Making Kin out of Others in Amazonia. Journal of the Royal Anthropological Institute 8, 2, 2002, 347–65.

Whisson 1966: M. G. Whisson, Some Aspects of Functional Disorders among the Kenya Luo. In: A. Kiev (Hrsg.), Magic, Faith, and Health. Studies in Primitive Psychiatry Today. New York: The Free Press 1966, 283–304.

Bjørnar Olsen

Die Abkehr vom Sinn? Wunder, Halldors Kipplaster und der Trugschluss der Interpretation[*]

Zusammenfassung: Diese Arbeit befasst sich mit der Untersuchung der Dinge und dem aktuellen Drang, ihre ›Bedeutung‹ zu enthüllen. Ausgangspunkt der Arbeit ist ein Ereignis, das der Autor in seiner Kindheit in seinem Heimatdorf im Norden Norwegens erlebte; ein Ereignis, das dem Dorf ein neues und entflochtenes Artefakt brachte: Halldors Kipplaster. Mit Rückgriff auf die Geschehnisse während der unerwarteten Ankunft des Kipplasters sowie dessen rätselhaftes Schicksal wird behauptet, dass unser nicht enden wollendes hermeneutisches Verlangen die sinnlichen, affektiven und ästhetischen Aspekte materieller Begegnungen größtenteils außer Acht lässt oder sogar irrationalisiert. Als Alternative dazu wird die Möglichkeit erforscht, sich (wieder) einem banaleren und naiveren Empirismus hinzuwenden – eine achtsame Grundhaltung, die *auch* Emotionen, Abneigungen und Wunder zulässt, also all das, was instinktiv und unabsichtlich in der direkten Begegnung mit Schnee, Kipplaster und anderen Dingen freigesetzt wird.

Abstract: This paper discusses the study of things and the current obsession with unveiling their ›meaning‹. Its point of departure is an event that took place in the author's childhood village in the far north of Norway, an event that introduced the village to a new and disentangled artifact: Halldor's dump truck. Drawing on what happened during the dump truck's unexpected arrival, as well as its enigmatic fate here, it is argued that our never-ending hermeneutic desires largely have left out and even irrationalized the sensory, affective and thus aesthetic aspects of material encounters. As an alternative, the possibility of (re)turning to a more banal or naïve empiricism is explored, an attentive attitude which allows *also* for affects, aversions and wonders. In other words, for all that which is instinctively and involuntarily released in our direct encounters with snow, dump trucks, and other things.

Schlüsselbegriffe/Keywords: Materielle Kultur, archäologische Interpretation, Wunder, Ästhetik, naiver Empirismus/Material culture, archaeological interpretation, wonder, aesthetics, naïve empiricism

Die erste Abbildung in Ian Hodders neuestem Buch »Entangled« (2012) ist ein Gemälde, das den mutmaßlichen Alltag in der mesolithischen Siedlung von Lepenski Vir zeigt. Wir sehen das Gelände, die Behausungen und die Jäger und Sammler bei ihrer Arbeit. Wir entdecken aber auch etwas Besonderes, etwas Herausragendes: am Ufer am Rande der Siedlung steht ein Konzertflügel. Ein Jäger

---

[*] Übersetzt von Vanessa Schmidt (10.11.2014).

steht vor dem Instrument. Mit seinem Bogen in der Hand schaut er scheinbar regungslos auf das fremdartige Ding. Natürlich ist das eine absurde Situation und soll etwas veranschaulichen, das wir als den ultimativen Fall von Entflechtung bezeichnen könnten: ein Objekt, das so offensichtlich nicht in die Umgebung passt. Hodder erklärt: »Ein Flügel braucht einen Konzertsaal, das jahrelange Üben eines ausgebildeten Musikers, das Notensystem der Musik und Fabriken, die Präzisionsstahl gießen können. Die Menschen auf dem Bild können einen Flügel weder verstehen, noch können sie ihn hören oder gar bauen.« (Hodder 2012, 3)[1]

In dieser Arbeit möchte ich Ihnen ein anderes Objekt präsentieren, das nicht in seine Umgebung passte. Der Unterschied liegt allerdings darin, dass es sich bei diesem Objekt um ein reales Ding und ein reales Ereignis handelt, also eine wirkliche Begegnung. Auch ereignete es sich nicht im Mesolithikum, sondern in meinem Heimatdorf zwei Jahre nach meiner Geburt. Das Dorf liegt an der nördlichsten Küste des arktischen Norwegens – genauer gesagt am nördlichsten Punkt, den man in Europa überhaupt erreichen kann, auf 71 Grad nördlicher Breite. An diesem Dorf gab es nichts Besonderes oder Auffälliges, nur etwa hundert Menschen, 20 Häuser, ein Geschäft, eine Schule und eine Kirche. Man lebte vom Fischfang, auch wenn es ein paar Kühe und Schafe gab. Kurzum, das Dorf war die Art von Ort, an die Anthropologen reisten, als die Anthropologie noch abgelegene Orte mit ihren merkwürdigen Bewohnern und Dingen untersuchte.

In meiner Kindheit war die einzige regelmäßige Verbindung zum Rest der Welt ein Schiff: ein Küstendampfer, der dreimal die Woche vor dem Dorf anlegte und Post, Lebensmittel und Alltagsgegenstände sowie einige Passagiere brachte. Also keine großen Überraschungen – vielleicht war mal ein Unbekannter an Bord, aber das war eher selten. Eines Tages im Februar 1960 hatte der Küstendampfer allerdings eine außergewöhnliche Fracht geladen: einen Kipplaster. Kein besonders großer Kipplaster, aber dennoch ein Kipplaster. Das Schiff war definitiv nicht für eine solch schwere Fracht vorgesehen – aber ehrlich gesagt war auch unser Dorf nicht darauf vorbereitet. Wir hatten nicht einmal eine Straße, auf der der Laster hätte fahren können. Es gab zwar ein kurzes Stück unbefestigten Wegs, aber es war Winter und was man vielleicht mit großen Zugeständnissen hätte Straße nennen können, lag unter einer etwa zwei Meter dicken Schneeschicht. Es gab natürlich keine anderen Autos im Dorf, höchstens ein paar Pferde, und die meisten Leute gingen einfach zu Fuß von A nach B, fuhren Ski oder nutzten zumeist ein Boot.

Trotzdem wurde der Kipplaster geliefert. Es war ein Laster der Marke Bedford, ein britischer Klassiker. Der Großteil der Dorfbewohner hatte sich am Kai versammelt, um einen Blick auf die ungewöhnliche Lieferung zu erhaschen. Es ist wichtig zu wissen, dass das Schiff keinen festen Fahrplan hatte. Die Warten-

---

1   »The grand piano needs symphony halls, it needs years of practice by trained musicians, it needs the system of tones in music, it needs factories able to pour precision iron. The people in the image could not understand, hear, make a grand piano.« (Hodder 2012, 3).

den in den nächsten Dörfern informierte man per Telefon über Verspätungen oder mögliche Unregelmäßigkeiten. Daher hatte sich das Gerücht schnell verbreitet, das Schiff würde einen Kipplaster bringen. Die Menschentraube am Hafen stellte sich als Glücksfall heraus, denn, wie man sich vorstellen kann, konnte der Laster unter den gegebenen Umständen auf keinen Fall fahren. Die Leute holten Schaufeln, Seile und Bretter und schafften es, durch Schieben und Ziehen den fremdartigen britischen Laster langsam durch den Schnee zu bewegen. Nach gut vierhundert Metern harter Arbeit waren die Anstrengungen beendet, der Laster war zur Seite gezogen und neben dem schneebedeckten Weg abgestellt.

Diese vierhundert Meter durch den Februarschnee waren der einzige Weg, den der Kipplaster jemals hinter sich lassen würde. Es wurde wieder wärmer, der Schnee schmolz, aber der Wagen wurde nie wieder angelassen oder gefahren. Auch die nächsten 25 Jahre parkte der Laster an dieser Stelle – konkurrenzlos die größte Attraktion des Dorfs –, bevor er schließlich den vereinten Kräften von Schwerkraft und Erosion nachgab. Nach einigen Jahren in komplett zerstörtem Zustand wurde er Ende der 1980er Jahre wegen der neuen Abfallpolitik, die in der Zwischenzeit auch dieses entlegene Dorf erreicht hatte, abtransportiert.

Der Kipplaster wurde von einem Mann namens Halldor gekauft und wurde daher immer nur ›Halldors Kipplaster‹ genannt. Halldor wohnte nicht direkt im Dorf, er bevorzugte es, zurückgezogen zu leben und hatte sich in einer kleinen Bucht drei Kilometer vom Dorf entfernt niedergelassen. Er lebte allein, ein einfaches Leben in einer 1-Zimmer-Hütte, die direkt nach dem Krieg aus einfachsten Materialien gebaut wurde. Kein Strom, kein fließend Wasser im Haus und so war natürlich auch das Badezimmer – wenn man es so nennen kann – unter freiem Himmel. Es wäre nicht möglich gewesen, dass Halldor den Laster jemals zu seinem Haus hätte fahren können. Um dorthin zu kommen, musste man entweder einen schmalen Weg die steilen Berge entlang steigen oder mit einem Boot fahren, das klein genug war, um in der Bucht anzulegen.

Trotz dieser ungünstigen ›Bedingungen der Möglichkeit‹, um es mit Foucaults Worten auszudrücken, kaufte Halldor einen Kipplaster. Er brachte ihn in unser Dorf und ließ ihn einfach stehen. Ich war noch etwas zu jung, um mich an das Ankunftsspektakel zu erinnern – auch wenn ich es durch die vielen Erzählungen meiner Eltern und Geschwister in gewisser Weise kann – aber ich erinnere mich auf jeden Fall an den Kipplaster selbst. Auf meinem Schulweg kam ich jeden Tag daran vorbei, und ich habe viel Zeit meiner Kindheit damit verbracht, in dem abgestellten Laster zu spielen. Mit anderen Worten: Er ist ein gut erforschtes Objekt.

                     Bjørnar Olsen

Abb. 1:   Halldors Kipplaster (Foto T. Olsen, 1965).

Warum ist diese Geschichte wichtig?

Was hat diese merkwürdige Geschichte über einen britischen Lastkraftwagen, der verlassen in einem norwegischen Dorf steht, mit dem Thema ›being lost in things‹, sich in den Dingen zu verlieren, zu tun? Ich gebe zu, dass der Vergleich vielleicht etwas hinkt, aber ich denke dennoch, dass es einige Gemeinsamkeiten gibt – und jetzt ist es sowieso zu spät, um kehrt zu machen. Fragen wir uns doch zuerst einmal: Was sind die offensichtlichen Forschungsfragen, die die Geschichte aufkommen lässt? Was ist ihre Hauptaussage? Zuerst einmal muss geklärt werden, warum er, Halldor, so gehandelt hat. Warum hat ausgerechnet dieser Mann, von all den möglichen Menschen auf der Welt, einen fast neuen Kipplaster gekauft, ihn an diesen abgelegenen Ort gebracht und ihn dann einfach neben der Straße stehen lassen? Wie können wir Halldors merkwürdiges Verhalten interpretieren?

Ich denke, dass diese Fragen generell mit den Fragen übereinstimmen, die wir in unserer Forschung behandeln: der Wunsch, weiter zu gehen als das, was vorhanden und unmittelbar ist, weiter als das, was passiert ist – und dabei das Unbekannte und Sonderliche zum Ruhen zu bringen. Daran ist ja grundsätzlich nichts falsch oder merkwürdig, denn die Welt zu interpretieren ist in gewisser Weise ein großer Teil unseres Schicksals als ernsthafte Wissenschaftler. Und unsere kluge, intellektuelle und interpretative Arbeit wäre wohl auch in diesem

Fall von Erfolg gekrönt worden. Vielleicht hätten wir so interessante und bahnbrechende Dinge herausgefunden, wie dass Halldor eine ›soziale Agenda‹ hatte, dass der Kipplaster eine ›soziale und persönliche Investition‹ war, die ›Verkörperung seiner geschlechtsspezifischen Träume und Ambitionen‹. Nun, da man sich allgemeinhin so eifrig den Dingen zugewandt hat, können wir vielleicht den Schluss ziehen, dass der Laster eine Art ›ausgeweitete‹ oder ›verbreitete Person‹ fungiert, ein Stellvertreter und dynamischer Vermittler, der Halldor dauerhaft im Dorf vertritt und repräsentiert – er lebte nun mal weit außerhalb. Für all diejenigen, die immer noch weiter nach einer Antwort suchen möchten, scheint jedoch eine Hegelsche Variante attraktiver: Während der Kipplaster sicherlich als die Entäußerung seines inneren Selbst verstanden werden könnte, so entpuppte er sich doch bald als zu verdinglichend und verfremdend und musste daher durch das Abstellen am Straßenrand ›aufgehoben‹ werden. Oder war diese unpassende Ankunft des Kipplasters mitten im Winter nach genauerer Betrachtung doch nur ein inszenierter Versuch, die Gegensätzlichkeit von Kultur und Natur zu überwinden?

Was auch immer Sie denken, ich verspotte derartige Interpretationen in keinster Weise, noch sage ich, dass sie falsch wären. Allerdings denke ich, dass wir genauestens überlegen sollten, was auf der Suche nach einer intellektuell befriedigenden ›Bedeutung‹ verloren geht. Und vielleicht kann uns Halldors Kipplaster dabei helfen. Denn auf der Suche nach dem Sinn in Halldors Handeln und der Bedeutung des scheinbar Irrationalen laufen wir Gefahr, das als redundant abzutun, was tatsächlich geschehen ist: die magische Realität des Ereignisses selbst, das Erstaunen, Verwunderung und Erinnerungen hervorruft. Mit anderen Worten: all das, was den Wunsch nach Verständnis und Erklärung überhaupt erst antreibt (siehe Malpas 2012). In dieser Suche nach Inhalt, Gründen und Tiefe werden der Kipplaster, der Schnee, das Dorf, die Kindheit, das Spielen und auch Halldor selbst unvermeidbar zweitrangig. Sie werden zu einem Rest, etwas Trivialem, an dem man vorbeischaut.

Die zwanghafte Suche nach der Bedeutung

Susan Sontag behauptete vor gut 50 Jahren in ihrem berühmten Angriff auf die Kunstkritik, dass die zwanghafte Suche nach Interpretationen zu einer »offenen *Verachtung der Erscheinung*« (»overt *contempt for appearance*«, Sontag 1966, 6; hervorh. durch den Autor) geführt habe. Was man tatsächlich auf der Bühne, dem Bildschirm oder einer Leinwand sehen könne, sollte niemals kommentarlos hingenommen werden, niemals direkt wahrgenommen, geschätzt und genossen werden, sondern sei immer ein Ausdruck – oft natürlich nur ein künstlicher Ausdruck – eines tieferen, ernsteren und ehrenwerteren Inhalts gewesen. Sie behauptete auch, dass die Kunst von einer »aggressiven Hermeneutik«[2] terrorisiert

---

2 »aggressive hermeneutics« (Sontag 1966, 6–7).

werde – wichtig sei nur, immer noch tiefer unter der Oberfläche der Erscheinung zu graben, um eine »Schattenwelt der Bedeutung«[3] zu finden, wie sie es nannte (Sontag 1966, 6–7).

Eine ähnliche Kampagne gegen die Fassade der Dinge hat auch die Interpretation in der Archäologie geformt. Letztere war immer mehr von der Tendenz angetrieben, das Unmittelbare und direkt Wahrzunehmende als weniger interessant und wichtig als das Versteckte und Abstrakte anzusehen (Olsen 2010; 2012). Das Rentier, das in den Fels geritzt ist, kann beispielsweise nicht nur ein Rentier sein; die Boote, die man abgebildet sieht, stehen nie einfach nur für echte Boote, sondern sind immer eine Metapher für die Überschreitung oder Übertragung irgendwelcher sozialer, kognitiver oder kosmologischer Grenzen. Das Rentier ›nur‹ als Rentier, das Boot als Boot zu sehen, ist zu trivial und langweilig geworden. Es ist sogar peinlich und intellektuelles Versagen – egal welche Bedeutung Rentier und Boot einmal für die Menschen hatten, die die Bilder schnitzten oder malten und die wir so ehrgeizig und energisch erreichen wollten.

Ich bin der Ansicht, dass diese Besessenheit von der Bedeutung und interpretativer Tiefe und die eng damit verbundene Tendenz, diese Bedeutung zu theorisieren, zu intellektualisieren und zu abstrahieren, dazu führte, dass wir den Blick sowohl für das Außergewöhnliche als auch für das Gewöhnliche im Leben verloren haben. Auch wenn es vielleicht merkwürdig ist, das Wundersame und das Altbekannte auf eine Stufe zu stellen, so sind sie doch beide Teil einer unmittelbaren und affektiven Verbindung mit der Welt. Meiner Meinung nach sind beide größtenteils vergessen, nicht nur in den Theorien der Archäologie der letzten 50 Jahre, sondern auch in den neuesten und groß angepriesenen Bemühungen, sich in den Human- und Sozialwissenschaften wieder den Dingen zuzuwenden.

Einfluss und Ästhetik der Feldforschung

Seit jeher ist es für Archäologen eine Art kategorischer Imperativ, Feldforschung zu betreiben, um zu entdecken, zu untersuchen und zu graben. Es ist diese Arbeit, die uns eine Identität gibt. Die meisten von uns mögen Feldforschung sehr und für mich ist es einer der besten und authentischsten Aspekte der Archäologie. Während der Feldforschung sind wir direkt mit der Materie, mit dem Boden und den Felsen, mit den Dingen verbunden. Gleichzeitig gibt es eine erkennbare Divergenz – vielmehr eine sich ausweitende Kluft – zwischen dem Ursprung dieser Vorliebe und Begeisterung und den wissenschaftlichen Ergebnissen unserer Arbeit, die Grabungsstätten und Dinge zu Quellen voller zu analysierender Objekte werden lässt. Man versucht, den Sinn in allen Dingen zu finden, anstatt sie einfach nur wahrzunehmen.

Von Sir Colin Renfrew erwartet man vielleicht keine Begeisterungsbekundungen zur Feldforschung. Dennoch schreibt er in manchen Teilen seines Bu-

---

3   »shadow world of meaning« (Sontag 1966, 6–7).

ches über Archäologie und Kunst bildhaft über, wie wir es nennen würden, die *Ästhetik* der Feldforschung, über Wetter und Arbeit sowie über die sozusagen unmittelbar erlebte Offenbarung der Vergangenheit. So beschreibt er zum Beispiel seine Begegnung mit dem Inneren eines Ganggrabes auf den schottischen Orkneys folgendermaßen:

> »… das Gefühl des Geheimnisvollen und der Einsamkeit als ich als Erster seit vielleicht Jahrtausenden eine der Seitennischen in Quanterness betrat und ich dastand mit den kalten, feuchten Sandsteinen um mich herum und ich meine Hand über meinen Kopf austreckte, um die noch intakten Kragsteine der Decke zu berühren. In meinem fertigen Grabungsbericht steht nicht viel über diese Momente, aber sie sind ein wesentlicher Teil der Realität.« (Renfrew 2003, 39–40)[4]

All denen, die das als subjektive Gefühle und von mir selbst ausgelöste Empfindungen abtun, denen möchte ich sagen, dass diese Gefühle durch den direkten Kontakt mit den Dingen selbst und das Erleben ihrer bloßen Präsenz hervorgerufen werden. Ich bin zudem der Auffassung, dass sich viele Begegnungen bei der Feldforschung um die banalen und primitiven Erfahrungen drehen, die vor oder außerhalb der Theorie stattfinden – fern der archäologischen *Bildung*. Das sind die unmittelbaren Momente, in denen wir die Dinge nackt und fern jeder Theorie sehen. Das sind *ästhetische* Momente, wenn auch nicht im Sinne von Geschmack und Schönheit oder der Tatsache, dass es einen staunenden Beobachter in einer ›passiv betrachtenden Distanz von der Realität‹ gibt (Jameson 2009, 594; Buck-Morss 1992).[5] Sie gehören vielmehr zu einer anderen Form der Ästhetik, die sich beschäftigt mit

> »… dem Verhältnis von Zuneigung und Abneigung; der Art und Weise wie die Welt den Körper auf Ebene der Sinneswahrnehmung trifft; dem, was im Körper Wurzeln schlägt; und all dem, was durch unsere banalste, biologische Einbringung in die Welt entsteht. Die Ästhetik betrifft diese gröbste und offensichtlichste Dimension des Menschen, die die Philosophie nach Descartes – in einem seltsamen Anfall von Unaufmerksamkeit – irgendwie übersehen hat. Daher ist [die Ästhetik] die erste Regung eines primitiven Materialismus,

---

4   »… the sense of mystery and solitude when I was the first to enter, perhaps for thousands of years, one of the side chambers at Quanterness and stand up with the cold, damp sandstones all around me, and reach my hand above my head to touch the still complete corbelling of the ceiling. You don't find much about these moments in the printed excavation report, but they are an integral part of the reality.« (Renfrew 2003, 39–40).

5   »a passive-contemplative distance from reality« (Jameson 2009, 594; Buck-Morss 1992).

die erste Regung des Körpers nach dessen langer Rebellion gegen die Tyrannei der Theorie.« (Eagleton 1990, 13)[6]

Archäologische Feldforschung umfasst unzählbar viele dieser direkten und unmittelbaren Begegnungen mit den Dingen: mit zerbrochenen, verschmutzten und gestrandeten Dingen und mit Dingen, die sich nicht sofort identifizieren und erklären lassen. Meist werden die Dinge weit außerhalb unseres alltäglich gewohnten Umfelds und in allen möglichen Wetterlagen entdeckt und vielleicht ist es gerade dieses fremde Umfeld, das die Dinge von den Ketten ihrer Zweckmäßigkeit befreit, sodass sie mit ihren antiphonischen ›Stimmen‹ zu uns sprechen. Es sind die Momente, in denen wir uns in den Dingen *verlieren*, die wir faszinierend und anziehend finden. Auf den zweiten Blick sind sie aber auch beinahe unangemessen oder zumindest irrational und werden daher gedanklich bekämpft oder vergessen (Pétursdóttir 2014). Sich begeistert vom Ästhetischen zu zeigen und vom bloßen materiellen Dasein der Dinge bewegt zu sein, ruft leicht eine Angst hervor, die tief im modernen Gedankengut verankert ist. Es ist die Angst, naive, abergläubische und fetischistische Neigungen zu zeigen, was natürlich auf keinen Fall mit wissenschaftlichem Arbeiten einhergeht. Sich von solchen Dingen beeindrucken zu lassen, hieße einem gefährlichen Primitivismus nachzugeben, der die selbstverständlich vorausgesetzte Hierarchie im Ding-Mensch-Verhältnis in Frage stellen und sogar offen sein könnte für den absurden Gedanken, dass die Dinge die Quelle ihrer eigenen Bedeutung sein könnten.

Wunder

Laurent Olivier diskutiert in seinem Buch »The Dark Abyss of Time«, dass wir Archäologen uns oft in einer Zwickmühle befinden zwischen der Faszination für Dinge, den Wundern, die sie erschaffen, und dem Streben, diese Dinge zu rationalisieren. Wir alle finden uns dann und wann in Situationen naiver archäologischer Verwunderung wieder, in denen wir fasziniert sind von den unbekannten Objekten, die wir gerade gefunden haben. Bald aber werden wir angetrieben von dem rationalen Drang, unsere Funde dem zuzuordnen, was bereits bekannt ist, und weichen so den bewunderungswürdigen Aspekten der Ausgrabungen und Entdeckungen aus (Olivier 2011).

---

6   »… the business of affections and aversions, of how the world strikes the body on its sensory surfaces, of that which takes root in the gaze and the guts and all that arises from our most banal, biological insertion into the world. The aesthetic concerns this most gross and palpable dimension of the human, which post-Cartesian philosophy, in some curious lapse of attention, has somehow managed to overlook. It is thus the first stirrings of a primitive materialism – of the body's long inarticulate rebellion against the tyranny of the theoretical« (Eagleton 1990, 13).

Daraus und aus dem, was ich bereits festgestellt habe, lässt sich für die Archäologie derselbe Schluss ziehen, den Jeff Malpas erst kürzlich für die Philosophie gezogen hat:

> »[Sie] beginnt mit einem Wunder, insofern dass die Forderung nach Erklärungen einen Bedarf an Erläuterung und Transparenz hervorruft, sodass es auch eine Blindheit gegenüber ... der ursprünglichen Zugehörigkeit zur Welt schaffen kann, die die Forderung nach Erklärungen als solches generiert. Philosophie beginnt mit einem Wunder, endet allerdings oft in Entfremdung – eine Entfremdung von sich selbst, von anderen, von den gewöhnlichen genauso wie von den außergewöhnlichen Dingen.« (Malpas 2012, 265)[7]

Um das zu überwinden, muss sich die Philosophie laut Malpas wieder mit »der grundlegenden und alltäglichen Erfahrung des menschlichen Lebens, mit den Dingen, die uns antreiben, die uns bewegen und die uns etwas bedeuten«[8] (ebd.) verbinden.

Wenn das für die Philosophie gilt, dann gilt es umso mehr für die Archäologie und für die Art und Weise, wie wir unsere Rolle als Archäologen verstehen: d. h. ob wir vor allem interpretieren, erklären und die Bedeutung herausfinden wollen oder aber ob wir offen dafür sind, uns damit zu beschäftigen, was die Dinge wirklich sind und wie sie uns beeinflussen – und damit die Bereitschaft zeigen, diese Offenheit in unsere archäologische Arbeit einfließen zu lassen. Ich stimme für die letztere Option, auch weil ich ehrlich glaube, dass wir sonst über einen essentiellen Teil der Dinge hinwegsehen – das *Dingsein*, ein Aspekt, der jedem Verständnis inne ruhen sollte. Ich denke, dass dieses Dingsein uns vielleicht dabei helfen könnte, die archäologischen Funde, die verschmutzten und zerbrochenen Objekte klarer zu sehen, besonders ihre Unterschiede und die ihnen eigene Andersartigkeit.

Wunder sind Teil des Ganzen. Verwunderung ist laut Malpas unsere natürliche Reaktion, wenn wir die Unmittelbarkeit der Existenz einer Sache, dieses plötzliche Dasein eines Dings, erfahren. Und sie ist die Anerkennung und Antwort auf dieses Erscheinen. Wunder können uns verwirren und zweifeln lassen; wir fragen uns, warum eine Sache gerade vor uns auftaucht, und wir versuchen, all das durch Antworten und Erklärungen aufzuklären. In diesem Moment der Begegnung machen wir aber auch die Erfahrung, sogar Sympathie für das Unerklärliche der Situation oder des Funds zu entwickeln (Malpas 2012, 253–58). Des Weiteren ist Malpas der Meinung, dass Wunder keinerlei Anstrengungen

---

7 »... begin in wonder, but in as much as the demand for explanation constitutes a demand for illumination and transparency, so it can also come to constitute a blindness to ... the prior belonging to the world that first drives the demand for explanation as such. Philosophy begins in wonder, but often ends in alienation – alienation from self, from others, and from ordinary things, as well as the extraordinary« (Malpas 2012, 265).

8 »the fundamental and everyday experience of human life, with the things that drive us, that affect us, that matter to us« (Malpas 2012, 265).

oder Entscheidungen zum Handeln benötigen und meist durch das Zusammenspiel von Bekanntem und Unbekanntem entstehen, zwischen dem, was bekannt
und erklärbar ist und dem, was außerhalb jeder Erklärung liegt. Jedes Kind weiß,
wie ein Regenbogen entsteht oder dass eine Sternschnuppe gar kein Stern ist.
Aber dieses Wissen tut ihrer wundersamen Faszination keinen Abbruch. Wunder
sind auch dann noch da, wenn sie wirklich erscheinen und können nicht davon
erklärt oder darauf reduziert werden, was wir bereits mit Sicherheit wissen (Malpas 2012, 256–60).

Sich mit dem Unerklärlichen zu beschäftigen heißt, Wunder zuzulassen, es
aber auch zu akzeptieren und zu schätzen, in Erstaunen versetzt zu werden. Das
heißt aber nicht, dass Erklärungen und Interpretationen verworfen oder vermie-
den werden sollten, sondern eher, dass eine Hierarchie infrage gestellt werden
sollte, die schon seit zu langer Zeit den Gegenstand an sich und dessen Oberfläche der Bedeutung und Tiefeninterpretation unterordnet. Auch die damit verbundene Tendenz, all das zu vernachlässigen, was im ersten Kontakt mit den Dingen
passiert und offengelegt wird, ist zu überdenken. Vielleicht können wir also etwas Gutes daraus ziehen, etwas aufmerksamer zu sein oder es sogar zu wagen,
den von uns als ›naiven Empirismus‹ abgestempelten Gedanken noch einmal
aufzugreifen. Das wäre ein Ansatz, der archäologisches Material als das nimmt,
was es ist, und nicht als eine Verzerrung von etwas ursprünglich Kohärentem
und Bedeutsamen, die Verlust, Versagen oder Fehler repräsentiert. Mit anderen
Worten: als etwas, das wir erst korrigieren und wiederherstellen müssen, um dem
ewigen Zwang nach Interpretation von Gesellschaft und Geschichte nachzukom-
men. Vielleicht ist es an der Zeit, dass unsere Aufzeichnungen bruchstückhaft
und unvollständig bleiben und wir die Dinge zumindest ansatzweise von der Last
einer Interpretation befreien, die sie gar nicht tragen können. Es ist an der Zeit,
Dinge trivial und banal sein zu lassen, sie einfach ›Ding‹ sein und ihre Andersartigkeit unsere Archäologie beeinflussen und Teil davon werden zu lassen (Olsen
2012).

Halldors Kipplaster

Fünf oder sechs Jahre nachdem der Kipplaster unerwartet geliefert und abgestellt
wurde, begann das norwegische Straßenbauamt aus unbekannten Gründen eine
Straße zwischen unserem Dorf und einer noch kleineren Siedlung im Westen zu
bauen. Einen Kipplaster in diese abgelegene Küstenregion zu bringen, wäre teuer
gewesen und so wollte man Halldors Laster leihen. Das Straßenbauunternehmen
bot an, den Laster zu reparieren, da er schließlich schon jahrelang der Witte-
rung ausgesetzt war und weder gestartet noch gefahren wurde. Es bot Halldor
auch eine großzügige Tagesmiete an. Die Geschichte hätte hier ein glückliches
und sinnvolles Ende nehmen können, der Kipplaster wäre wieder erfolgreich verflochten worden und Halldor wäre zu einem Visionär geworden, der in die Zu-

kunft investiert hatte. Aber natürlich – wie man erwarten kann – schlug Halldor das Angebot aus und ruinierte diese Vorstellung.

Einige Jahre später verstarb Halldor. Da er keine engen Verwandte hatte, die sich um seine Hütte und seine privaten Besitztümer hätten kümmern können, verfielen sie. Ein paar Sommer nach seinem Tod kam ich mit zwei Freunden auf dem Weg zum Angeln an der Hütte vorbei und wir Kinder konnten der Verlockung, die verfallene Hütte zu betreten und Halldors zurückgelassene Habseligkeiten zu durchstöbern, natürlich nicht widerstehen. Zwischen den Überresten seiner Sachen fanden wir Briefe auf Deutsch und Englisch, die er geschrieben und empfangen hatte. Sogar Kurzgeschichten, die er in bekannten nationalen Magazinen veröffentlicht hatte, waren darunter. Dies war eindeutig eine seiner versteckten Seiten, enthüllt posthum durch die Archäologie seiner zurückgelassenen Dinge. Weniger versteckt war hingegen die Tatsache, dass Halldor wohl mit der norwegischen nationalsozialistischen Partei sympathisiert und eventuell kollaboriert hatte, was sicherlich problematisch war in einer Gegend, die so sehr von der Gewalt und Zerstörung des Zweiten Weltkriegs betroffen war wie kein anderer Teil Skandinaviens.

Dennoch gab es dort erstaunlich wenige Feindseligkeiten nach dem Krieg. Die Menschen lebten einfach miteinander. Die zwei oder drei Kollaborateure wurden nicht vom Dorfleben und der Gemeinschaft ausgeschlossen. Ich habe Halldor als einen witzigen und willkommenen Gast im Haus meiner Eltern in Erinnerung und ich denke, so fühlte jeder. Genauso hielten die Dorfbewohner seine Idee mit dem Kipplaster nicht für besonders merkwürdig, vielleicht abgesehen von seiner sturen Absage dem Straßenbauunternehmen gegenüber. Die Dinge geschahen und zweifelsohne hatte er einige exzentrische und ruinöse Projekte, aber die Leute akzeptierten Halldor für das, was er war und den Kipplaster für das, was aus ihm wurde. Letzterer wurde auch nie als Verkörperung Halldors angesehen.

Vielleicht hatte Halldor ja eine soziale Agenda und indem er den Kipplaster in das Dorf brachte, wollte er vielleicht wirklich deutlich machen, dass er nicht nur der merkwürdige Einsiedler war, der in einer heruntergekommenen Hütte lebte. Er konnte es sich tatsächlich und im wahrsten Sinne des Wortes leisten, einen Laster zu kaufen und uns seinen Wohlstand und seine Unabhängigkeit dadurch demonstrieren, dass er ihn einfach ungenutzt am Straßenrand stehen ließ. Auch wenn unsere frühen archäologischen ›Forschungen‹ in seiner verfallenden Hütte irgendeinen Beweis, vielleicht einen Brief, zutage gebracht hätten, der gezeigt hätte, dass das tatsächlich seine Absicht und ein sorgfältig ausgeführter Plan war, so hätte diese Erklärung dennoch nicht das Wundersame verschwinden lassen. Und natürlich brachte unsere Suche nichts dergleichen hervor; nur Dinge, die neue Rätsel aufgaben, neues Staunen verursachten, aber auch neues Wissen mit sich brachten.

Verwunderung umfasst eine bestimmte Art von Aufregung und Überraschung, eine Fremdartigkeit durch Auftauchen und Begegnung. Jeff Malpas meint, dass dieses Auftauchen uns dazu verleitet, über etwas zu staunen und den

Wunsch schürt, etwas zu verstehen. Und auch wenn das eine Erklärung dafür liefern könnte, warum der Laster gebracht und einfach in unserem entlegenen, straßenlosen Dorf stehen gelassen wurde, sagt es doch nicht viel über die Quelle des Wunders, nämlich all das, was in diesem Ereignis selbst geschah und auftauchte.

Aber was ist dann mit einem Konzertflügel in der Mittelsteinzeit? Natürlich kann man über so ein erfundenes Ereignis nur spekulieren. Aber genauso wie Halldors Laster kein Straßensystem, keine Tankstelle, keine Fahrerlaubnis brauchte, um wichtig und unvergesslich für die Dorfbewohner zu werden, scheint es denkbar, dass – was auch immer mit dem Flügel in der Mittelsteinzeit passierte und unabhängig von seiner Entflechtung als Instrument – er Grund für Verwunderung und Erinnerungen gewesen wäre. Wie auch immer, was ich mit Sicherheit weiß, ist, dass Halldors Kipplaster auch in den Jahren seiner Entflechtung und Verfremdung ein besonderer Reiz für die zur Affektion und Verwunderung Neigenden war. Wenn im Frühjahr der Schnee schmolz, kam er wieder zum Vorschein und rief neue Verwunderung bei mir und den anderen Kindern, die seine primitive Ästhetik aufmerksam beobachteten, hervor.

Literatur

Buck-Morss 1992: S. Buck-Morss, Aesthetics and Anaesthetics: Walter Benjamin's Artwork Essay Reconsidered. October 62, 1992, 3–41.

Eagleton 1990: T. Eagleton, The Ideology of the Aesthetic. Oxford: Blackwell 1990.

Hodder 2012: I. Hodder, Entangled: An Archaeology of the Relationships between Humans and Things. Chichester, UK: Wiley-Blackwell 2012.

Jameson 2009: F. Jameson, Valences of the Dialectic. London: Verso 2009.

Malpas 2012: J. Malpas, Heidegger and the Thinking of Place: Explorations in the Topology of Being. Cambridge, MA: MIT Press 2012.

Olivier 2011: L. Olivier, The Dark Abyss of Time. Archaeology and Memory. Lanham: AltaMira Press 2011.

Olsen 2010: B. Olsen, In Defense of Things: Archaeology and the Ontology of Objects. Lanham: AltaMira Press 2010.

Olsen 2012: Ders., After Interpretation: Remembering Archaeology. Current Swedish Archaeology 20, 2012, 11–34.

Pétursdóttir 2014: Þ. Pétursdóttir, Things Out-of-Hand: The Aesthetics of Abandonment. In: B. Olsen/Þ. Pétursdóttir (Hrsg.), Ruin Memories: Materiality, Aesthetics and the Archaeology of the Recent Past. London: Routledge 2014, 335–64.

Renfrew 2003: C. Renfrew, Figuring It Out: What Are We? Where do we come from? The Parallel Visions of Artists and Archaeologists. London: Thames and Hudson 2003.

Sontag 1966: S. Sontag, Against interpretation. In: S. Sontag, Against Interpretation and Other Essays. London: Penguin 1966, 3–14.

Jennifer M. Bagley

Werkzeug, Prestigemarker, Kultobjekt und Ausstellungsstück – neolithische Steinbeile und -äxte im Wandel der Zeit

Zusammenfassung: Im europäischen Neolithikum wurden unzählige Beile und -äxte aus geschliffenem Stein gefertigt. Durch das verwendete Material blieben sie im Boden erhalten und wurden über Jahrtausende und auch heute noch zufällig oder im Rahmen bewusster Suche gefunden. Schon bald nach der Aufgabe ihrer ursprünglichen Nutzung als Werkzeug, Waffe und seltener Mittel der Kommunikation im religiösen und sozialen Diskurs wurden die betreffenden Stücke neuen Umgangsformen und Bedeutungen zugeführt. Von der römischen Antike bis in die Neuzeit hinein lässt sich dabei besonders häufig eine Bindung an Vorstellungen im Zusammenhang mit Blitz und Donner sowie Feuer beobachten. Der vorliegende Beitrag versucht mit Hilfe der Ansätze zur *affordance*, wie sie in der Design-Theorie durch D. Norman diskutiert werden, zu erörtern, welche Rolle Form und Materialität der Beile und Äxte für die Zuführung neuer Bedeutungen spielten. Dabei zeigt sich, dass es sich hier um eine Beziehung zwischen Mensch und Objekt handelt, die sich im Spannungsfeld zwischen materiellen Angeboten des Objektes einerseits und physischen und gesellschaftlichen Möglichkeiten des Menschen andererseits entspinnt. Form und Materialität fordern zu Assoziationen und Vergleichen auf, womit die Stücke in das jeweilige Weltbild, angepasst an Wissen und religiös-mythologische Vorstellungen, eingeordnet werden. Während individuelle Züge einer solchen Interpretation möglich, zumeist aber schwer zu fassen sind, zeigt sich über lange Strecken eine recht uniforme Interpretation der Steinbeile und -äxte, die im Detail den aktuellen Gegebenheiten angepasst werden.

Abstract: During the European Neolithic, numerous celts and axes were crafted from sharpened stones. Due to the used material, they survived in the soil and therefore could be found over the centuries and still can be found today, either by chance or as part of deliberate findings. Soon after ceasing to be used as tool, weapon or rare means of communication in a religious or social context, the items in question were associated to other manners or meanings. From the time of Ancient Rome well into modern times, a linking to ideas related to lightning and thunder as well as fire can be observed frequently. By means of approaches on *affordance*, as argued in the design theory by D. Norman, this article tries to discuss the role of the celts and axes' form and materiality in associating them with new meanings. It becomes apparent that it focuses on a relation between human and thing which originates between the conflicting priorities of the thing's material propositions on the one hand and the human's physical and social possibilities on the other hand. Form and materiality ask for associations and comparisons, leading to the items' integration into the respective worldview which is adapted to knowledge and religious-mythological ideas. While individual characteristics of such an interpretation can be understood – though it proves difficult most of the time – a quite uniform interpretation of the stone celts and axes, whose details have been being adjusted to the relevant circumstances, have become apparent over a long period of time.

SCHLÜSSELBEGRIFFE/KEYWORDS: Steinbeile, Steinäxte, Affordanz, Mensch-Objekt-Beziehung/Stone celts, stone axes, affordance, human-thing-relation

Immer wieder finden sich in archäologischen Befunden Objekte, die über weite geografische oder zeitliche Räume gereist sind, bevor sie im vorliegenden Zusammenhang in die Erde gerieten. Dabei stellt sich stets die Frage, wie die betreffenden Dinge von den rezipierenden Gesellschaften genutzt und interpretiert wurden. Waren Informationen über die Nutzung in den Ursprungsgesellschaften bekannt, so entwickelten sich neue Umgangsweisen im Spannungsfeld zwischen Akkulturation und kultureller Aneignung (Hahn 2005, 99–107). Während bei der Akkulturation Bräuche und Vorstellungen der produzierenden Kulturen übernommen werden und so die eigenen Konventionen eine Veränderung durchlaufen, handelt es sich bei der kulturellen Aneignung eines Objektes um dessen Einordnung in bereits bestehende Vorstellungen, wobei die Nutzung und Bedeutung desselben teilweise oder völlig verändert werden kann. Welche Rolle aber spielt das Objekt selbst in diesem Aushandlungsprozess? Ist es ein reiner ›leerer Behälter‹, der mit neuen Informationen gefüllt wird oder gibt es durch seine Form und Materialität eigene Anstöße und beeinflusst damit die rezipierenden Gesellschaften in ihren kulturellen Ausdrücken? Werden Objekte also ausschließlich durch den Menschen zur Erlangung seiner Ziele eingesetzt oder verfügen sie über eine mehr oder weniger aktive Rolle im Sinne einer ›material agency‹ (Knappett/Malafouris 2010.), etwa wenn eine Zahnbürste durch Farbveränderungen der Borsten zum Kauf einer neuen Bürste auffordert (Garrow/Shove 2007, 123)? Um sich diesen Fragen zu nähern, lohnt ein Blick auf die Diskussion zur *affordance* bzw. Affordanz im Rahmen der Design-Theorie. Der Begriff *affordance* wurde durch J. J. Gibson (1979) im Zusammenhang menschlicher Wahrnehmung geprägt und durch D. Norman (2013) mit leichten Modifikationen in die Design-Theorie eingeführt. Letzterer versteht darunter eine Beziehung zwischen Mensch und Objekt, aus der sich Möglichkeiten der Nutzung ergeben. Während das Objekt durch Form und Material bestimmte Handlungen ermöglicht, liegt es beim Menschen, durch seine physischen Fähigkeiten ebenso wie durch sein Wissen diese in die Tat umzusetzen (Norman 2013, 11). So bietet sich z. B. ein Stuhl dafür an, darauf zu sitzen, er kann aber auch im Raum bewegt werden, etwa um sich an einer andern Stelle zu setzen. Diese Angebote des Stuhls lassen sich aber nur in Beziehung mit dem Menschen umsetzen. Ist der Stuhl für ein bestimmtes Individuum zu schwer, so ergibt sich diese *affordance* nicht (ebd.). Die Beziehung zwischen Mensch und Objekt ist dabei immer vor dem Hintergrund kultureller Konventionen und Erfahrungen zu sehen und funktioniert damit durch Vergleich und Assoziation. Letztere aber kann unterschiedliche individuelle Aspekte beinhalten und damit schwer greifbare, auf den Einzelfall bezogene Nutzungen erzeugen. Dies gilt vor allem dann, wenn (noch) keine kulturellen Konventionen für den Umgang mit einer Objektkategorie bestehen. *Affordance* ergibt sich damit in jeder Mensch-Objekt-Beziehung neu und personalisiert, wobei Wissen und Konventionen in der Regel zu einem gleichförmigen Umgang führen, der durch individuelle Aspekte ergänzt werden kann. Die vorliegende Studie will versuchen, am Beispiel der neolithischen Steinbeile und deren Nutzung im Laufe mehrerer Jahrtausende zu erörtern, welche Rolle deren Form und Material für ihre Interpretation spielten. Dazu wird zunächst ein kurzer Blick auf die Verwendung der Beile in ihrem ursprünglichen Zusammenhang im europäischen Neolithikum geworfen. Diesem folgen Nutzungsbeispiele der europäischen Vorgeschichte, wobei die Interpretation der betreffenden Stücke sich aufgrund der Quellenlage als äußerst schwierig erweist. Beginnend mit der klassischen Antike kann neben dem archäologischen Befund auch ein Blick auf schriftliche Quellen geworfen werden, die das Spektrum der Aussagemöglichkeiten in diesem Zusammenhang erheblich erweitern. Trotzdem bleiben für den Einzelfall immer auch Fragen offen. Zum Abschluss wird ein kurzer Blick auf den heutigen Aufenthaltsort der Steinbeile geworfen: das Museum. So entsteht ein Einblick in die Möglichkeiten des Umgangs mit Steinbeilen, wobei die genannten Objekte und Befunde nur exemplarischen Charakter haben können und einen Beitrag zur Beschäftigung mit dem Themenkomplex Mensch-Objekt-Beziehungen und der Rolle der Dinge in einer Gesellschaft liefern sollen.[1]

Geschliffene Steinbeile und -äxte wurden in Europa während des gesamten Neolithikums produziert.[2] In dieser langen Zeitspanne und dem großen geografischen Raum ergab sich ein erheblicher Variantenreichtum sowohl in Bezug auf das verwendete Material als auch in Bezug auf die ausgeführten Formen. Um sich der (Um-)Nutzung der Beile in den europäischen Metallzeiten bis in die Neuzeit zu nähern, müssen diese Unterschiede auf der einen Seite vernachlässigt, für den Einzelfall aber immer wieder im Detail betrachtet werden. Unter den hier genannten Fundstücken befinden sich sowohl keilförmige Exemplare ohne Durchbohrung (die in der Folge als Beile bezeichnet werden) als auch solche mit Schaftloch (Äxte). Während die Technik der Schäftung der ungelochten Beile bereits im Laufe der europäischen Metallzeiten an Bedeutung verlor und vergessen wurde (Klimscha/Nowak 2009, 39 f.), ähneln viele gelochte Beispiele Werkzeugen, wie sie bis heute im Einsatz sind.

Die Mehrheit der neolithischen Steinbeile wurde als multifunktionales Werkzeug eingesetzt, vor allem in der Verarbeitung von Holz. Die Schäftung erfolgte dabei je nach Form des Beiles oder der Axt auf unterschiedliche Arten. Neben dieser vorrangigen Nutzung deuten einige Funde und Befunde auf eine Verwen-

---

1   Es handelt sich hier um eine überarbeitete Variante des Beitrags Bagley 2014; zudem hat sich hier der Fokus der Fragestellung verschoben. Für eine Zusammenfassung des theoretischen Hintergrundes zu Mensch-Objekt-Beziehungen unter besonderer Berücksichtigung B. Latours siehe ebd.
2   Einführend zu Steingeräten des Neolithikums siehe Floss 2013.

dung als Waffe sowie auf eine Bedeutung in sozialen und religiösen Kontexten hin, als potenzieller Prestigemarker, als Statussymbol und Kultobjekt: So konnten etwa bei einigen Skeletten der Gräber aus Eulau, Burgenlandkreis, stumpfe Verletzungen nachgewiesen werden, die womöglich auf den Einsatz von Steinbeilen zurückzuführen sind (Meyer u. a. 2009). An eine symbolische Nutzung ist dagegen im Falle eines Exemplars aus Cham ›Eslen‹ zu denken, das im Zugersee gefunden wurde und durch die hervorragenden Erhaltungsbedingungen unter Wasser mitsamt dem hölzernen Schaft geborgen werden konnte (Jungsteinzeit im Umbruch 2010, 370 f. Katnr. 306). Letzterer war mit Birkenrinde umwickelt, in die wiederum kleine Rauten geschnitzt worden waren, die mit Birkenpech gefüllt wurden. So ergibt sich ein feines schwarz-weißes Rautenmuster. Neben der Verzierung der Schäftung ist auch deren Länge von rund 1,2m und deren im Vergleich geringer Durchmesser bemerkenswert. So ist eine Nutzung als Werkzeug quasi auszuschließen. Demgegenüber führten die Betonung der Sichtbarkeit und die außergewöhnliche Schäftung des Stückes, die wahrscheinlich zu einer erhöhten Distinktivität beitrug, zu einer idealen Grundvoraussetzung, um das Beil im gesellschaftlichen Diskurs um Prestige und Status einzusetzen.[3] Das für einen solchen Einsatz unmittelbar bedeutende, positive Interesse des Gegenübers lässt sich am vorliegenden Beispiel durch seine Einmaligkeit und die Schwierigkeiten der weiteren Kontextualisierung des Objektes nicht weiter diskutieren. Es deutet sich hier also eine soziale und/oder religiöse Bedeutung an. Während im vorgestellten Fall die Schäftung der steinernen Axt eine besondere Funktion nahelegt, fallen andere Exemplare durch ihre Größe oder das verwendete Material sowie durch Besonderheiten der Form auf. So wurden etwa Miniaturäxte aus unterschiedlichen Materialien, z. B. auch Bernstein, hergestellt und wahrscheinlich direkt am Körper getragen (Klimscha/Nowak 2009, 35). Eine weitere in diesem Zusammenhang interessante Gruppe bilden die Jadeitbeile, die vor allem in West- und Mitteleuropa auftreten (Klassen/Pétrequin/Cassen 2011). Das Material stammt aus der Region des Monte Viso in den italienischen Alpen und wurde über hunderte Kilometer bis nach Skandinavien transportiert. Es zeichnet sich durch seine Färbung in unterschiedlichen Schattierungen von Grün aus. Die daraus gefertigten Beile fallen außerhalb der Region um den Monte Viso durch ihre zum Teil außergewöhnliche Größe und die aufwendige Verarbeitung auf. Zumeist wurden sie hoch poliert, in einigen Fällen sind die Stücke zudem sehr dünn geschliffen. In der Regel lassen sich keine Nutzungsspuren nachweisen, dagegen konnte, soweit die Stücke in situ beobachtet wurden, immer wieder eine bewusste und geordnete Niederlegung im Boden nachvollzogen werden.[4]

Insgesamt ist also für die große Mehrheit der neolithischen Steinbeile eine primäre Nutzung als multifunktionale Werkzeuge, womöglich auch als Waffen, anzunehmen. In Abhängigkeit von Form, Material, Farbe, Herkunft oder Schäf-

---

3   Zu Prestige und Status siehe Bagley/Schumann 2013.
4   Siehe dazu z. B. Rech 1979, 20.

tung ist darüber hinaus von sozialen und religiösen Bedeutungen der entsprechenden Stücke auszugehen.

Es ist nicht klar, wie lange die ursprüngliche Bedeutung und Nutzung neolithischer Steinbeile in den folgenden Gesellschaften bekannt geblieben ist oder ab wann sie als etwas ›Altes‹ betrachtet wurden. Aber im Laufe der europäischen Bronzezeit wurden die Steinbeile zunehmend durch metallene Exemplare verdrängt und in ihrer Verwendung als Werkzeuge aufgegeben (Klimscha/Nowak 2009, 39 f.).

Und bereits für die europäischen Metallzeiten lässt sich eine sekundäre Nutzung der betreffenden Objekte in unterschiedlichen Zusammenhängen nachweisen. Bei den folgenden Beispielen handelt es sich um eine kleine Auswahl auffallender und bedeutender Funde, die durch ihren Befundzusammenhang Fragen nach dem Umgang mit den Dingen aufwerfen.

So findet sich z. B. im frühbronzezeitlichen ›Fürstengrab‹ aus Leubingen in Thüringen (dendrochronologische Datierung 1942±10 v. Chr.) neben unterschiedlichen Objekten aus Kupfer und Gold auch eine große steinerne Axt, deren Bedeutung in der Forschung diskutiert wird (Kienlin 2008, 195 mit weiterer Literatur). Sie ist eindeutig älter als die anderen im Grab niedergelegten Beigaben und bringt damit womöglich eine Legitimierung durch Tradition zum Ausdruck (ebd.). Neben ›modernen‹, symbolträchtigen Objekten wie dem goldenen Armring und den bronzenen Waffen könnte es sich bei dem Steinbeil um ein Objekt handeln, das in die Vergangenheit verweist und den Besitzer und dessen Mitmenschen in eine lange Reihe der Überlieferung stellt. Wie das Stück zu Lebzeiten des Leubinger Fürsten zum Einsatz kam, ist aus dem Befund allerdings nicht zu erschließen.

Hinweise auf die wenn auch sicher anders geartete Nutzung eines neolithischen Beiles in späteren Zusammenhängen ergeben sich aus dem eisenzeitlichen Schatzfund von Witaskowo (ehem. Vettersfelde) in Polen (5. Jh. v. Chr.) (Nawroth 2007). Womöglich handelt es sich hier um die Ausstattung eines Kriegers, was vor allem durch die Präsenz eines Akinakes (skythisches Kurzschwert) bekräftigt wird. Ein goldener, figürlich verzierter Fisch könnte als Verzierung eines Goryt, eines skythischen Köchers, vielleicht auch eines Schildes gedient haben. Von Bedeutung für den hiesigen Zusammenhang ist ein kleines, poliertes, neolithisches Steinbeil, das in Gold gefasst wurde, um es als Anhänger, womöglich direkt am Körper, zu tragen. Ein zweites, größeres Stück vom selben Fundort ging kurz nach der Auffindung im Jahr 1882 verloren (ebd.).

Solche Funde und Befunde sind in ihrer Nutzung und Bedeutung für die damaligen Gesellschaften schwer zu interpretieren. Dies liegt zum einen an der Seltenheit der Funde, die eine Rekonstruktion einer regelhaften Nutzung nicht zulässt, zum anderen an den Schwierigkeiten der Kontextualisierung der meisten entsprechenden Funde. Für Altgrabungen ist darüber hinaus oft nicht zu entscheiden, ob ein neolithisches Steinbeil in jüngeren Fundkontexten als Teil ebendieses Befundes gewertet werden muss oder ob eine spätere Vermischung unterschiedlich alter archäologischer Hinterlassenschaften vorliegt. Hier wären weitere Untersuchungen und eine Zusammenstellung möglicher, betreffender Befunde von großem Nutzen. Trotzdem zeigen bereits die beiden genannten Beispiele an, dass die Steinbeile, wahrscheinlich mit unterschiedlichen Bedeutungen, in einen neuen, zeittypischen Kontext eingeordnet und damit einem aktuellen Weltbild inkorporiert wurden. Welche Rolle Form und Material der Beile dabei spielten, lässt sich hier allerdings schwer erschließen.

Für die klassische Antike erweitert sich das Quellenspektrum um schriftliche Überlieferungen, die einen tieferen Einblick in Nutzung und Bedeutung neolithischer Steinbeile ermöglichen. Darüber hinaus deuten sich nun erste Regelmäßigkeiten der Nutzung der Beile im archäologischen Befund an: Sie finden sich zwar in unterschiedlichen Zusammenhängen, wie etwa Siedlungen, Kastellen und Tempeln (Helfert/Ramminger 2010, 229), doch lassen sich immer wieder ähnliche Beobachtungen machen. So stammen etwa aus mindestens 24 gallo-römischen Umgangstempeln entsprechende Beile, die zum Teil absichtlich zerbrochen wurden (Carelli 1997, 399; Horne/King 1980; Klimscha/Nowak 2009, 36). Stammen die Stücke aus Siedlungen, so lassen sie sich besonders häufig im Umfeld von Einrichtungen finden, die mit Feuer in Verbindung stehen, so etwa mit Brennöfen zur Keramikproduktion oder Rennöfen zur Verarbeitung von Eisenerzen (Helfert/Ramminger 2010, 229–34). Betrachtet man Steinbeile und -äxte aus antiken Befunden direkt, so fällt auf, dass einige Stücke nicht nur gefasst wurden, sondern dass die Form der Objekte selbst gelegentlich den aktuellen Bedürfnissen angepasst wurde. So dienten einige Exemplare als Träger magischer Inschriften, wobei Träger und Inschrift sich in ihrer magischen Kraft womöglich potenzieren sollten (Quast 2011). Genannt sei hier etwa ein Exemplar aus der Sammlung Christian August von Waldecks, das er wahrscheinlich auf seinen Reisen nach Italien im 18. Jh. erstand und das jüngst durch E. Quast vorgelegt wurde. Die Inschrift verbindet eine Anrufung unterschiedlicher Gottheiten, eine Bitte um Schutz und einen Liebeszauber (ebd., 251). Immer wieder deuten diese Funde selbst, etwa durch ihre physische Veränderung als Träger von magischen Inschriften o. Ä. oder ihren Fundkontext, etwa in Form der Niederlegung in Tempeln, auf eine Nutzung der Beile in kultisch-religiösem Zusammenhang hin.

Schriftliche Quellen nennen mehrere Bezeichnungen für die betreffenden Objekte: *cerauniae*, *fulmen* und *brontea* können in unterschiedlichen Zusammenhängen auf neolithische Steinbeile verweisen. Plinius der Ältere nutzte im 1. Jh. v. Chr. in seiner *Naturalis Historia* die Bezeichnung *ceraunia*, die vom griechischen *keraunos* abgeleitet ist, um eine Gruppe von Objekten zu beschreiben, von denen einige einem Beil ähnlich sähen und die magische Kräfte besessen haben sollen. Eine spezielle Untergruppe dieser Stücke soll regelmäßig an Orten gefunden worden sein, in die der Blitz eingeschlagen habe (ebd., 230). Bei der *Naturalis Historia* handelt es sich um eine der frühesten schriftlichen Quellen, die einen Bezug zwischen den Steinbeilen und dem Blitz herstellen – eine Verbindung, die für die späteren Jahrhunderte von großer Bedeutung sein wird. Die Begriffe *ceraunia* und *brontea* beziehen sich auf ein Attribut des Zeus bzw. Jupiter – eine magische Waffe, die ihm von den Zyklopen übergeben worden war und die zusammen mit Blitz und Donner als Attribut des Gottes diente (ebd. 234). Interessant für den hiesigen Zusammenhang ist, dass Plinius die Ähnlichkeit einiger Stücke zu Beilen erwähnt, die betreffenden Objekte also vor dem Hintergrund der materiellen Kultur seiner eigenen Gesellschaft vergleicht und beschreibt. Und auch die Verbindung zur Waffe des Zeus bzw. Jupiter ist wohl vor diesem Hintergrund zu sehen. Die Assoziation der Beile mit Waffen oder Werkzeugen einerseits und ihre Fremdheit als Umsetzungen in Stein andererseits, die auch noch im Boden gefunden wurden, könnte eine Einordnung in den mythisch-religiösen Bereich erklären.

Im Gegensatz dazu wird die Bezeichnung *fulmen* häufig in stoischem Zusammenhang gebraucht. Die damit umschriebenen Objekte sollen auf natürliche Weise in der Hitze gebildet worden sein, die beim Aufeinanderprallen von Wolken entsteht (ebd., 232 f.). Damit sind für die römische Antike zwei unterschiedliche Meinungen zu Herkunft und Entstehung neolithischer Steinbeile überliefert: Zum einen werden sie in das Umfeld von Zeus und Jupiter gestellt, werden hier mit Blitz und Donner in Verbindung gebracht und sollen über magische Kräfte verfügen, zum anderen existiert eine naturwissenschaftlich geprägte Sichtweise auf diese Steine, die mit meteorologischen Verhältnissen erklärt wird. In diesem Zusammenhang ist von besonderer Bedeutung, dass in den überlieferten Quellen eine Produktion der Steinbeile durch Menschen nicht diskutiert wird. Spätestens jetzt sind sie aus der Sphäre der menschengemachten Dinge in eine religiös-mythologisch geprägte Sphäre bzw. in einen naturwissenschaftlich-philosophisch geprägten Zusammenhang übergegangen.

Die religiös-mythologischen Aspekte der Steinbeile deuten sich sowohl im archäologischen Befund als auch in den schriftlichen Quellen an, besonders der Bezug auf Blitz und Donner bzw. das Feuer zeigt sich in beiden Überlieferungsformen. Das regelmäßige Auftreten der Beile in militärischem Zusammenhang, etwa in römischen Kastellen, ließe sich zudem mit einer Bezugnahme auf die Waffen des Zeus erklären (Helfert/Ramminger 2010, 234).

Die größte uns bekannte Gruppe der sekundär genutzten Steinbeile stammt aus dem Mittelalter und der Neuzeit. Auch hier lassen sich neben den überlieferten Objekten schriftliche Quellen zur weiteren Untersuchung heranziehen. Die meisten Stücke stammen nun aus unterschiedlichen Gebäuden (Reitinger 1976, 511), wobei sie im Dachgebälk von Scheunen, Wohnhäusern, Burgen und sogar Kirchen verwahrt wurden.[5] Sie konnten zwar in der Regel nicht in situ dokumentiert werden, oft existieren aber genaue Beschreibungen des Fundortes durch den Finder.

Auch aus Mittelalter und Neuzeit sind darüber hinaus Exemplare überliefert, deren Form und Oberfläche bewusst verändert, oder die für unterschiedliche Verwendungszwecke gefasst oder wieder geschäftet wurden. So wird z. B. berichtet, dass ein in Gold gefasstes Steinbeil im 11. Jh. König Heinrich IV. als Geschenk

---

5   So z. B. in der Dreifaltigkeitskirche in Alsfeld oder dem Dom zu Halberstädt (Klimscha/Nowak 2009, 37).

übergeben wurde (Eggers 1974, 25), und im Museum Cathrijneconvent in Utrecht wird der sogenannte ›Hammer des Martin von Tours‹ aufbewahrt (Quast 2011, 257). Dabei handelt es sich um ein schwarzes Steinbeil, dem zwischen 1200 und 1399 eine silberne Schäftung hinzugefügt wurde.[6] Der Überlieferung zufolge diente es Martin von Tours dazu, heidnische Idole zu zerstören. Interessanterweise wurde das Steinbeil hier in seine ursprüngliche Nutzung als Werkzeug zurückgeführt, eine Assoziation, die sich wohl aus der Form der Klinge ergab.

Der Auffindungsort vieler Beile in Gebäuden ergibt sich nun aus der mit den Steinen verbundenen Vorstellung, dass es sich um magische Objekte handelt, die Haus und Anwesen vor Blitzschlag und Feuer schützen können, was durch schriftliche Quellen ebenso wie mündliche Überlieferungen bekräftigt wird, denn noch bis an den Beginn des 20. Jhs. waren solche Vorstellungen in ländlichen Regionen verbreitet.

Die Steine sollten nach mittelalterlich-neuzeitlichen Vorstellungen während eines Gewittersturmes in den Wolken entstehen und in der Folge vom Himmel fallen, oder sich durch die Energie des Blitzes an der Stelle bilden, an der dieser eingeschlagen hat. Da man annahm, dass ein Blitz niemals zweimal an derselben Stelle einschlägt, waren die mit einem Steinbeil geschützten Gebäude für die Zukunft gesichert (Demuth 2002, 112). Wichtige Quellen für die Bedeutung der Beile und Äxte in Spätantike und Mittelalter bilden Isidor von Sevilla (um 560–636) (Klimscha/Nowak 2009, 32) und Marbod von Rennes (1035–1125) (Helfert/Ramminger 2010, 235), die sich in ihren Ausführungen auf Plinius den Älteren beziehen. Die Verbindung zwischen Steinbeilen und Blitz sowie Feuer lässt sich also in ihrer schriftlichen Tradition bis in die römische Antike zurückverfolgen. Sie spiegelt sich auch in den überlieferten Bezeichnungen in weiten Teilen der alten Welt. So werden neolithische Steinbeile im mittelalterlichen/neuzeitlichen Deutschland *Donnerkeile* genannt, in England *thunderstones*, in Frankreich *pierre de tonnerre*, in den Niederlanden *donderbeitel* oder in Norwegen *torestein* (Reitinger 1976, 520 f.). In Skandinavien wurden die Steine über lange Zeit mit dem Thorshammer in Verbindung gebracht. Hier ist neben einer Verknüpfung mit Blitz und Donner auch der Aspekt der Fruchtbarkeit von Bedeutung, denn Thor war auch als Beschützer der Vegetation und der Menschen tätig (Demuth 2002, 112 f.). Dieser Aspekt ist besonders für eine ländliche Bevölkerung relevant, und auch in kontinentalen Quellen des Mittelalters und der frühen Neuzeit lassen sich Hinweise darauf finden, dass Donnerkeile mit Gesundheit, Fruchtbarkeit und Geburt assoziiert wurden. So sollten sie in Futtertrögen oder durch direkte Berührung zu mehr Nachwuchs beim Vieh führen. Womöglich in direktem Zusammenhang mit diesen Vorstellungen steht eine Überlieferung, die den Steinbeilen Heilkräfte zuspricht. Es existieren mehrere schriftliche Rezepte zur Zubereitung einer Medizin, die vor allem bei Erkrankungen der Innereien zum Einsatz kam

---

6   Für weitere Informationen und Abbildungen siehe http://adlib.catharijneconvent.nl, suchen nach OKM m00038.

(Reitinger 1976, 531–34; Klimscha/Nowak 2009, 33). Immer wurde dabei eine geringe Menge des Steines abgerieben und als Pulver einer Flüssigkeit zugefügt, die getrunken werden musste.

Alle diese Beispiele zeigen, dass große Teile der europäischen und skandinavischen Bevölkerung in Mittelalter und Neuzeit an vielfältige magische Kräfte der Donnerkeile glaubten. Sie waren daher von großem Wert für ihre Besitzer. Einige neuzeitliche Listen, die beim Verkauf von Besitzungen angelegt wurden, beinhalten das Steinbeil neben den vorhandenen Gebäuden, dem Vieh und der Einrichtung. Andere Quellen berichten, das selbst noch im 20. Jh. die Eigentümer der Steinbeile diese für einen hohen Geldbetrag nicht verkaufen wollten (Reitinger 1976, 535). Dagegen konnten sie in Einzelfällen in mehrere Teile gebrochen werden, etwa wenn eine Tochter in eine Familie ohne eigenes Steinbeil verheiratet wurde. So konnte der Schutz auf beide Familien ausgeweitet werden (ebd.). Zu besonderen Gelegenheiten wurde der Donnerkeil auch verliehen, um etwa bei der Geburt eines Kindes Schutz und Hilfe zu gewähren (ebd.).

Auf der anderen Seite waren seit dem 16. Jh. auch immer wieder kritische Stimmen in Bezug auf die Herkunft der Donnerkeile zu vernehmen, die in den folgenden Jahrhunderten immer weiter an Bedeutung gewannen. So schreibt Ole Worm im Jahr 1655 und fasst damit die wissenschaftliche Diskussion seiner Zeit zusammen:

>»Cerauniae, so ihren Namen davon haben, daß man annimmt, sie fallen mit dem Blitze aus den Wolken herab. Sie sind von verschiedener Form, oft kegelförmig oder wie ein Hammer, oder wie ein Beil mit einem Loch in der Mitte. Es gibt verschiedene Meinungen über ihren Ursprung, in dem einige, da sie Geräten aus Eisen gleichen, annehmen, sie seien nicht Donnersteine, sondern wirkliche, versteinerte Eisengeräte. Diese Meinung aber wird widerlegt durch Beobachtungen vertrauenswürdiger Leute, welche diese Steine gerade an den Orten gefunden haben, wo der Blitz in ein Haus, einen Baum oder ähnliches eingeschlagen hat. Darum sagt man, daß sie sich bilden, aus der Vermischung der Blitzdämpfe, mit metallischen Stoffen und der dichten Feuchtigkeit in den dicken Wolken, wozu sich der Einfluß der Wärme von Sonne, Sternen und dem flammenden Blitz gesellt. Auch diese Anschauung hat zwar ihre Schwierigkeiten wegen der verschiedenen Formen der Durchbohrungen; doch hat sie große Wahrscheinlichkeit für sich. Andere nehmen an, daß der Sturm die Steine, die sich in der Erde bilden, hoch in den Himmel hebt und daß sie dann wieder mit dem Blitz herabfallen; aber auch diese Auffassung enthält gewisse Bedenklichkeiten«.[7]

Der Zweifel an der natürlichen Entstehung der Beile im Zuge eines Gewittersturmes ergibt sich hier also durch die Ähnlichkeit der Objekte zu Hämmern oder Beilen. Die Form von Äxten hat sich im Laufe der Jahrtausende kaum verändert und konnte so immer wieder mit zeitgleichen Exemplaren verglichen werden.

---

7 O. Worm, Museum Wormianum, 1655. Zitiert nach Reitinger 1976, 523.

Dies gilt besonders für gelochte Exemplare, die im Sinne D. Normans die Möglichkeit der Schäftung durch das Loch noch einmal hervorheben, wobei Letzteres sowohl Teil der *affordance* auf Seiten des Objektes bildet als auch einen *signifier*, also einen zusätzlichen Hinweis auf die Stelle und Art der Schäftung. Ein Problem ergibt sich dagegen aus dem Material der Objekte, dem Stein – denn dieses wird im 17. Jh. n. Chr. für entsprechende Werkzeuge schon seit vielen Jahrtausenden nicht mehr eingesetzt. Die Überlegung, es könnte sich um Versteinerungen handeln, ergibt einen interessanten Blick in wissenschaftliche Erkenntnisse und Diskussionen der Zeit. Die magischen Vorstellungen, die für weite Teile der Bevölkerung von so großer Bedeutung sind, spielen in diesem Überblick und für Ole Worm keine Rolle. Vielmehr handelt es sich um eine Zusammenstellung unterschiedlicher wissenschaftlicher Meinungen, die auf dem Wissen der Zeit fußen.

Der Glaube an die magische Kraft der Donnerkeile ließ in den folgenden Jahrshunderten immer weiter nach, während sie vermehrt in wissenschaftliche Diskussionen einbezogen und zu einem Thema der Archäologie wurden. Trotzdem war vor allem in ländlichen Regionen das Steinbeil bis zum Beginn des 20. Jhs. ein geschätztes und in Ehren gehaltenes Objekt, von dem berichtet wurde, es habe magische Kräfte.

Heute finden sich die betreffenden Steinbeile und -äxte zumeist im Museum und werden dort fast immer in ihrem primären, also neolithischen Zusammenhang präsentiert. Fragen der Objektbiografie[8] und der sekundären Nutzung der Steinbeile, wie sie hier beschrieben wurden, spielen in aktuellen Ausstellungen kaum eine Rolle. Für einen außergewöhnlichen Weg hat sich das Landesmuseum für Vorgeschichte in Halle an der Saale entschieden: Hier wurden Tausende von Steinbeilen schräg angeordnet an einer Wand des Ausstellungsraumes zum Neolithikum angebracht.[9] So entsteht eine ästhetisch ansprechende Installation, wobei die Steinbeile von Alltagsobjekten zu einem Zeichen im semiotischen Sinne werden. Laut Pressemitteilung des Museums stellt das Neolithikum »mit dem Übergang vom Wildbeutertum zu Pflanzenanbau und Viehzucht den bedeutendsten Einschnitt in der Kulturgeschichte der Menschheit dar.« Und dann weiter direkt zu den Steinbeilen: »Man holzte das Land großflächig ab, baute die ersten festen Siedlungen und vollzog so den entscheidenden Bruch in der Beziehung zwischen Mensch und Natur. In einer eine ganze Saalwand füllenden Inszenierung symbolisiert die sog. Steinbeilwand diesen massiven Eingriff in die Umwelt. 3700 Originalsteinbeile ›regnen‹ auf einen Baumstamm herab, der immer weiter bearbeitet und zugerichtet wird«.

---

8   Zum Konzept der Objektbiografie siehe grundlegend Kopytoff 1986.
9   Für ein Foto siehe http://www.lda-lsa.de/de/landesmuseum_fuer_vorgeschichte/dauer ausstellung/fotogalerie/ (Stand Mai 2014).

Auch hier wird mit Assoziationen gearbeitet. Zum einen verweist die große Menge der verwendeten Beile auf den genannten massiven Eingriff des Menschen, zum anderen verweist der Begriff des ›Regnens‹ auf eine Assoziation, die sich womöglich auf die Form der Steinbeile und ihre Ähnlichkeit zu Tropfen bezieht. Eine vergleichbare Umsetzung findet sich im Übrigen bereits im 15. Jh. im *Ortus Sanitatis*, das in einer Abbildung die Zeichnung einer Landschaft im Sturm zeigt, bei dem Steinbeile wie Regen vom Himmel fallen (Abgebildet bei Mennung 1925, Abb. 2). Ihre Form ist dabei tatsächlich zum Tropfen stilisiert. Die *affordance* zwischen Steinbeilen und Ausstellungskonzeptoren in Halle hat hier also in der Umsetzung als Installation zu einer neuen Funktion der Steinbeile als Zeichen für die kulturellen Umwälzungen des Neolithikums geführt.

Dieser kurze Überblick kann nur einen kleinen Einblick in Umgang und Bedeutungen der neolithischen Steinbeile durch die Jahrtausende geben, neben den genannten Beispielen ließen sich zahlreiche weitere anbringen, die die Bandbreite, aber auch die Gleichförmigkeit der möglichen Nutzungen im Laufe der Zeit weiter verdeutlichen.[10]

Von Beginn an verfügen die Steinbeile über unterschiedliche Bedeutungen. Zwar sind sie in der Mehrheit als Werkzeuge zur Holzverarbeitung sowie in manchen Fällen als Waffe anzusehen, doch hatten einige Exemplare auch religiös-mythologische und soziale Bedeutungen. Dabei spielten Form und Größe sowie das verwendete Material wohl eine große Rolle. Diese ursprünglichen Aufgaben wurden mit dem Aufkommen von Kupfer und Bronze im Laufe der europäischen Metallzeiten immer weiter verdrängt und vergessen. Die Steinbeile konnten aber wohl immer wieder als Zufallsfund aufgelesen werden und wurden in der Folge neuen Bedeutungen zugeführt. Bereits für die europäischen Metallzeiten deutet das Fassen in Edelmetall oder andere Materialien sowie ihr Auftreten als Beigaben in Bestattungen auf eine hohe Wertschätzung hin. Das Glück des Findens mag dabei eine Rolle gespielt haben (Mehling 1998, 112 f.), auch Form und Material haben sicher zur Bewertung der Steinbeile beigetragen, besonders wenn es sich um hoch glänzend polierte Klingen in unterschiedlichen Farben wie etwa leuchtend Grün und Tiefschwarz gehandelt hat. In der klassischen Antike ermöglichen schriftliche Quellen weitere Erkenntnisse zum Umgang mit den Beilen und Äxten und zu ihrer Bedeutung in ihrem neuen Umfeld. Ihre Form wurde unter anderem mit den Waffen des Zeus und Jupiter assoziiert und damit mit Blitz und Donner in Zusammenhang gebracht. Doch gibt es auch Hinweise darauf, dass die Farbe der Steinbeile von Bedeutung war. So finden sich gelegentlich Exemplare, die mit einiger Wahrscheinlichkeit in römischer Zeit gefertigt wurden und nicht über die typische scharfe Klinge verfügten. Diese Beile wurden gerne aus grünlichem Stein hergestellt, was auf eine besondere Beliebtheit dieser Farbe verweisen könnte (Quast 2011, 258). Die Form in ihrer Assoziation als Waffe

---

10 Bagley 2014 mit weiterer Literatur.

(des Zeus, Jupiter, Thor oder auch mythologischer Wesen)[11] sowie als Produkt eines Blitzeinschlags bleibt für viele Jahrhunderte von zentraler Bedeutung, wobei einige schriftliche Quellen die Form des Keils mit der scharfen Schneide als direktes Ergebnis der Energie des Blitzes beschreiben. Darüber hinaus entstehen Anpassungen, die sich an lokalen und zeitlichen Bedürfnissen orientieren, so etwa die Betonung der fruchtbarkeitsstiftenden Kräfte der Steine in ländlichen Regionen, die auf die Vermehrung des Viehs angewiesen sind. Die Form legt auch in Mittelalter und früher Neuzeit eine Assoziation zu Werkzeugen und Waffen nahe, was etwa am Beispiel des Hammers des Martin von Tours zu erkennen ist. Hier mag auch die tiefschwarze Farbe des Steins die damit verbundenen Vorstellungen unterstützt haben. Und auch in den beginnenden wissenschaftlichen Abhandlungen des 16. und 17. Jhs. spielt die Form der Steine und ihre Materialität eine zentrale Rolle, wie sich am Beispiel der Ausführungen Ole Worms zeigen lässt. Zwei weitere Beobachtungen sprechen für die Bedeutung von Form und Farbe für den Umgang mit den Dingen: Zum einen zeigt sich, dass ganz unabhängig von der europäischen Entwicklung Steinbeile auch in anderen Teilen der Welt mit Blitz und Donner in Verbindung gebracht werden (so etwa in Indonesien: Carelli 1997, 401), zum anderen werden in Mitteleuropa auch Belemniten, also fossile Cephalopoden (Kopffüßer), als Donnerkeile bezeichnet (Thenius/Vávra 1996). Die länglichen, spitz zulaufenden Fossilien scheinen in ihrer Form ähnlich wie der Keil Assoziationen zum Blitz hervorzurufen.

In allen hier gezeigten Beispielen wird das Steinbeil in das jeweilige Weltbild der sie nutzenden Gesellschaft eingebunden und in Umgang und Interpretation entsprechend angepasst. Dies beinhaltet, soweit nachweisbar, die Festlegung einer eigenen, neuen Bezeichnung und des ›richtigen‹ Umgangs mit den Dingen.[12] Soweit schriftliche Quellen hier weitere Aussagen zulassen, wurden sie mit Gottheiten sowie natürlichen, meteorologischen Phänomenen in Verbindung gebracht. Darüber hinaus wurden einzelne Aspekte entsprechend den Lebensbedingungen der sie nutzenden Menschen betont. So spielte in der römischen Armee die Verbindung zu den Waffen des Jupiter womöglich eine zentrale Rolle, während die ländliche Bevölkerung des Mittelalters besonders den Schutz vor Unwettern und in einigen Regionen den Aspekt der Fruchtbarkeit unterstrich. Im jeweils spezifischen Fall ist durch die freie Assoziation darüber hinaus mit individuellen Nutzungen und Vorstellungen zu rechnen, die im Befund aber zumeist schwer oder gar nicht zu erkennen bzw. zu interpretieren sind. Ohne das Wissen um die Herkunft und ursprüngliche Nutzung der neolithischen Steinbeile konnten die Funde in unterschiedlichen Zeiten und Regionen unterschiedliche Bedeutungen annehmen. Gleichzeitig zeigt sich, dass ihre Interpretation nicht beliebig gewählt wurde. Ihre Form und Materialität ergaben den Ausgangspunkt für Assoziationen und damit verbundene Vorstellungen. Mit der Erlangung neu-

---

11 So werden sie in England gelegentlich auch als ›faerie's weapons‹ bezeichnet: Garrow/Shove 2007, 127 mit weiterer Literatur.
12 Zur kulturellen Aneignung siehe Hahn 2005, 99–107.

er Bedeutungen wurden die Steinbeile Teil des jeweils aktuellen Weltbildes und Startpunkt menschlicher Aktionen und Beziehungen, etwa wenn sie bewusst gesucht, gekauft und verkauft sowie verliehen wurden, oder wenn sie als passendes Geschenk für einen König erachtet wurden.[13]

Ein Zusammenspiel von Mensch und Objekt im Sinne D. Normans *affordances* lässt sich in seinem Ablauf auch im Rahmen eines kürzlich vorgenommenen ›wissenschaftlichen Experiments‹ nachvollziehen, das durch D. Garrow und E. Shove durchgeführt wurde (Garrow/Shove 2007). Um die Möglichkeiten interdisziplinärer Zusammenarbeit zu untersuchen, wählte der Archäologe D. Garrow das Halbfabrikat eines neolithischen Steinbeiles aus, die Soziologin E. Shove eine Zahnbürste und beide ließen sie vom jeweils anderen analysieren. Das Steinbeil wurde dabei durch D. Garrow zum Schutz in ein Trockentuch gewickelt, was ungeahnte Folgen für die Überlegungen E. Shoves erbrachte. Obwohl mit diesem Experiment ein ganz anderes Ziel verfolgt werden sollte und *affordances* oder Mensch-Objekt-Beziehungen nicht im Fokus der Aufmerksamkeit standen, bietet der Ausgangspunkt des Versuchs ideale Voraussetzungen, um für den vorliegenden Zusammenhang einige interessante Beobachtungen zu machen. E. Shove selbst hatte zwar die Information erhalten, dass es sich um das Halbfabrikat eines Steinbeiles aus Langdale im Nordwesten Englands handele, doch ließ sie das Stück über einen Zeitraum von etwa sechs Monaten auf dem Schreibtisch in ihrem Büro liegen, wodurch es zahlreiche Unterhaltungen mit ihren Besuchern auslöste. Mehrfach wurde dabei das Thema Geologie aufgegriffen, in anderen Fällen wurde das Objekt zur Hand genommen und ›wie eine Waffe geschwungen‹.[14] Durch Material und Form bietet das Steinbeil hier also den Startpunkt für Gespräche über Geologie und Waffen. In der weiteren Beschreibung E. Shoves nennt sie das Stück ›heavy and puzzling‹, darüber hinaus bemerkt sie, dass es gut in ihrer Hand liege. In der Folge geht sie auf das Trockentuch ein, in das das Beil eingewickelt wurde. Aus der Tatsache, dass der Stein weder schmutzig sei noch brösele, schließt sie, dass das Tuch ›die Welt nicht vor dem Stein, sondern den Stein vor der Welt schützen soll‹.[15] Darüber hinaus lässt das Tuch sie an eine Geschenkverpackung denken und führt sie damit, wenn auch nur kurz, auf ein ihr bekanntes Terrain, denn der Austausch von Geschenken steht schon lange im Interesse soziologischer Untersuchungen.

Auch die Zahnbürste wird auf dem Schreibtisch des Archäologen D. Garrows aufbewahrt, führt hier aber zu seiner Verwunderung nicht zu Fragen oder Gesprächen mit seinen Besuchern. D. Garrow führt dies auf die Tatsache zurück, dass es sich um ein alltägliches, allen bekanntes Objekt handelt, das keine Fragen aufwirft, während H. Molotch eher an ein soziales Tabu denkt, das die Diskussion über persönliche Dinge, insbesondere wenn es sich um solche in Zusammenhang mit persönlicher Hygiene handelt, unterbindet (Molotch 2007, 144). In

---

13 Vertiefend dazu Bagley 2014.
14 Ebd. 119 (im Original: »others have immediately wielded it as if it were a weapon«).
15 Ebd. (im Original: »The stone is not dirty and it is not flaking. The tea towel is not there to protect the world from the rock so it must be the other way around«).

der näheren Betrachtung des Objektes entdeckt D. Garrow am unteren Ende der Zahnbürste eine kleine Scheibe, um die zwölf Markierungen angebracht sind. Die Scheibe lässt sich drehen und damit auf eine der Markierungen ›einstellen‹. Durch den Vergleich mit einer Tupperware-Box, die über einen ähnlichen Mechanismus verfügte, um den Zeitpunkt des Einfüllens von Lebensmitteln zu markieren, schließt er, dass es sich bei der Scheibe um eine Unterstützung zur Erinnerung handele, wann die aktuelle Bürste in Gebrauch genommen wurde und hieraus resultierend, wann es an der Zeit sei, ein neues Exemplar zu kaufen.

Beide Autoren verweisen in der Folge auf den fehlenden Kontext der jeweiligen Objekte und damit auf die eingeschränkten Möglichkeiten ihrer weiteren Interpretation.

Aus diesem Ausschnitt ihrer jeweiligen Beobachtungen zeigt sich aber deutlich, wie die Objekte selbst, durch ihre Form und Materialität, Gespräche und Interpretationen anstoßen und wie diese durch den kulturellen Hintergrund der betreffenden Personen gesteuert werden. Einige Aspekte und Assoziationen ergeben sich dabei aus den Gegebenheiten der heutigen westlichen Kultur, andere lassen sich durch die persönlichen Interessen und das Wissen der beiden Wissenschaftler und ihre jeweiligen fachlich spezifischen Herangehensweisen erklären. In diesem Zusammenhang wird klar, dass die Beziehung (oder *affordance*) zwischen Mensch und Objekt eine wechselseitige Verbindung darstellt, wobei die Dinge Teil eines Netzwerkes sein können, das sich unter Umständen sogar erst durch ihr Vorhandensein entspinnt.[16] Sie agieren dabei allerdings nicht als eigenständige und bewusste Aktanten, sondern werden, angestoßen durch ihre materiellen Eigenschaften, gemäß den damit verbundenen Vorstellungen durch den Menschen zum Einsatz gebracht.

Das Objekt kann allein durch sein Dasein das Weltbild einer Gesellschaft prägen, es bietet Möglichkeiten des Umgangs mit ihm an – M. Jung spricht hier in Anlehnung an Max Weber von ›objektiven Möglichkeiten‹ seiner Verwendung, die nicht mit ursprünglichen Intentionen der Produktion in Einklang zu bringen sein müssen (Jung 2012, 376). Der Mensch kann sich das Objekt dagegen zu Eigen machen – er verändert seinen Namen, seine Bedeutung, seine Nutzung und sogar seine Form, wird in diesen Anpassungen aber durch die Materialität der Dinge geleitet. Unter diesen Voraussetzungen ist denkbar, dass das Auftreten neuer, unbekannter Objekte im Einzelfall zu Anpassungen des gesamten Weltbildes führen kann, um das Vorhandensein eben dieser Dinge erklären zu können, ähnlich wie wissenschaftliche Entdeckungen immer wieder zu einer Anpassung des zeitspezifischen Weltbildes führen mussten und müssen. Denn die Dinge erklären zu können ist offenbar ein unmittelbares und tiefgreifendes Bedürfnis des Menschen.

---

16   Grundlegend dazu Latour 2010; für das vorliegende Beispiel Bagley 2014.

Literatur

Bagley/Schumann 2013: J. M. Bagley/R. Schumann, Materialized Prestige. Remarks on the Archaeological Research of Social Distinction Based on Case Studies of the Late Hallstatt Golden Necklaces and Early La Tène Maskenfibeln. In: R. Karl/J. Leskovar (Hrsg.), Interpretierte Eisenzeiten. Fallstudien, Methoden, Theorie. Tagungsbeiträge der 5. Linzer Gespräche zur interpretativen Eisenzeitarchäologie. Studien zur Kulturgeschichte von Oberösterreich 37. Linz: Oberösterreichisches Landesmuseum Linz 2013, 123–36.

Bagley 2014: Dies., Vergessen und neu belebt. Das neolithische Steinbeil von seiner Produktion bis in die Neuzeit. In: A. Bokern/C. Rowan (Hrsg.), Embodying Value? The Transformation of Objects in and from the Ancient World. BAR International Series 2592. Oxford: Archaeopress 2014, 23–34.

Carelli 1997: P. Carelli, Thunder and Lightning, Magical Miracles. On the Popular Myth of Thunderbolts and the Presence of Stone Age Artefacts in Medieval Deposits. In: H. Anderson/L. Ersgård/P. Carelli (Hrsg.), Visions of the Past. Trends and Traditions in Swedish Medieval Archaeology. Lund Studies in Medieval Archaeology 19. Lund: Central Board of National Antiquities 1997, 393–418.

Demuth 2002: V. Demuth, Ein ›Donnerkeil‹ aus Groß Steinum am Dorm (Landkreis Helmstedt). Neolithisches Steingerät als Zeugnis frühneuzeitlichen Volksglaubens. Die Kunde N. F. 53, 2002, 109–16.

Eggers 1974: H. J. Eggers, Einführung in die Vorgeschichte. München: Piper 1974.

Floss 2013: H. Floss (Hrsg.), Steinartefakte vom Paläolithikum bis in die Neuzeit. Tübingen Publications in Prehistory. Tübingen: Kerns ²2013.

Garrow/Shove 2007: D. Garrow/E. Shove, Artefacts between Disciplines. The Toothbrush and the Axe. Archaeological Dialogues 14, 2, 2007, 117–31.

Gibson 1979: J. J. Gibson, The Ecological Approach to Visual Perception. Boston: Houghton Mifflin Comp. 1979.

Hahn 2005: H. P. Hahn, Materielle Kultur. Eine Einführung. Berlin: Reimer 2005.

Helfert/Ramminger 2010: M. Helfert/B. Ramminger, Zur Sammellust der Römer: Neue Erkenntnisse zu den ›Donnerkeilen‹. In: T. Armbruester/M. Hegewisch (Hrsg.), Beiträge zur Vor- und Frühgeschichte der Iberischen Halbinsel und Mitteleuropas. Studien in Honorem Philine Kalb. Studien zur Archäologie Europas 11. Bonn: Habelt 2010, 229–38.

Horne/King 1980: P. D. Horne/A. C. King, Romano-Celtic Temples in Continental Europe: A Gazetteer of Those with Known Plans. In: W. Rodwell (Hrsg.), Temples, Churches and Religion: Recent Research in Roman Britain. BAR International Series 77. Oxford: British Archaeological Reports 1980, 369–555.

Jung 2012: M. Jung, ›Objektbiographie‹ oder ›Verwirklichung objektiver Möglichkeiten‹? Zur Nutzung und Umnutzung eines Steinbeiles aus der Cote d'Ivoire. In: B. Ramminger/H. Lasch (Hrsg.), Hunde – Menschen – Artefakte. Gedenkschrift für Gretel Gallay. Internationale Archäologie, Studia Honoraria 32. Rahden/Westf.: Leidorf 2012, 375–83.

Jungsteinzeit im Umbruch 2010: Badisches Landesmuseum Karlsruhe (Hrsg.), Jungsteinzeit im Umbruch. Die ›Michelsberger Kultur‹ und Mitteleuropa vor

6000 Jahren [Katalog zur Ausstellung im Badischen Landesmuseum Schloss Karlsruhe 20.11.2010–15.5.2011]. Darmstadt: Primus-Verlag 2010.

Kienlin 2008: T. Kienlin, Der ›Fürst‹ von Leubingen: Herausragende Bestattungen der Frühbronzezeit als Bezugspunkt gesellschaftlicher Kohärenz und kultureller Identität. In: Ch. Kümmel/B. Schweizer/U. Veit (Hrsg.), Körperinszenierung, Objektsammlung, Monumentalisierung. Totenritual und Grabkult in frühen Gesellschaften. Archäologische Quellen in kulturwissenschaftlicher Perspektive. Tübinger Archäologische Taschenbücher 6. Münster: Waxmann 2008, 181–206.

Klassen/Pétrequin/Cassen 2011: L. Klassen/P. Pétrequin/S. Cassen, The Power of Attraction ... Zur Akkumulation sozial wertbesetzter alpiner Artefakte im Neolithikum Nord- und Westeuropas. In: S. Hansen/J. Müller (Hrsg.), Sozialarchäologische Perspektiven. Gesellschaftlicher Wandel 5000–1500 v. Chr. zwischen Atlantik und Kaukasus. Internationale Tagung 15.–18. Oktober 2007 in Kiel. Archäologie in Eurasien 24. Darmstadt: von Zabern 2011, 13–42.

Klimscha/Nowak 2009: F. Klimscha/K. Nowak, ›Donnerkeile‹ – die (post)neolithische Verwendung steinerner Beile als Talisman, Medizin und Co. Museumsjournal Natur und Mensch 2009, 31–43.

Knappett/Malafouris 2010: C. Knappett/L. Malafouris (Hrsg.), Material Agency: Towards a Non-Anthropocentric Approach. New York: Springer 2010.

Kopytoff 1986: I. Kopytoff, The Cultural Biography of Things. Commoditization as Process. In: A. Appadurai (Hrsg.), The Social Life of Things. Commodities in Cultural Perspective. Cambridge: Cambridge University Press 1986, 64–91.

Latour 2010: B. Latour, Eine neue Soziologie für eine neue Gesellschaft. Einführung in die Akteur-Netzwerk-Theorie. Suhrkamp Taschenbücher Wissenschaft 1967. Frankfurt a. M.: Suhrkamp 2010.

Mehling 1998: A. Mehling, Archaika als Grabbeigaben: Studien an merowingerzeitlichen Gräberfeldern. Tübinger Texte. Materialien zur Ur- und Frühgeschichtlichen Archäologie 1. Rahden/Westf.: Leidorf 1998.

Mennung 1925: A. Mennung, Über die Vorstufen der prähistorischen Wissenschaft im Altertum und Mittelalter. Schönebeck a. d. Elbe: Senff 1925.

Meyer u. a. 2009: Ch. Meyer/G. Brandt/W. Haak/R. Ganslmeier/H. Meller/K. W. Alt, The Eulau Eulogy: Bioarchaeological Interpretation of Lethal Violence in Corded Ware Multiple Burials from Saxony-Anhalt, Germany. Journal Anthr. Arch. 28, 2009, 412–23.

Molotch 2007: H. Molotch, Display Matters. Comment on: D. Garrow/E. Shove, Artefacts Between Disciplines. The Toothbrush and the Axe. Archaeological Dialogues 14, 2, 2007, 142–45.

Nawroth 2007: M. Nawroth, Der Goldfund von Vettersfelde: Vom Schwarzen Meer in die Lausitz. In: W. Menghin/H. Parzinger/A. Nagler/M. Nawroth (Hrsg.), Im Zeichen des goldenen Greifen. Königsgräber der Skythen. [Ausstellung Berlin, Martin-Gropius-Bau: 6. Juli–1. Oktober 2007; München, Kunsthalle der Hypo-Kulturstiftung: 26. Oktober 2007–20. Januar 2008; Hamburg, Museum für Kunst und Gewerbe Hamburg: 15. Februar–25. Mai 2008]. München – Berlin – London – New York: Prestel 2007, 318–27.

Norman 2013: D. Norman, The Design of Everyday Things. Revised and Expanded Edition. New York: Basic Books 2013.

Quast 2011: D. Quast, Ein Steinbeil mit magischer Inschrift aus der Sammlung des Prinzen Christian August von Waldeck. Archäologisches Korrespondenzblatt 41, 2011, 249–61.

Rech 1979: M. Rech, Studien zu den Depotfunden der Trichterbecher- und Einzelgrabkultur des Nordens. Offa Bücher 39. Neumünster: Wachholtz 1979.

Reitinger 1976: J. Reitinger, ›Donnerkeile‹ aus Oberösterreich und Salzburg. In: Festschrift für Richard Pittioni zum siebzigsten Geburtstag. 2. Industriearchäologie und Metalltechnologie. Römerzeit, Frühgeschichte und Mittelalter. Sonstiges. Archaeologia Austriaca, Beiheft 14, 1976, 511–546.

Thenius/Vávra 1996: E. Thenius/N. Vávra, Fossilien im Volksglauben und im Alltag. Bedeutung und Verwendung vorzeitlicher Tier- und Pflanzenreste von der Steinzeit bis heute. Senckenberg-Buch 71. Frankfurt a. M.: Kramer 1996.

Autorinnen und Autoren

Jennifer M. Bagley
950 N San Antonio Rd
Los Altos 94022 CA, USA
E-Mail: jennifer.m.bagley@gmx.net

Luděk Brož
The Institute of Ethnology
Academy of Sciences of the Czech Republic, v.v.i.
Na Florenci 3
110 00 Praha 1, Tschechien
E-Mail: lb288@cantab.net

Hans Peter Hahn
Institut für Ethnologie
Goethe-Universität Frankfurt am Main
Norbert-Wollheim-Platz 1
603232 Frankfurt am Main, Deutschland
E-Mail: Hans.hahn@em.uni-frankfurt

Martin Holbraad
Social Anthropology
University College London
Gower Street
London WC1E 6BT, Großbritannien
E-Mail: m.holbraad@ucl.ac.uk

Arnica Keßeler
Institut für Vorderasiatische Archäologie
Freie Universität Berlin
Fabeckstr. 23–25
14195 Berlin, Deutschland
E-Mail: keardo@gmx.de

Alesya Krit
International Graduate Centre for the Study of Culture
Universität Gießen
Alter Steinbacher Weg 38
35394 Gießen, Deutschland
E-Mail: alesya.krit@gcsc.uni-giessen.de

Bjørnar Olsen
Department of Archaeology and Social Anthropology
University of Tromsø – The Arctic University of Norway
9037 Tromsø, Norwegen
E-Mail: bjornar.olsen@uit.no

Þóra Pétursdóttir
Department of Archaeology and Social Anthropology
University of Tromsø – The Arctic University of Norway
9037 Tromsø, Norwegen
E-Mail: thora.petursdottir@uit.no

Jens Soentgen
Wissenschaftszentrum Umwelt (WZU)
Universität Augsburg
Universitätsstraße 1a
86159 Augsburg, Deutschland
E-Mail: soentgen@wzu.uni-augsburg.de

Philipp W. Stockhammer
Cluster of Excellence »Asia and Europe in a Global Context« &
Institut für Ur- und Frühgeschichte und Vorderasiatische Archäologie
Universität Heidelberg
Marstallhof 4
69117 Heidelberg, Deutschland
E-Mail: philipp.stockhammer@uni-heidelberg.de

Sebastian Schellhaas
Schneckenhofstaße 19
60596 Frankfurt am Main, Deutschland
E-Mail: schellhaas@em.uni-frankfurt.de

Mario Schmidt
Lerchenweg 8
57462 Olpe, Deutschland
E-Mail: mariosch@em.uni-frankfurt.de